你必須改變你的生命

YOU MUST
Change
YOUR LIFE

羅丹與里爾克的友情與生命藝術

The story of Rainer Maria Rilke and Auguste Rodin

Rachel Corbett
瑞秋・科貝特——著　楊雅婷——譯

目錄

序

二十歲時，我初次讀到《給青年詩人的信》（*Letters to a Young Poet*）。母親給了我這本方正瘦長的書，標題的「Young Poet」以燙金大字華麗地開展在封面中央。作者的名字萊納・瑪利亞・里爾克（Rainer Maria Rilke）顯得奇異而美麗。

那時我住在離老家不遠的中西部大學城，枯燥辛苦的生活和平凡普通的孩子所組成的單調景色，便是我生長的環境。如同我認識的每個人，我對當作家毫無興趣。畢業在即，我唯一確切感受到的驅力，就是離開的意志，但我沒錢也沒清楚的目標。母親說她年輕時曾從這本書得到一些慰藉，或許我也會覺得受用。

當晚讀它時，感覺像有人以悠長的日耳曼語句，向我低語我一直渴望聽到的、所有對年少輕狂的肯定：寂寞只是在你周圍擴展的空間。信任不確定性。悲傷是生命將你捧在手中並改變你。把孤獨變成你的家。我發現心中的每個負面想法都可以反轉：看不見前景也就無所期待，一文不名等於沒有責任。

回首過往，我明白里爾克的建議可能讓人任性妄為，但實在很難為此責怪他。他開始寫信給力爭上游的十九歲詩人法蘭茲・克薩維爾・卡卜斯（Franz Xaver Kappus）時，自己年方二十七。他不可能預知這十封信會被奉為圭臬，輯成《給青年詩人的信》，廣泛引用於婚禮、畢業典禮和葬禮，而今更被視為有史以來最富文化修養的勵志書籍。

當初出茅廬的詩人構思這些文字，文字也形塑著他，使我們得以目睹藝術家如何養成。此書魅力歷久不衰，是因為里爾克寫這些信時，正經歷著譫狂錯亂的轉變，其精神狀態皆具現於書中。你可以在人生任何動盪不安的時刻拾起此書，隨便翻開某頁，便找到既是放諸四海皆準、又似特地說來撫慰你的道理。

儘管《給青年詩人的信》的緣起廣為人知，但較少有讀者曉得：里爾克傳達給卡卜斯的洞見，並非全出自他本人。這些信寫於一九〇二年詩人搬到巴黎之後，他來到此地，想為心目中的英雄雕塑家奧古斯特·羅丹（Auguste Rodin）寫一本書。對里爾克來說，羅丹作品中生猛粗獷的情感──《吻》（*The Kiss*）的渴慾、《沉思者》（*The Thinker*）的疏離、《加萊義民》（*The Burghers of Calais*）的悲苦──具現了各地年輕藝術家的靈魂。

當時羅丹正處在各種力量的巔峰，他允許沒沒無聞的作家進入其世界，先是作為隨侍左右的門徒，三年後則成為他最信任的助理。這段期間，里爾克持續記下大師的每一句箴言妙語，並經常轉述給卡卜斯。最終，羅丹響亮的聲音透紙而出，他的智慧由里爾克傳至卡卜斯、再到近百年來閱讀《給青年詩人的信》的年輕人，迴盪在數百萬懇盼的心靈之間。

過去這些年，我碰巧聽說里爾克曾受雇於羅丹。除了簡略的輕描淡寫，未見更多細節，但我心中總懷著一絲好奇。兩位人物看起來如此格格不入，我幾乎以為他們活在迥異的世紀或大陸。羅丹年逾六十，是崇尚理性的高盧人，里爾克則是二十多歲的德國浪漫主義者。羅丹重視物質實體和感官肉慾，里爾克追求形而上的精神境界。羅丹的創作躍入地獄，里爾克的作品飄浮在天使的國度。但我隨即發現他們的生命緊密牽纏：其藝術發展交相輝映，看似對反的性格彼此互補；倘若羅丹是一座山，里爾克便是環繞它的薄霧。

我努力揣測這一老一少兩個人如何理解彼此，而這番探究引領我認識了共感（empathy）。今日我們所理解的「感受他人情感的能力」，乃是一個源自藝術哲學的概念，用以解釋某些油畫或雕塑何以感人。里爾克在大學研讀此理論時，這個字才剛被創造出來，之後很快便出現於西蒙·佛洛伊德（Sigmund Freud）、威廉·沃林格（Wilhelm Worringer）和其他頂尖知識分子的開創性論述。歐洲的藝術、哲學與心理學在所謂「世紀末」產生高潮迭起的變化，共感的發明實與其中許多轉折相應，它改變了後來幾代藝術家對創作的想法與觀賞者體會作品的方式。

隨著里爾克與羅丹的相合處逐漸清晰，最終令其分道揚鑣的分歧點亦愈發鮮明。他們與女性的關係，以及他們如何看待女性在社會中的地位，深切影響了他們對彼此的看法。兩人均為雄心勃勃的獨立女性所吸引，然而結婚的對象最後都犧牲自己的抱負來成全丈夫。羅丹經常告誡里爾克要提防女性善於操弄、令男人無法專心工作的傾向，而里爾克一直沒有質疑導師的沙文主義見解，直到他摯愛的優秀畫家朋友因懷孕生子而斷送性命，才顛覆了他過去對於因藝術創作而受苦的一切認知。

終究說來，本書是兩位藝術家的畫像：他們在巴黎雜亂的街道穿梭摸索，尋求精煉技藝的途徑。不僅如此，這故事也述說創造的意志如何驅使年輕藝術家克服摧折心靈的童年，不計代價地從事創作。「你必須改變你的生命」不只是藝術給予里爾克的訓諭，也是他對所有被囚困、孱弱而眼神充滿飢渴的青年所下的指令——他們希冀有朝一日能將膽怯的手舉到空中，緊握工具，奮力一擊。

闔上母親送的《給青年詩人的信》最後一頁，我雙手貼覆書封，捧在胸前良久，就像人們讀完一本書，心知自己將永難忘懷的動作。然後我翻回這本書的開頭，看到之前已有人題字給母親。當時她年紀與我相仿，正在她自己的轉變中掙扎。朋友送給她這本書，並於扉頁抄上里爾克著名的一段話：「也許我們生命裡所有的惡龍都是公主的化身，只等著看我們採取行動，展現美麗與勇氣，即便一次也好。也許一切令我們驚駭的事物最深處的本質都是無助的，渴望著我們的愛。」這本書似乎在說：去吧。投身於未知。去你未受邀之處，且繼續前行。

第一部

詩人與雕塑家

第一章

每個藝術家都必須學會觀看，但對少年奧古斯特．羅丹來說，就該按字面意思解讀這句話。他在寄宿學校瞇著眼看了五年，才明白黑板上那一片模糊原來全是近視造成的。與其茫然凝視前方，他常將注意力轉到窗外，望向那威風凜凜、教他難以忽視的景象：宏偉的聖皮耶大教堂（Cathédrale Saint-Pierre），其所在地博韋（Beauvais）是法國北部的一個古老村莊。

在小孩眼中，它就像隻怪獸吧。自一二二五年起，人們便企圖將這哥德式的傑作打造成歐洲最高的大教堂，讓五百英尺高的角錐型尖塔顫顫巍巍地伸入雲霄。但在三世紀內歷經兩次崩塌之後，建築師終於在一五七三年放棄這項工程，留下一幅令人望之生畏的景象：由石塊、玻璃和鐵組成，危如累卵、搖搖欲墜的「紙牌屋」。

許多當地人路過時甚至不會注意到大教堂，或許只隱隱意識到有個龐然巨物存在。但對少年羅丹來說，它讓他逃脫眼前晦澀難解的課題，進入奇妙無比的視覺世界。他所感興趣的並非其宗教功能，而是寫在牆上的故事，及教堂內部的神秘幽暗，還有那些線條、拱弧、陰影和亮光，像人體一樣保持和諧的平衡。它有一道縱貫首尾的中殿長廊，籠罩在肋架拱頂之下，飛扶壁像翅翼或臂膀般向外揮展，中央則是心型的內室。支撐建築的石柱在英吉利海峽吹來的強風中搖晃，讓羅丹聯想到身體不斷試圖保持平衡的模樣。

男孩的年齡雖不足以理解這座教堂的建築邏輯，但一八五三年當他離開寄宿學校時，心知大教堂才是他真正的教育。未來許多年裡，他將一再重返其址，滿懷敬畏地「仰首瞻望」，研究它的外觀，想像其內含的秘密。他在大教堂與信徒一同禮拜，但並非因為它是神的殿堂[1]。他想，真正促使人們跪下祈禱的，應是那教堂的形式本身。

一八四〇年十一月十二日，法蘭索瓦・奧古斯特・荷內・羅丹（François Auguste René Rodin）在巴黎出生。對未來的法國藝術而言，那是意義重大的一年，也標記著埃米爾・左拉（Émile Zola）、奧迪隆・荷東（Odilon Redon）和克勞德・莫內（Claude Monet）的誕生。但這些「美好年代」（Belle Époque）的種子卻是從非常貧瘠而保守的土壤迸出。受到工業革命和法國大革命的雙重震撼，巴黎在路易—菲利普一世（Louis-Philippe）的君主制下，正是《惡之華》（*Les Fleurs du mal*）和《悲慘世界》（*Les Misérables*）所描寫的墮落與貧窮之城。新的製造業工作招來數千名移工，但這城市卻缺乏他們生存所需的基礎建設。新來者擠進公寓，共享床鋪、食物和細菌。微生物在滿溢的下水道系統繁殖，將狹窄的中世紀街道變成疾病流湧的溝渠。霍亂和梅

1 《聖經・創世紀》28-17：「這地方何等可畏，這不是別的，乃是神的殿，也是天的門。」（按：本書註釋除特別註明外，均為譯者註。）

毒肆虐的同時，小麥短缺又導致麵包價格飆升，致使窮人（les pauvres）和高等布爾喬亞（haute bourgeoisie）之間的差距擴張到史上最高。

隨著這城市突然冒出一個由數量激增的貧民、妓女和棄兒組成的階級，羅丹的父親發現當警官有不少工作機會。一八三二年的巴黎起義前後，以及後來終於迫使國王退位的一八四八年革命期間，尚—巴提斯．羅丹（Jean-Baptiste Rodin）都在街頭巡邏，像《悲慘世界》裡內心矛盾的副巡官賈維（Javert）一樣，搜尋皮條客和交際花。這工作挺適合他這種一絲不苟的威權主義者，其官階也步步高升。

那年，群眾在聖雅克路（Rue Saint-Jacques）上築起街壘，尚—巴提斯和裁縫妻子瑪莉（Marie）將八歲的奧古斯特送往博韋的寄宿學校，好讓這小精靈般的紅髮男孩安然遠離巴黎如火如荼的血腥暴動——在那裡，波特萊爾（Baudelaire）揮槍衝過街道，巴爾札克（Balzac）則險些餓死。

奧古斯特並不是個表現優異的學生。他常翹課，成績不好，數學尤差。雖然博韋提供的教育較符合他父親不斷晉升的職業地位，學費卻成為家庭的負擔。五年後，尚—巴提斯決定不再浪費更多錢在看不出前途的教育上。奧古斯特滿十四歲時，父親讓他退學。這孩子一向喜歡動手幹活——也許職業學校會更適合他。

奧古斯特回到巴黎時，幾乎認不得家鄉了。前一年，法國的新總統拿破崙三世指派喬治—歐仁．奧斯曼男爵（Georges-Eugène Haussmann）將巴黎現代化，或說把它劈成碎片——端看你是問誰的意見。執意講求對稱的奧斯曼把地景切割成巨大的網格，劃分為階級隔離的區

（arrondissement）。推土機將連綿起伏的丘陵剷成平坦的地平線，以強加某種秩序感。他把蜿蜒的舊磚石街巷拓寬，路面鋪平，變成不利構築街壘的林蔭大道，既阻礙叛亂分子又歡迎購物者漫步其間。一項全面清潔的提案在全市實施。工程師設計的新下水道系統非常先進，甚至成為觀光景點。地面上的街道則安裝了數千盞煤氣燈，照亮夜晚並遏阻罪犯。

成千上萬的中世紀房屋被拆毀之後，從廢墟中升起新古典主義式的五層樓公寓，由統一規格的石塊砌成，排成筆直而整齊的行列。快速建設使許多巴黎人對自己土生土長的城市感到陌生，看似不屬於任何時代也不具地方特色的房屋取代了傳統宅院。在許多人眼中，街道上接連出現的鷹架，與其說代表進步，毋寧是他們被屠宰的城鎮所留下的遺骨殘骸。

對商業雕刻師來說，奧斯曼長達數十年的再造工程，意味著豐厚的生意：所有的新建築立面都需要簷口和石雕裝飾。這個新興的工匠階級，連同未來的鐘錶匠、木工和金屬師傅，主要是由俗稱「小學院」（Petite École）的皇家繪畫暨數學專校（École Impériale Spéciale de Dessin et de Mathématiques）訓練出來的。相較於名氣更大的高等美術學院（Grande École des Beaux-Arts），免學費的「小學院」可說是勞工階級的高等美院。高等美院培育出投身精緻藝術的畢業生，如雷諾瓦（Renoir）、秀拉（Seurat）和布格羅（Bouguereau）等，相對地，低階學校的學生要在正式沙龍展出作品，幾乎是聞所未聞之事。

剛回到巴黎的羅丹還不清楚自己的興趣或抱負，在一八五四年進入「小學院」就讀。他尚未認為自己是藝術家，當然也沒抱持「大學院」（Grande École）教授們所倡導的崇高觀點，將藝術比作宗教、語言和法律。對當時的羅丹來說，雕塑就是他天生要做的工作，這種想法始終未曾改變。

有些傳記作者推測，羅丹的視覺缺陷可能助長了他超級敏銳的觸覺智能。也許這解釋了他掌中為何總是握著黏土塊摩挲揉搓；即使終於買了單片眼鏡，也只用來放大最小的細節。他工作時鼻子多半緊貼黏土（或如一名情人的挖苦：貼緊他的模特兒）。

就像他多數的同學一樣，羅丹抱著學習繪畫[2]的希望入學，但因紙和鉛筆比油彩和畫布便宜，他只好選擇素描班。然而這辛酸卻帶來了幸運：羅丹得以受教於賢能的荷拉斯．勒考克．德．布瓦博德朗（Horace Lecoq de Boisbaudran）門下，這位教授先是矯正了他的視力，隨後又真正打開他的眼界。

每天早晨，羅丹備齊畫具，在修長的脖子上繫條圍巾，便出門去上八點的素描課。身材矮胖、和顏悅色的勒考克，喜歡以臨摹練習作為每堂課的開場。他相信敏銳的觀察是所有偉大藝術家必備的秘技。為了妥善運用這項技能，必須弄清楚物體的本質，方法是將物體拆解成許多部分：複製一條從 A 點至 B 點的直線，然後再加進對角線、弧線等等，直到這些成分組成某種形式。

有天早上，勒考克將一個物體擺在全班面前，讓學生素描到紙上。當他在課桌間的走道踱步，巡看大家習作時，注意到羅丹只速寫粗略的輪廓，其餘細節都自己編造。羅丹給勒考克的印象並不是個懶惰的學生，因此他無法了解羅丹為何不以正確的方式完成作業。這時他想到也許這男孩根本看不清。於是，就憑這麼一次練習，勒考克便斷定困擾羅丹超過十年的神祕疾病只是單純的近視。

在勒考克班上，羅丹花了較長時間才領會另一個令他脫胎換骨的啟示。教授經常要學生去羅浮宮練習觀察畫作，教他們別速寫作品，而須認真地記住其比例、格局和色彩。少年羅丹在提香（Titian）、林布蘭（Rembrandt）和魯本斯（Rubens）作品前的長凳上度過青春期。畫中景象宛如音樂般在他內心開展、延伸。他在腦中反覆練習每一筆、每一劃，以便晚上回家後，仍然意興高昂的他能夠憑記憶重現它們。

空暇時，他造訪國家圖書館，練習臨摹插畫書（illustrated book）中的傑作。他將義大利偉大畫師的作品粗略描下，回家後再憑記憶填上細節。這少年幾乎已成為固定出現在圖書館的人物，以至於他一滿十六歲便拿到進入特藏室的正式許可，是有史以來獲此待遇的最年輕學生之一。

有些人認為，勒考克對於臨摹的強調，似乎只是訓練學生複製別人的藝術。大體而言，這是一種從數學角度掌握形式與空間的傳統方法，與「大學院」的課程一致。但勒考克的目標不同。他相信，年輕藝術家之所以應該精熟形式的基礎原理，為的只是有天可以打破這些規則。他說：「藝術在本質上是個人的。」練習默記的目的，其實是讓一幅圖畫漸次向藝術家展現其特性，從

2 編按：此處的繪畫指「painting」，與羅丹所選的素描畫（drawing）不同。

而給予他們時間體認自己的反應。一道柔緩的弧線是否製造出靜謐的感覺？一團密集纏繞的陰影是否引起焦慮？某些色彩是否觸發了回憶？一旦建立起這些聯想，藝術家便能將其匯聚的感官知覺凝固成具有個人色彩的外在形式。終究說來，勒考克的現代方法鼓勵藝術家在描繪事物時，不要一板一眼地複製其樣貌，而要呈現它們給人的感受和印象。情感和物質合而為一。

羅丹的個人風格在十六歲左右開始浮現，他當時的筆記本顯露出一個已專注於形式的連續與輪廓的藝術家。在草圖上，他開始把人物結合起來，將其身體連接成和諧的群組，這種傾向日後成為他的獨特標記，並演化出《加萊義民》和《吻》（*The Kiss*）等環狀傑作。

即使畢業多年、並為自己建立了呈現印象而非複製品的雕塑家聲譽，羅丹仍謹記勒考克的教誨。數十載後，羅丹接受一項任務，要為拒絕長時間擺姿勢的維克多・雨果（Victor Hugo）塑造胸像。他想起勒考克的訓練，於是把握這男人從大廳走過或在另一個房間閱讀的機會，多看幾眼，之後再憑記憶塑出這些形象。勒考克曾教導他：用眼睛注視，但用心觀看。

羅丹沒多久便通曉「小學院」提供的課程。他學習進度之快，讓老師最後派不出作業給他。他不愛與同學交遊，只想要工作。唯一的例外是格外支持他的朋友里昂・符奎（Léon Fourquet）——他和羅丹都喜歡對生命的意義和藝術家在社會裡的角色進行冗長的辯論。

這兩個少年在盧森堡公園（Luxembourg Gardens）漫步，好奇米開朗基羅（Michelangelo）

和拉斐爾（Raphael）是否也曾像他們這樣渴求肯認。他們幻想名揚四海，但符奎很早就明瞭那將是羅丹一個人的命運。符奎未來會繼續鑽研雕鑿大理石的技藝（那是羅丹從沒學會的技術），然而當時的他總是看到天命的光環籠罩羅丹，日後他也為好友工作多年。他有次寫信給羅丹：「你是為藝術而生，而我生來就是為了在大理石上刻出你腦中萌生的東西——所以我們要永遠在一起。」

到了一八五七年，羅丹已贏得學校的各項素描首獎。他似乎什麼科目都擅長，只除了一樣，而那是衡量藝術成就的圭臬：表現人體。對羅丹來說，人的形體是一座「行走的神廟」。用黏土模塑人體將是他最貼近建造大教堂的體驗。自有記憶以來，人的形貌便令他著迷。小時候他曾看著母親揉製糕餅麵團，切成各種好玩的形狀。有次她把麵團遞給他，於是他動手捏出頭和圓胖的身體，讓媽媽放進油鍋裡炸。麵人兒一旦炸成酥脆，她便用湯匙將它們舀出，展現一個又一個奇形怪狀、令人捧腹的人物。羅丹後來說那是他的第一堂美術課。

然而，由於只有「真正的」藝術家才會接到委製塑像的案件，職業學校沒理由開人體寫生課。如果羅丹想研究人的形體，就得轉去「大學院」。因此，一八五七年，羅丹在「小學院」念完三年後，決定投入嚴格的申請程序。

為期六天的入學考試，羅丹每天下午都和其他畫家、雕刻家一起，對著模特兒圍成半圈。根據記載，他工作時手臂狂揮，引得其他學生都湊過來觀看。這時他所做出的已經是他日後出名的那種不符比例、四肢粗大的人像，結果證明他的藝術跟他的手勢一樣歧出常規，終究令招生委員無法消受。他通過繪畫考試，但是雕塑沒過關，他的申請也被拒絕。

羅丹在下個學期捲土重來，再下個學期又申請一次，兩次都鎩羽而歸。連番的拒絕令羅丹灰心喪志，致使他父親愈來愈擔憂。他寫信給兒子，敦促他堅強起來：「未來將有一天，當人們提到你時，可以像談論真正的偉人一般——藝術家『羅丹』已死，但他澤遺後世，名留千古。」尚—巴提斯對藝術一無所知，除了報酬微薄，但他了解堅毅不撓的力量：「想想這些字眼：精力、意志、決心，然後你便將獲得勝利。」

羅丹最後找到自處之道：他轉而抨擊傲慢虛矯的學院，斷定那裡充斥著攀親帶故之流，負責把關的菁英「手握藝術天堂的鑰匙，卻讓所有的原創人才吃閉門羹！」他懷疑自己受到排擠，是因為拿不出知名藝術家的推薦信，而其他男孩則可以透過家族人脈取得。

羅丹永遠放棄了美術學校。他繼續創作，但是，既然被拒於「天堂」之外，他不再摹仿恬靜祥和的希臘、羅馬雕像，轉而採取一種生存美學。從那時起，他的藝術將植根於生命，植根於生命中所有平凡無奇的苦難。他開始強調那些拚命攀附生存的樣態，以及那些被生存擊垮的醜怪樣態。

十八歲的羅丹，到了該找正職謀生的年紀。因此，他在一八五八年接了一份工作：為建築物的裝飾攪拌石膏、切割模具。他是裝配線上的小齒輪；這條線以建築師為開端，羅丹依據他的藍圖指示，用石膏塑出花朵、女像柱或惡魔頭，再將模型拿給石匠以石塊或金屬複製，最後交由建築工人固定在屋宇側邊。

這種將雕塑拆解成固定步驟再依序組裝的刻板做法，令羅丹感到沮喪又乏味。有次他在鏡中瞥見自己，一時間把自己看成也是石膏匠的叔叔，穿著沾滿一條條白石膏的工作服。他開始相信這工作大概是自己的宿命；也許之前太傻，才會以為可以當個藝術家。當時他對姊姊感嘆：「生為乞丐的人，最好還是拎起乞丐的口袋，趕緊討錢去。」

然而，隨著羅丹逐漸習慣按部就班的工作，他也漸漸走進一個嶄新的世界。一天，他和同事康斯坦．西蒙（Constant Simon）在花園裡採集花朵和葉片。他們把樣本帶回工作室做成石膏模型後，西蒙評論羅丹的技巧。「你的處理方式不正確，」他告訴年輕的同僚：「你不該把所有的葉片都做成扁平的樣子。相反地，要扭轉它們，讓葉尖朝向你；表現出它們的深度，而不是做得像浮雕。」他解釋道，葉子的形狀應該從中心向外推出，朝著觀賞者伸展，否則就只是個輪廓而已。

奧古斯特．羅丹，約 1875 年。

「我立刻就懂了，」羅丹說：「這條規則至今仍是我的絕對基準。」他無法相信自己到現在才明白這個簡單而精妙的邏輯。他認為透過一片葉子的範例，他學到的比大多數學生在美術學校所學的更多。年輕人忙著臨摹古代的雕塑，幾乎無暇注意大自然。而且，由於他們一心想仿效沙龍裡最新潮的大師傑作，以至於看不出像西蒙這樣的工藝師傅在日常工作裡展現的技藝多麼精湛。

羅丹想：也許他現在忍受的單調勞動，就是大教堂的建築工為了建造曠世巨作，疊砌一塊又一塊磚石時的感受吧。他並不像他們那樣虔誠為神奉獻，但他確實對自然懷抱同等的熱愛。也許，若能將雕塑每片葉子當成一個微小的敬拜動作，身為大自然謙卑的僕人，他便能為自己的工作自豪。畢竟，沒有哪個大教堂的建築工會因其勞作而單獨獲得表揚，榮耀也不會歸於任何一位建築裝飾師傅。大教堂是所有工匠的勝利，而當最後一位無名建造者逝去之後，它仍將與世長存。

「我多想和這些石雕師傅們同桌而坐啊！」羅丹繼續寫道。日後他會警告年輕藝術家提防靈感「短暫無常的迷醉」。「我從哪裡學會了解雕塑？在樹林裡注視樹木，在路上觀察雲朵成形……無處不可，除了學校以外。」

但羅丹仍須修完大自然的最重要課程：人的形體。由於沒機會接觸人體模特兒，他只好研究較卑下的解剖版本，成為「小學院」附近迪皮特朗醫學博物館（musée Dupuytren）的常客。那裡展示的各種病態身體部位無疑影響了羅丹，多年來他雕塑出數百隻形狀扭曲的手，曾有醫師宣稱其中一些憑外觀便能診斷其病症。

其他時間羅丹就研究動物形體。城裡到處都有買賣狗、豬和牛隻的市集，但他最喜歡醫院大道（Boulevard de l'Hôpital）角落的馬市，就在「硝石庫」（Salpêtrière）精神病院前面。他看著飼主從馬廄牽出馬，領牠們在泥土路上來回小跑。有時會遇見男裝打扮、行止低調的自然派畫家羅莎・波納（Rosa Bonheur），正在為重繪她著名的畫作《馬市》（*The Horse Fair*）做準備。

他也常去植物園（Jardin des Plantes），這片占地七十畝的園林位於巴黎東南區，內含一座植物學研究園、世界第一座公共動物園和一座自然歷史博物館，羅丹報名參加那裡的動物素描課程。上課的地方在博物館潮溼的地下室，一位呆板無趣的講師對全班講解骨骼結構和骨頭組成。評論作品時，這男人在雕刻師的座位間拖著腳步，喃喃重複單調的評語：「可以，那樣很好。」學生厭倦科學的支微末節，便以取笑老先生自娛：看他那身便宜西裝，襯衫鈕釦都快被便便大腹撐爆了。

羅丹做了一個將來會後悔的決定，沒等學期結束就不去上課了。他後來得知這位教授其實是深藏不露的大師：安湍—路易·巴里（Antoine-Louis Barye），歐洲史上最出色的動物雕刻家之一。巴里外號「動物園的米開朗基羅」，從一八二五年起便仔細審視籠裡的肉食動物，通常還有好友畫家歐仁·德拉克羅瓦（Eugène Delacroix）在旁。有動物死掉時，巴里總是率先趕到現場解剖，將量得的各種身體尺寸與自己所畫相較。一八八二年時，有一回德拉克羅瓦通知他有新的屍體，紙上寫著：「獅子死了。請全速趕來。」

巴里原本是金匠，以生動奔放的青銅像來反抗當時僵化的現實主義。在他手中，一頭被巨蟒絞纏的牛羚不會只是頹敗地癱倒在地。隨著蟒蛇吸盡牠的生命和特質，獸身也化入盤繞的蛇體；這意象成為體現戰爭非人化的強力寓言。藝評家愛德蒙·德·龔固爾（Edmond de Goncourt）如此評論巴里在一八五一年的「巴黎沙龍」展出的作品：巴里的《吞食野兔的美洲豹》（Jaguar Devouring a Hare）標誌出歷史主義雕刻的死亡與現代藝術的勝利。

這位傑出動物藝術家（animalier）的創作頗受歡迎，但巴里是個完美主義者，拒絕出售任何達不到其嚴格標準的作品。因此他賺的錢遠不及其才華所值，終其一生都過得像個乞丐。

羅丹直到中年才明白巴里的動物研究意義有多重大。這番領悟來自某日下午他在巴黎街上閒逛，心不在焉地瀏覽櫥窗，其中展示的一對青銅獵犬吸引了他的目光。他形容那對雕像：「牠們奔跑著，一下在這兒，一下在那兒，片刻都不曾停留在一點上。」湊近細看時，他發現上面有老教授的簽名。

羅丹說：「一個想法突然閃現腦中，啟發了我；這就是藝術；偉大的謎底終於揭曉；如何讓靜止的東西表現動態，巴里早已發現秘訣。」

從那時起，「動作」便成為羅丹創作的首要關注。他開始憑直覺感知微小的姿態——模特兒手臂的曲線，或是脊背的某處彎折——再將它們放大為大幅度的不同舉動。他的人物形象呈現出動物的張力；在雕塑某個肌肉特別發達的模特兒時，他說他想像她是一隻黑豹。多年後，古斯塔夫．傑弗瓦（Gustave Geffroy）指出羅丹如何受他老師影響。傑弗瓦在《正義報》（*La Justice*）上寫道，羅丹「接續了巴里未完成的雕刻藝術；他從個別動物的生命，進入到人類所蘊含的動物生命」。

一旦發現他的使命是透過外顯的動態來表達內心感受，羅丹的創作便愈加遠離他原先尊崇的歷史名家，而與周圍迅速現代化的世界同步，呼應其變動的浪潮與焦慮。

第二章

兒時的一場夢境裡，年幼的詩人躺在墓穴旁的墳土上，頭頂隱約豎立著一塊刻有「荷內・里爾克」（René Rilke）的墓碑。他不敢舉手抬腳，深怕稍微一動沉重的墓石就會傾覆，將自己撞進墓穴裡。要想逃離這種癱瘓狀態，唯有設法將碑上的字改刻成姊姊的名字。他不知如何才能辦到，但曉得必須重寫自己的命運，才能獲得自由。

被石塊壓垮的恐懼成為男孩夢魘重複的主題。夢中出現的不一定是墓碑，但總是某個「太大、太硬、太近」的東西，經常預示著痛苦的轉變，預示著重生，但前提是先他而來的某樣事物必須崩毀。

事實上，詩人正是在一場死亡的伴隨下，於一八七五年十二月四日進入這世間。年輕的主婦蘇菲亞・里爾克（Sophia Rilke）出身富裕的娘家，在產下獨子的前一年失去襁褓中的女兒。從兒子誕生的那一刻起，她便視他為女兒的替身，為他取一個女性化的名字：荷內・瑪利亞・里爾克（René Maria Rilke），有時也用自己的小名「蘇菲」（Sophie）喚他。這個早產兩個月的男孩長得比同齡兒童矮小，很容易被誤認為女生。母親讓他穿上幽靈般的白色洋裝，把他的長髮編成辮子，直到他入學為止。這種分裂的身分對里爾克產生了複雜的影響：一方面，他在成長過程中一直相信自己出了什麼根本的差錯；另一方面，他的順從很討母親歡心，那似乎是別人都做不到的事，尤其他父親。

約瑟夫・里爾克（Josef Rilke）在奧地利軍隊服役時擔任火車站長。他從未如家世良好的妻子所願晉升軍官，也因她的失望而賠上婚姻幸福。當初他以年輕英俊、前程似錦贏得新娘芳心，但蘇菲亞看重地位甚於一切，從不肯原諒約瑟夫沒能帶給她一心指望的貴族頭銜。

相對地，約瑟夫看不慣她寵溺兒子，後來又為兒子沉迷作詩而責怪她。他並沒冤枉她。蘇菲亞決定，既然無法取得貴族身分，那就來假扮貴族吧，於是她開始教荷內念詩，試圖「琢煉」他。他還沒學會識字，便奉母命背誦席勒（Friedrich Schiller）的詩句，七歲就得抄寫完整的詩篇。她也堅持他學法語，但當然不學捷克語——在奧匈帝國統治下，捷克語被貶為僕從階級的語言，德文則成為布拉格的主要語言。

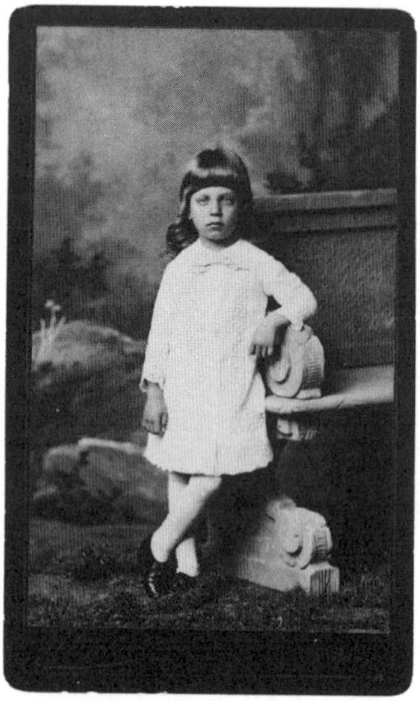

幼年的萊納・瑪利亞・里爾克，打扮成女孩，約一八八〇年。

生在這個階級隔離的城市，里爾克很快便發現，性別並非他早年生活中唯一矛盾的界線。他屬於布拉格的少數德語族群，比起占多數的捷克人，他們享有龐大的文化和經濟優勢。像里爾克這樣的自由派家庭固然希望與斯拉夫人和平共處，但他們只上自己的學校和戲院，並以德文路標劃出鄰里街坊。里爾克後來學會俄語、丹麥語和法語，但他一直遺憾沒學過自己的家鄉話。

荷內九歲時，蘇菲亞離開約瑟夫。她幾乎變成了宗教狂熱者，而且，如里爾克後來推論的，總是「在生命中追求某種無限的東西」。荷內已從小女孩的模樣長成纖瘦窄肩的少年，被父母送去維也納附近的聖波藤（St. Pölten）軍校寄宿。里爾克沒有反對追隨父親的腳步，但並不是因為對戰鬥或體能訓練感興趣，而是喜歡優雅的軍服，以及軍隊所代表的秩序和儀式。

蘇菲亞和約瑟夫期盼兒子能達成父親未竟的志願，但這希望立刻就破滅了。這個決定雖然成功地用啞鈴取代了荷內的洋娃娃，卻也將他推進一窩與他毫無共通點的五十個粗暴男孩中。他很快發現軍校生活根本無關乎紀律和優雅。

少年里爾克企望加入成人的世界。他智識過高，無法與勞工階層的男孩為伍，而對貴族子弟來說，他又不夠有教養。獨處可能最適合他，但他沒這麼好運。在同學眼中，荷內脆弱、早熟又愛說教，在在都是霸凌者最常瞄準的特質。他飽受欺凌，在一則悲憤交加的記敘中，可清楚看出他被當作箭靶的原因：

> 有一次，當我被揍得鼻青臉腫，膝蓋不住顫抖，我用最平靜的語氣對欺負我的人說——現在我仍聽得到自己的聲音：「我會沉默且無怨言地忍受，因為基督也曾如此忍受。在你打我的同時，我向親愛的天主祈禱，求祂原諒你。」那個卑劣的懦夫只是站在那裡愣了一下，隨即爆出輕蔑的狂笑……

被毆打後，男孩躲到禮拜堂去養傷，滿懷憤慨。約莫在這時期，他患上原因不明、從此折磨他一輩子的慢性虛弱症。有些人認為里爾克的神祕病痛全是自己想像出來的；的確，當他因肺部感染而離校休養六週時，似乎領悟到同情可被靈活運用成一種社交策略。但另一些曾目睹他發病的人則作證說，他顫抖的肌肉和蒼白的臉色完全不像裝出來的，令人不得不信。

無論如何，保健室成為里爾克在軍校的避難所，它提供即時的庇護，讓他逃離找麻煩的人，更重要的是給予他閱讀的時間和空間。他躺在床上，日夜在詞句間打滾，捧讀歌德而淚霑紙頁。他的文科成績開始進步，劍術和體育則愈來愈差。儘管體能教育不及格，里爾克依然認為自己能當軍官，還一度試圖向教官證明這點，寫了篇長達八十頁的〈三十年戰爭史〉。

在師長建議下，男孩開始向報刊投稿，有好幾篇詩作被接受。他靠這些微薄的撫慰熬過來。直到十五歲，父母終於把他從「童年的苦牢」——他對軍校的稱呼——救出。但他們接著送他到奧地利林茨（Linz）的商業學校，他在那兒並沒過得比較好。約瑟夫「鄙夷而不安地」注意到兒子還在寫詩，企圖說服荷內多用心向學，只在週末寫作。他覺得兒子沒道理不能兼顧工作和嗜好——那是他看待詩的方式。但對荷內來說，這些詩是他「夢想中的孩子」，想到要為沉悶的辦公室工作犧牲它們，就令他難過不已。他認為只在週末寫作的藝術家「根本不算藝術家」。

就在那年，叔叔亞羅斯拉夫（Jaroslav）同情這男孩，願意出錢請家教，讓荷內在布拉格家裡完成學業。叔叔是事業有成的律師，獲得了兄長苦求不得的貴族頭銜，現在叫作亞羅斯拉夫・馮・里爾克（Jaroslav von Rilke）。負擔這筆費用對他非常輕鬆，而且因為沒有子嗣在世，他將荷內視為具潛力的接班人，有朝一日可接掌其律師事務所和遺產。

亞羅斯拉夫設置一筆津貼，資助荷內完成剩餘的高中教育，並持續到大學畢業。當然，滿懷壯志的詩人並不打算去念法學院。他已決心成為作家——但這細節僥倖瞞過了叔叔，因為亞羅斯拉夫在那年冬季死於中風。

里爾克雖未實現叔叔的願望，卻也沒辜負他的慷慨。畢業後的一年裡，他寫了數十篇短篇小說、劇本、新聞報導，並推出自己的文學期刊。他加入一個作家團體，也交了幾個朋友。一八九四年，里爾克出版第一本書：一冊熱情澎湃的情詩，題為《生命與歌》（*Life and Songs*），靈感得自他首度認真交往的女友瓦樂莉（Valerie）——他口中的「閃亮的流星」。書中多愁善感的詩句充滿德國浪漫主義的晨露花朵和歌唱少女；他以為這本詩集會立即帶來自己當之無愧的榮耀，結果卻不如預期。

里爾克的心理劇作同樣未獲好評。不過，他並不覺得可能是因為作品不夠成熟，反而怪讀者沒能理解它。他斷定布拉格是個過氣的城市，充斥著墓園、城堡和見識狹隘的半吊子文人。那裡的人一味沉溺往事，甚至連自己都顯露老態。他寫道：「只有當其棺木腐爛成碎片，或衣服綻裂崩解的時候，他們才會知道什麼叫進步。」雖然里爾克仰慕許多斯拉夫傳統，包括民俗歷史和對土地的崇敬，但斯拉夫人民實在太貧窮，再無餘力提升文學素養。奧地利人更糟，他們明明有能力享受各種藝術，卻只在乎地位和金錢。

滿二十歲時，里爾克明白他的詩若不趕快闖出名堂，就會坐實父母的懷疑。他將被迫在布拉格的銀行或律師事務所工作，也許待一輩子。這個城市的環境並不適合創作，空氣中「瀰漫著陳舊的夏日和過不去的童年味道，令人無法呼吸」，他寫道。

里爾克遇見過一些年輕人，他們移居到以培育藝術家聞名的城市。許多人去了巴黎，但里爾克相信東歐的藝術生產已太受法國影響。慕尼黑是他心目中的較佳選擇。那是歐洲當時的知識神經中樞，城裡最令人垂涎的社交場所是演講廳；俗家青年在咖啡館辯論尼采「上帝已死」的宣稱；藝術家則反抗學院，在一八九二年創立「慕尼黑分離派」（Munich Secession），比克林姆（Gustav Klimt）在維也納領導的運動還早五年。

只要還留在學校，里爾克便可以繼續領取叔叔的津貼度日。因此，一八九六年秋，他到慕尼黑大學註冊，意欲拒絕迄今為止定義他的每件事物：母親狂熱的天主教信仰，父親的軍事抱負，布拉格褊狹的地方意識——甚至自己的名字——這一切他都準備拋棄。

十九世紀末的德語國家有一股思潮，是研究個人及其在社會中的運作方式。哲學家和神經學家結合專業知識，創立各種新的心智科學，如研究意識本質的現象學，與探索潛意識的精神分析。藝術，以及被稱為美學的藝術研究，成為這些學科匯聚的共同點。心理學家開始看出，觀察人們對於藝術的情感反應，與驅使人創作藝術的動機，有助於解釋一些從未在實驗室測試過的人性面向。

一八六〇年代，德國醫師威廉·馮特（Wilhelm Wundt）在針對反應時間（reaction times）進行例行研究時，意外促成心理學誕生。他將鐘擺改造成稱作「思想量表」（thought meter）的計時器後，突然想到這實驗所測量的也許不只是神經現象，還有潛意識的現象。反應時間似乎打破了自主與非自主的注意力之間、即大腦與心靈之間的差異。倘若科學可以測量前者，想必也適用於後者。一八七九年，馮特在萊比錫創建了世界第一所心理實驗室。

又過了一個世代，哲學家西奧多・李普斯（Theodor Lipps）才將馮特的新學科與他自己的美學領域連結起來。李普斯原是創立現象學的先驅，但他逐漸與該領域及其掛名領袖胡塞爾（Edmund Husserl）分道揚鑣，試圖從心理學的取徑探究他的核心問題：藝術為什麼會帶給我們愉悅？

當時，科學家多半將藝術欣賞化約為數學性質，相信某些幾何體就是比其他的更賞心悅目。但李普斯拒絕接受這種訴諸視網膜的刻板解釋，認為它雖有助於說明感官知覺，卻與愉悅無甚關係。他推測愉悅涉及更多主觀的作用力，如個人心情或教育背景。

他想，這個方程式也許應該倒過來寫：與其說藝術帶給眼睛愉悅，更可能是眼睛製造了藝術。畢竟，若沒有觀看者的欣賞，顏料在帆布上的分布就無所謂美不美。（與李普斯同時代的維也納藝術史家阿洛伊斯・李格爾〔Alois Riegl〕後來稱此為「觀看者的參與」〔beholder's involvement〕。）依據這種看法，色彩只是顏料而已，直到心靈將它們過濾成所謂的色澤，亦即能觸發記憶與情感的色調。當觀看者認為一幅畫很美，它便在那一刻由物件轉化成藝術品。於是，注視的動作變成創作的過程，觀看者變成藝術家。

李普斯在一本一八七三年的博士論文裡為其理論找到名稱。作者是研究美學的德國學生羅伯特・費雪（Robert Vischer）。當人們將情感、觀念或記憶投射到物體上，便啟動了一個過程，費雪稱之為「共感」（einfühlung），字面意義是「情感移入」（feeling into）。一九〇九年，英國心理學家愛德華・提欽納（Edward Titchener）把它譯成 empathy，衍生自希臘文 empatheia，意指「投入感情」（in pathos）。費雪認為共感揭示了藝術作品何以使觀者無意識地「移入形式，並隨之移動」。他將這種身體模仿稱作「肌肉共感」，此概念獲得李普斯的共鳴——他曾在觀賞舞蹈時發覺自己隨著舞者「手舞足蹈地表演」。他也將此觀念連結到打呵欠和大笑等體感覺的模仿（somatosensory imitations）。

人們有時會形容，在動人的藝術作品前有「忘我」的體驗，那是因為共感的緣故。他們或許聽不見周遭的聲響，頸背寒毛直豎，渾然不覺時間流逝；作品中可能有什麼激起了他們的本能反應（gut feeling），或像普魯斯特（Proust）的瑪德蓮蛋糕，令人回憶泉湧。當藝術作品發揮效力時，會將觀看者向外拉進世界，而觀看者也同時將作品拉回自己的體內。紅油彩像血液般流過血管，藍天讓肺葉充滿空氣，都是共感的作用。

弔詭的是，依其定義，共感是一種自私的情緒：我們對外物感同身受是為了讓自己開心。共感肯認生命，使我們得以滲透世界。反過來說，當藝術未能觸發這種感應時，人們會說它沒「感動」自己，說它令人「參不透」或「摸不著頭腦」。在這些說法中，感知（perception）是唯一發揮作用的知覺。

歐洲各地的知識分子迅速注意到李普斯的共感研究，開始將它發揚光大。藝術史學者一直在努力解釋為何某些文化會創造出某種特定的藝術，即李格爾所謂的「藝術意志」（Kunstwollen）。李普斯的學生威廉・沃林格在一九〇六年提出開創性的理論，將其指導教授與另一位教授——柏林社會學家齊美爾（Georg Simmel）——對於共感的論述接合起來。齊美爾從相對主義的觀點主張，為了理解某個概念（如「對稱」），應該同時考量與它對立的概念（「不對稱」）；沃林格採取齊美爾的二元分析來描述他心目中界定了整部藝術史的二元概念，並以之為自己的書命名：《抽象與共感》（*Abstraction and Empathy*）。

然而，將這個晦澀的術語從德國藝術史轉變為人類情感的基石——即我們今日所理解的「同理心」——卻是心理學家的功勞。一八九六年，年輕的佛洛伊德教授從維也納寫信給朋友，說他「沉浸」在李普斯的教導中：「我認為他是當今頭腦最清晰的哲學作者。」多年後，佛洛伊德感謝李普斯賜予他「勇氣和才能」撰寫《笑話及其與潛意識的關係》（*Jokes and Their Relation to the Unconscious*）一書。他進一步推廣李普斯的研究，主張精神分析師應擁抱同理心這種有助理解病人的工具。他敦促學生捨棄評斷的立場，而以同理心來觀察病人。他說他們應該像「感受器官」（receptive organ）那樣退入背景，並努力做到「設身處地」。

如今在專業圈外鮮為人知的李普斯，當時卻是知識界名人及備受歡迎的講者。他每週五晚上主持一個活躍的心理學社團，參加者辯論「作為」與「不作為」（actions and nonactions）的區別，理則學家與心理學家對陣較量。有段時間李普斯也編輯藝術期刊，其遠大目標是記錄藝術史的發展，但不是為了追溯最早的畫作，而在探究創造力本身的起源。他在一八九四年受聘擔任慕尼黑大學的哲學系主任時，歐洲各地的思想家和藝術家都來報名上他的課。羅馬尼亞藝術家布朗庫西（Constantin Brancusi）是他的學生，俄羅斯的康丁斯基（Wassily Kandinsky）也是。里爾克自布拉格抵達慕尼黑後，首先選修的課程就有李普斯的基礎美學。

里爾克承認，他初到慕尼黑時仍覺得自己像個小孩。他搬進市中心的施瓦賓區（Schwabing），那裡以學生和藝術家聚集而聞名。除了李普斯的課，他也修習有關達爾文和文藝復興藝術的課程，對波提切利（Sandro Botticelli）的畫作特別感興趣——那些悲傷而流露著懇求眼神的聖母像，似乎就「站在我們這個時代的渴望的核心」。

沒過多久，里爾克就進入了作曲家華格納的兒子齊格飛（Siegfried Wagner）和德國小說家雅各·瓦瑟曼（Jakob Wassermann）的社交圈。瓦瑟曼為里爾克引介丹麥作家彥斯·彼得·雅各布森（Jens Peter Jacobsen）的作品，其小說《尼斯·律訥》（*Niels Lyhne*）描寫一位年輕的「夢想家，在懷疑與自我分析的泥淖中踉蹌掙扎」，將在未來幾年裡帶給里爾克莫大的慰藉。但這仍比不上瓦瑟曼在一八九七年帶給他的厚禮：介紹詩人認識露·安德列亞斯—莎樂美（Lou Andreas-Salomé）。以任何時代的女性而言，安德列亞斯—莎樂美的思想影響力都非比尋常，而對一個十九世紀的激進俄羅斯女性主義者來說，那幾乎是不可思議。

安德列亞斯—莎樂美本名露易絲·馮·莎樂美（Louise von Salomé），是位學識淵博的哲學家及作家，但如今人們大多只記得她繆思的身分。她曾兩次拒絕求婚，一次對象是尼采（Friedrich Nietzsche），他曾稱她為「目前為止我所知道最聰明的人」，另一次則是尼采的朋友，哲學家保羅·

雷（Paul Rée）。雖然她兩個男人都不想嫁，卻為其心智著迷，提議三人住在一起，組成思想上的「三位一體」。令人驚異的是，他們居然同意了。

一八八二年，他們拍照慶祝尼采所謂的「畢達哥拉斯式友誼」。相片裡的兩名男子拉著一輛木製二輪車，二十一歲的莎樂美坐在上面揮舞小皮鞭。然而，三人行的愉悅並不持久——這個聯盟還沒機會展現成果，就先被嫉妒摧毀了。莎樂美決定她那年冬天想跟雷在柏林獨處，雷喜出望外地答應，寫道：「我其實應該思考『個人良知的起源』，但是，該死，我心裡想的總是露。」

感覺遭受背叛和遺棄的尼采，在德國某個火車站會見雷和莎樂美，最後怒氣沖沖拂袖而去，從此不再與他們相見。他隨即寫信告知二人，他們的殘酷害他吸食「大量」鴉片。但他沒有自殺，而是避居義大利北部，在十天內寫成《查拉圖斯特拉如是說》（*Thus Spoke Zarathustra*），其中有句名言據說是影射莎樂美：「你要去找女人？可別忘了帶鞭子！」

莎樂美準備對尼采和保羅．雷揮鞭子，一八八二年。

四年後，莎樂美嫁給四十一歲的語言學家卡爾．安德列亞斯（Carl Andreas）。（據說他求婚時也是以死相脅。）然而，她的應允伴隨兩條重要的但書：沒有性愛，不生小孩。她將保有繼續與雷（或任何她喜歡的人）交往的自由，安德列亞斯也可以有其他愛人。她甚至提議幫他介紹可能成為情婦的對象。這種安排並不總是平順無波——安德列亞斯與管家生了個孩子，她也一直跟這對夫妻同住——但他們從未分開。

莎樂美的主要天賦是她敏銳的分析頭腦。她有種不可思議的能力，可以理解當代最令人敬畏的思想家所提出的深奧觀念，往往就其論證闡明他們甚至沒想到的面向。她像某種思想治療師：聆聽、描述、分析並複述他們的想法，釐清其邏輯中晦澀模糊之處。

里爾克幾乎從得知她存在的那一刻起，便加入莎樂美長長的仰慕者行列。那時他剛寫完〈基督的願景〉（Visions of Christ），一組受尼采啟發而挑戰基督教義的詩，有位編輯朋友建議他讀她探討類似主題的論文：〈猶太人耶穌〉（Jesus the Jew）。

里爾克仔細閱讀她的文字，一夕間便感覺自己覓得了文學上的摯親。他開始寄給她沒署名的詩作，而她直到一八九七年春天造訪慕尼黑時，才知道這個匿名通信者是誰。里爾克聽說她要來城裡，便說服共同的朋友瓦瑟曼安排一場茶會，介紹雙方認識。

比里爾克年長十四歲的莎樂美穿著一襲洋裝來到瓦瑟曼的公寓，層疊寬鬆的棉質衣裙使她健壯的輪廓柔和許多。她有張典型的俄羅斯寬臉，灰髮在頭頂隨意綰成一個髻。里爾克很快就發現她講起故事令人迷醉。她對人物和地方的描述直截切要，讓全室的人都專注傾聽，然而奇怪的是，她敘事卻毫無章法，完全不顧時間順序或因果關係。里爾克凝視她「溫柔夢幻恍惚的微笑」，她則在日記裡提到他深情款款的眼眸，但也不太厚道地寫他「沒後腦杓」。

里爾克立即為她神魂顛倒，當晚便寫信告知母親與「名作家」相遇的事。翌晨又寫了封信，這次是向莎樂美告白，訴說那些閱讀她作品的深夜已在他心中引燃親密感：「昨日並不是我與你共度的第一個黎明時分。」他盼望有天能為她朗讀自己的詩句：「我想不出更深刻的喜悅了。」

最初打動她的並非里爾克的詩作，而是他的「人格特質」。她不記得先前那些未署名的信件裡附的詩句，但在重讀自己的一則回應後，推斷「當初一定不太喜歡它們」。不過，她確實喜歡里爾克「男子漢的優雅」，以及他「溫和卻不可侵犯的掌控與主導作風」。她認為他的體貌與性格搭配得完美無缺。初識兩星期後，他們連袂前往巴伐利亞的一座湖畔度週末，在那裡成為戀人。

接下來幾個月他們都在一起，白天里爾克為她朗讀，晚上她煮羅宋湯給他吃。他很快就染上她赤足走路及素食的波西米亞習慣。現在他也避免僵挺的專業打扮，改穿長衫和寬鬆的農民裝束。

里爾克對莎樂美所懷的那種不顧後果的激情，他日後認為是年少輕狂所致——年輕人「為愛著魔時，會將自己拋向對方，任憑自己散落於各種凌亂、失序與迷惑的狀態」。莎樂美並未同樣癡狂地戀慕里爾克，但開始真心欣賞其才華，並相信他那些不討喜的特質可以透過些許調教而矯正。她開始將詩人模塑成她覺得比較迷人的版本，勸他仿效她雍容典雅的書法，培養陽剛氣質。她說荷內（René）這個名字法國味太濃，也太女性化，建議他改成更剛毅、聽起來更有德國味的萊納（Rainer）。

詩人渴望成為她的創作。她不只是他第一個崇拜的愛人，也是他的知己、導師、繆思，甚至有點像母親——即便不能說是這年輕人的母親，至少對他內在逐漸成熟的藝術家來說是如此。遇見她時，他在一篇自傳式小說裡寫道：「我仍十分柔軟，可以像蠟一樣任你揉捏。收取我，給我一個形式，完成我。」里爾克欣然接受她為他取這個謎樣的新名字，它本身便具有一種幾近神話的個性。在作家褚威格（Stefan Zweig）看來，這些字母彷彿應該被錘打成細緻的金線。「萊納·瑪利亞·里爾克，」另一個朋友寫道：「你的名字就是一首詩。」

那年還沒結束，里爾克就從慕尼黑大學輟學，隨莎樂美去柏林。在奧匈帝國統治下長大，里爾克總覺得被剝奪了斯拉夫身分，而她的祖國俄羅斯漸漸成為此身分的一種神話創構象徵（mythopoetic symbol）。她一直在教他俄語，他也希望自己能學到足以翻譯俄國文學的程度。

一八九九年，兩人首度同赴莫斯科。在外人眼中，高大年長的婦人與溫順柔弱的年輕詩人並不總是像對情侶。文學批評家菲德勒（Fyodor Fiedler）誤認里爾克為莎樂美的「小聽差」，作家巴斯特納克（Boris Pasternak）則記得有次在火車站偶遇詩人和「他的母親或姊姊」。令情況更撲朔迷離的是，她的丈夫也與他們同行。

但這對戀人毫不理會閒言閒語。那段時間他們只關心一件事：晉見共同的偶像托爾斯泰。這絕非易事。當時已退休、年過七旬的小說家並非好客之人。如今他只撰寫尖刻又冗長的文章，譴責現代藝術和該為它負責的、不信神的年輕人。這理當令兩位造訪的晚輩心生警惕，但他們心意已決。莎樂美央請有地位的俄國熟人幫忙，設法拿到一封去他家喝茶的邀請函。

他們抵達時，佝僂的老人沒好氣地接見他們。他童山濯濯，一把白鬍子顯然忍受過無數拉扯和捻搓。他一開口便衝著莎樂美大吼，里爾克完全聽不懂像機關槍掃射的俄語，但不久就明白，托爾斯泰同意見面的唯一理由，是因為對她的一些論述有意見，想當面訓斥她。身為虔誠的改宗基督徒，托爾斯泰說她在作品中將俄國的民俗傳統過度浪漫化，並警告她別跟著農民一起搞迷信。

他們的談話被另一間房裡的男人叫囂聲打斷。托爾斯泰的成年兒子發現里爾克和莎樂美的外套還掛在門廳，喊道：「什麼！整個世界居然還在這裡！」這兩個闖入者把它當作該離去的最後信號，趕緊奪門而出，留下托爾斯泰在背後一逕怒罵。他們走了半條街還聽得到他咆哮，直到教堂的鐘聲響起才終於將它淹沒。

儘管初見托爾斯泰的經驗如此慘痛，兩人仍決定翌年夏天再嘗試一次。這回是到他的鄉間莊園，托爾斯泰給客人兩個選擇：與他的家人共進午餐，或是去散步，就他們三人。熟識托爾斯泰家的人都知道，唯一比他脾氣更壞的就是妻子蘇菲亞（Sophia），因此兩人連忙接受第二個選項。托爾斯泰起初還蠻親切地談論文學，但隨即開始謾罵詩是貧瘠的藝術形式。更令里爾克尷尬的是，他幾乎只對莎樂美說話，根本無視詩人的存在。里爾克後來在日記寫道，托爾斯泰似乎「把生命變成一條惡龍，好讓自己成為與之搏鬥的英雄」。

里爾克雖然頗受打擊，但托爾斯泰的拒斥也讓他認清接下來該做的事：寫一部以中世紀祈禱書為形式的詩集。他一回柏林便動筆創作《時禱書》（*The Book of Hours*）。此書在一八九九至一九〇三年間分三部寫成，依時序記述他追尋詩性之神（a poetic god）的歷程。此書出版時，他題贈一冊給莎樂美：

謹置於露之手
時時刻刻
萊納

這本書成為里爾克在世時最出名的著作，其問世大抵要歸功於莎樂美的啟發。他後來告訴她：「你將我的靈魂擁入懷中，溫柔呵護。」她強力批評他的多愁善感，使他的詩句更臻凝練；他對她的激情則驅使他寫出史上最熾烈的一首情詩：

熄滅我的眼睛，我依然看得見你
封塞我的耳朵，我仍舊聽得到你
沒有雙足也能走向你
少了口舌，我還是能隨意呼喚你
折斷我的臂膀，我將以我的心
緊握著你，猶如以一隻手……

Put out my eyes, and I can see you still,
Slam my ears to, and I can hear you yet;
And without any feet can go to you;
And tongueless, I can conjure you at will.
Break off my arms, I shall take hold of you
And grasp you with my heart as with a hand...

那些日子裡，倘若盲目意味著莎樂美會引導他，里爾克還真情願瞎了眼睛。他依賴別人的照顧簡直到自私的程度，只不過他也以同樣慷慨的愛回報他們。然而，一九〇〇年夏天，他的需索開始惹惱她。無論她到哪裡，他的信總是尾隨而至。在俄羅斯時，有次她出國探親，留他在家裡待幾天，他就大發脾氣。一封求她回來的信裡，寫出她認為是他迄今最醜惡的文句，反而促使她決定離開更久。被遺棄十天的里爾克陷入絕望。當她回來發現他渾身顫抖又發燒，便宣布她將獨自返回柏林；他應該為自己做些打算。她告訴過他，她渴望「更多時間獨處，我一直習慣那樣，直到四年前才改變」——那是他們初遇時。但私底下，她在日記裡希望自己能叫他「離開，徹底離開」。為了達到趕走他的目的，「我可以很殘忍（他非走不可！）」。

離別在即，里爾克痛不欲生，卻不敢違抗她。回到柏林的第二天，他便受邀去德國北部的藝術村探訪朋友。這暫時給了她一些空間，但正如里爾克的詩所許諾的，她不可能這麼輕易甩掉他。終其一生，每當他無法寫作，或跌落內心幽僻的深淵，以致害怕自己會永遠消失，他總會向莎樂美求救。每次她都會前來，平靜地牽起他的手，引導他回到光明。

第三章

一八五〇年代末，羅丹中輟他在植物園的研習後，當了四年商業雕刻師，僅在清晨和夜晚從事自己的藝術創作。他的第一間工作室租在高布蘭（Gobelins）織錦工廠[3]附近，一座沒暖爐、幾乎沒怎麼改裝過的馬廄裡。付完每月十法郎的房租後，就請不起模特兒了——模特兒幾小時的薪水經常等於他一日所得。羅丹只好將就雇用那些走投無路、願意來擺姿勢賺取微薄工資的外行人。

為了多掙點酒錢，老雜工畢比（Bibi）很樂意為羅丹服務。這個希臘男人的鼻樑斷了，面容「無比醜陋」，起初羅丹很排斥捏塑這張臉，說它「看起來好恐怖」。但畢比很便宜，而且原本就是這些工作室的清潔工，每星期都會來三次，所以從一八六三年秋天起，羅丹便著手雕塑他的胸像，忠實地刻劃出一道又一道凹痕與溝紋；他重重踩踏著黏土，如同人生曾毫不留情地踩踏過畢比。

接下來的十八個月，羅丹開始注意到畢比臉上偶爾閃現的俊美。他頭型很好看，而且，在那嚴重毀傷的面貌底下，有種高貴的氣質蘊含於顱骨結構中。他與羅浮宮所陳列的那些臉孔並非全然迥異。羅丹想，他們許多也是歷經歲月磨蝕的希臘人。

羅丹於一八六三年完成的胸像，徹底背離了當時肖像的優美風尚。十五年前，當波特萊爾將一篇文章挑釁地題為〈雕塑何以乏味〉（Pourquoi la sculpture est ennuyeuse），並不盡然是譁眾取寵。在那之前，雕塑幾乎純粹為裝飾而作，例如大教堂的精緻雕飾或公園的戰爭紀念碑。直到十九世紀中葉，即便是最傑出的新雕塑，依舊被裝置成建築的附屬品，如巴黎歌劇院正面的酒醉舞者即為卡爾波（Carpeaux）[4]名作。倘有獨立存在的作品被收入博物館，多半是因其原本的棲地已被摧毀。

不論是有心或無意，羅丹的《斷鼻人》（*Man with the Broken Nose*）大膽冒犯了從未受質疑的悠久傳統。這個無名小卒的臉孔絕不可能出現在紀念碑或建築物上，除非作為罪孽的象徵。但羅丹的畢比是真的相貌醜陋，並不隱含醜惡的寓意。他是完具自足的存在，而非以譴責他物為旨，正如里爾克日後注意到的：「這張臉上有千種磨難的呼聲，卻不聞控訴響起。它不求世界主持公道；它的正義持守於內在，它一切的矛盾調和於自身。」

一八六四年的巴黎沙龍[5]似乎是羅丹向大眾引介此胸像的良機。與他同時代的莫內（Monet）、塞尚（Cézanne）、雷諾瓦正逐漸成為家喻戶曉的名字，即使尚未完全被主流沙龍接

3 編按：高布蘭織錦工廠（manufacture des Gobelins）位於現今巴黎第十三區，過去為法國王室提供織錦等裝飾用布料，現在依舊供應總統府等官舍所需。

4 編按：尚—巴提斯特．卡爾波（Jean-Baptiste Carpeaux，1827-1875），法國雕塑家，他打破當時學院派雕塑的傳統觀念，對羅丹影響很深。文中提及的作品位於巴黎加尼葉歌劇院（opéra Garnier）正面，名為《舞蹈》（*La Danse*）。

5 編按：巴黎沙龍（Salon de Paris）起源於十七世紀後期由高等美術學院舉辦的藝術展，由於長期在羅浮宮的方沙龍（Salon Carré）舉辦，因而得名。隨著評審制度的完備，在十八世紀中到十九世紀末，巴黎沙龍成為西方藝術界最重要的年度盛事。

受。前一年的官方藝術展拒絕了三分之二的提交作品，包括馬奈（Manet）驚世駭俗的《草地上的午餐》（*Déjeuner sur l'herbe*）。但它們仍在另一個被諷稱為「落選者沙龍」的展場上亮相，結果證明遠比主場活動受歡迎，還讓馬奈變成了一個邪典英雄（cult hero）。

然而，那年冬天，羅丹還來不及將胸像呈交給評審委員會，工作室的溫度便降至冰點以下。赤陶土塑的頭像後半部斷裂，摔碎在地上。羅丹清早去工作，發現一片狼藉時，盯著殘破的頭像看了許久，決定它現在這樣其實更好。如今這面具把真實的畢比和羅丹的貧困攤展在其表面上，用最直白的方式表達生命的酷寒。

羅丹以面具而非胸像的形式呈交作品給一八六四年的沙龍，但被評審委員拒絕了，次年亦然。他不像過去那樣大受打擊；無論別人是否明瞭，他知道這件雕塑標誌著一項重大啟示：畢比讓羅丹領悟到「美」的要義是「真」，而非完美無瑕。後來他下了一個註腳：「藝術中，除了缺乏個性的東西，沒有什麼是醜陋的……。」人類身為有缺陷的造物，無法理解完美，但人們能對疤痕和皺紋產生共鳴，它們共同組成了人生的外觀。

「這個面具決定了我未來所有的創作，」羅丹後來說：「它是我捏塑的第一件佳作。」他開始肯認自己的才華，同時也意識到它像許多天賦一樣，伴隨著陷阱而來：藝術才華必須與人分享，否則便失去價值。如今他得負起尋覓觀眾的重擔，讓本質上不可見的東西被看到。歷史上有多少被埋沒的才華，天賦異稟的人繼續受苦，懷才不遇的寂寞宛若未獲回報的愛。羅丹也如里爾克一般，在必須展現天賦的沉重壓力下度過青春。直到一八六四年，他才遇到將見證其才華並致力守護它一輩子的女性。

蘿絲・波雷（Rose Beuret）在一八六四年遇見二十四歲的雕刻家時，年方十八，已是個經驗老到的勞動者。不久前她才從香檳省（Champagne）老家的葡萄園搬到巴黎做裁縫。同一條街上，波雷為仕女的帽子縫繡花朵，羅丹則在不遠的工作室從石塊雕出花朵，用以裝飾建造中的「歡樂劇院」（Théâtre de la Gaîté）——這座新歌劇院是為了取代被奧斯曼拆除的那座，舊址位於俗稱「罪惡大道」的聖殿大道（Boulevard du Temple）。

波雷有一頭棕灰色長髮，鬈曲的瀏海垂覆在帽緣，剛毅而緊繃的面容和易於激動的眼眸一開始便讓羅丹印象深刻。「她沒有城市婦女的優雅，但具備農家女兒的強健體魄和結實肌肉；活潑、坦率又果斷的陽剛魅力，更增添她女性身體之美。」他立刻邀請她來當模特兒。或許是因為想賺外快，也想在城裡交個朋友，波雷欣然同意。

羅丹曾說她做起這份工作「簡直像炮彈一樣強悍」。冷颼颼的工作室裡，她接連擺上好幾個鐘頭的姿勢：一隻手臂朝斜下方伸出，彷彿正將一面鏡子架到床頭櫃上，另一隻手臂則將頭髮攏起。談起這尊依波雷形貌塑造的人像，他說：「我把自己內在的一切都傾注於其中。」那是他第一座真人大小的雕像，題為《酒神的女祭司》（*Bacchante*）。羅丹利用週日及上工前的早晨製作它，當時他的正職是幫廣受歡迎的浪漫主義藝術家卡利耶—貝勒斯（Albert-Ernest Carrier-Belleuse）用黏土雕塑各種設計模型。因為他要存錢為《酒神的女祭司》鑄模，便先將它擱置在旁，繼續其他的創作。最後，工作室堆得太滿，必須搬遷到更大的空間。當搬運工把一向耐心等待的《女祭司》抬走時，人像開始搖晃，從他們的臂彎滑落到地上。羅丹聽到巨響奔上前看，駭然發現「我可憐的女祭司已經死了」。

然而，血肉之軀的波雷卻不會如此輕易離去。羅丹說，才當過一回模特兒，「她就像動物似地黏上我」。他們很快便成為情侶，並以勞動為核心，結成堅不可摧的夥伴關係。雕塑是羅丹的工作，羅丹則是她的工作。她變成他的得力助手，早上為他擺姿勢，晚上再回來為一堆堆尚未燒製的黏土覆蓋溼布，以免它們乾掉。她仍繼續兼差做裁縫，羅丹偶爾也幫忙縫鈕扣。

羅丹很不願承認自己有多依賴波雷。被問起他們的關係時，他會聳聳肩說：「總是得有個女人。」但他不相信男人需要妻子，因此，當她在一八六六年未婚產下他們的兒子，男嬰的出生證明寫著「奧古斯特—歐仁．波雷」（Auguste-Eugène Beuret），父「不詳」。儘管如此，他們終生相守，波雷身兼羅丹的首席顧問、合夥人、情人，最重要的是，她是那個令其才華得以持續展現的幕後推手。

此後十年，羅丹去美術館都是以觀賞者的身分。自從巴黎沙龍拒收他的《斷鼻人》以來，十一年過去了，而他從未再呈交任何作品。意識到一件雕像可能就會賭上藝術家的生涯，他決心等到做出真正的傑作才重返展場。

他對自己的技藝有信心，但不確知該如何將一路領受的各種零散教育融會成恰當的寫真雕塑實作。勒考克曾教他用心觀照的規則，巴里則教導他表現動態，但仍沒有人教過他「人的形體」。因此，他在一八七五年赴義大利，直接向祖師爺米開朗基羅請益。

為了不必吃那些看似缺鐵的義大利菜，他在行囊裡放進法國香腸，然後登上火車。他選擇景色優美的路線，穿過法國和比利時，沿途觀覽哥德式大教堂。他寫信給波雷：「迪南（Dinant）風景如畫，但是漢斯（Reims），它的大教堂，那種等級的美是我在義大利也不曾遇見的。」

那年冬天，當羅丹抵達佛羅倫斯時，整座城都在慶祝米開朗基羅的四百歲誕辰。他造訪了梅迪奇禮拜堂（Medici Chapel），那裡坐著米開朗基羅雕塑的羅倫佐・德・梅迪奇（Lorenzo de Medici）像，其沉思的姿態與日後的《沉思者》頗為相似。對於他在佛羅倫斯找到的每一座米開朗基羅人像，羅丹都仔細審視其輪廓，然後才繼續前往羅馬，觀看西斯汀禮拜堂（Sistine Chapel）的畫。這番經驗令羅丹深受震撼。米開朗基羅的每一項決定，似乎都與羅丹從羅浮宮的希臘藝術家學到的法則相牴觸。「『且慢！』我對自己說：『為什麼身體要在這裡往內彎？為什麼這裡臀部要翹起，肩膀要下沉？』」但他知道米開朗基羅不會計算錯誤。

而今再度成為學生的羅丹，將勒考克從前指派的習題翻新，在筆記本上畫滿素描。他寫信告訴波雷，這些素描「不是直接摹寫他的作品，而是描畫支撐它們的骨架；記下我為了理解他而在想像中建構的系統」。漸漸地，「偉大的魔法師終於允許我入門一窺堂奧」。

一個月後羅丹回到家，腦中充滿想法，立刻著手打造終將為他贏得沙龍入場券的雕像。他找到一位身材優美的年輕比利時士兵當模特兒。這男人擺出姿勢：一隻拳頭緊握長矛狀的棍棒，另隻手舉過頭頂，一副很苦惱的樣子。羅丹著魔似地審視他的形態，從正面、背面和側面，以及露出四分之三臉龐的斜側面。他爬上人字梯，以便取得俯瞰的視野，再蹲到地面從下方仰視。他花了三個月塑造一隻腿，然後一寸一寸地模塑出接續的輪廓，總共費時一年半。

結果羅丹塑造出一尊寫實得不可思議的石膏像，命名為《青銅時代》（*The Age of Bronze*）。他雙眼半閉——這是個目睹過慘事的人，彷彿才剛撞見被殺害的愛人屍體，或發現自己就是兇手。羅丹最後移除了矛，好讓人像的輪廓完整無礙地映入觀者眼簾；這項決定使原本已十分神祕的姿態更加晦澀難解。

一八七七年的巴黎沙龍接受了《青銅時代》。在評審的熱烈肯定下，連法國政府也要求為該市購買一個鑄版。然而，展覽在巴黎揭幕後，羅丹一絲不苟的精確卻造成反效果。藝評家抱怨《青銅時代》太寫實。夏爾·塔迪厄（Charles Tardieu）在《藝術》（*L'Art*）雜誌寫道：「與其說是雕像，不如說它是習作；模特兒的肖像太過卑屈，缺乏個性與美；作品以令人驚異的準確度，複製了一種低賤的典型。」其他人更進而指控羅丹直接以真人身體翻模，那是一種被稱為「翻鑄」（surmoulage）[6]的卑劣手法。

政府派專家來親自審查這件作品。他們論斷它就算「在嚴格意義上」並非真人翻模，「然此手法顯然發揮了關鍵作用，故其不能被視為真正的藝術作品」。

羅丹在漫長而充滿爭議的藝術生涯所忍受的各種侮辱，最惡毒者莫過於翻鑄的罪名。它相當於指控作家抄襲。他告訴波雷：「我是名符其實地身心俱創。」但當他寫信給報刊，剴切陳辭為自己辯護時，並沒有訴苦示弱。他懇求官員看看模特兒的照片，就會發現這男人實際上比雕塑呈現的稍微壯碩一點，由此可證塑像不可能以真人翻模。羅丹聯合當時最具聲望的一群雕塑家，包括亞歷山大・法吉業（Alexandre Falguière）和他的前雇主卡利耶—貝勒斯，共同簽署一份駁斥翻鑄指控的聲明。他們進而讚揚這座雕像示範了「一種非常罕見的模塑力量，更展現出非凡的個性」。

終於在三年後，這些證詞說服了新上任的藝術部次長杜奎（Edmond Turquet）。他於一八八〇年重新核發政府對其青銅鑄像的訂購單。同年，杜奎為了進一步表示善意，押寶在未經時間檢驗的藝術家身上，委託他第二件工作。當時巴黎計畫建造一座新的裝飾藝術博物館，正在找藝術家設計入口。

羅丹視此委託案為天賜良機，藉以證明自己不僅是裝飾匠而已。雖然這項任務要求他製作具裝飾性的門，但他提出的設計卻是巴黎有史以來最壯觀的門：二十英尺高的青銅鑄門，上面有兩百多個微小的裸體人像，其靈感得自但丁的《神曲》。自從在義大利看過羅倫佐・吉貝蒂（Lorenzo Ghiberti）為大教堂打造的青銅《天堂之門》（*Gates of Paradise*），以及米開朗基羅一系列只雕出一半、正奮力掙脫其大理石牢獄的奴隸之後，羅丹便在心中醞釀這個構想。他返家後常重讀《神曲》，後褲袋裡隨時都塞著一本。

政府接受他的設計，給予他八千法郎和位於公有大理石倉庫（Marble Depot）的免費工作室。這筆收入不夠讓他辭去瑟福（Sèvres）瓷器工廠的正職——他會在那裡待上十年，製作花瓶——

---

6 編按：「surmoulage」指的是鑄造所用的模子並非取自原創作品，或是使用本非用來複製的物品來翻模。

但它標誌著《地獄之門》（*Gates of Hell*）的誕生，這計畫將耗費他下半生的歲月。

大理石倉庫的中庭蔓草叢生，散置著許多石板，有些整塊傾覆，有些刻了一半又被扔棄。這個工作室群坐落在大學路（Rue de l'Université）側的塞納河邊、一塊曾喚作「天鵝島」（île des Cygnes）的狹長土地上。政府將廢黜君主的石像殘骸和損壞的軍事紀念碑運至此處，等戰爭結束後再修復保存。其中許多閒置太久無人聞問，最後被雕塑家拿來廢物利用，成為作品的部分素材。

羅丹的《地獄之門》，較晚的青銅鑄版。

沿著中庭排開的一列列工作室，保留給承作官方委託案的藝術家使用。羅丹在一八八〇年代搬進M室，與一位較年輕的藝術家約瑟夫·奧斯巴哈（Joseph Osbach）共用。隨著《地獄之門》的規模年年擴增，他也將占用H室和J室。

潮溼的黏土塊使工作室感覺又溼又冷，唯一的熱源是個小鑄鐵爐，但這已經比羅丹在馬廄的舊工作室強太多，他開始「狂熱地」工作。地獄之門的景象一直在他腦中顫動，「像即將孵化的卵」。既然政府提供他一把鑿子撬開這不斷積累圖像的密窖，他便著手賦予烏格里諾（Ugolino）——那個在地獄底層耐不住飢餓而啃食親生骨肉的父親——以及不倫戀人保羅（Paolo）和芙蘭西絲卡（Francesca）以生命。他考慮讓但丁坐在這對情侶面前的岩石上，後來又認為這麼做太明顯地徵引文本，而他並不想一五一十地刻劃《神曲》描寫的情景。

與其再現某位著名人物，羅丹選擇塑造一個無名氏，讓他置身門頂，「雙腿弓起，單手握拳抵住齒顎」。他並未做出任何英雄舉動，只是在思考。「豐饒的思緒在他腦中緩緩衍繹交織。他不再是夢想者，而是創造者，」羅丹說。

羅丹不從雙腳開始由底部往上捏塑，而從軀幹著手，用黏土拉出一個C形彎弧的脊背粗胚，以掌握肌肉的比例。其右肩朝下，靠向抬起的大腿，輪廓神似古老的《英雄軀幹》（*Belvedere Torso*）[7]——這座署名阿波羅尼奧斯（Apollonios）、收藏在梵蒂岡美景宮的大理石殘軀，自文藝復興以來便是雕塑家一再摹擬的傑作。羅丹接著捏塑出一個比一個精細的小模型，直到完成二十七英寸的人像。幾年後，他讓石膏與青銅技師將其尺寸放大三倍，成為七十九英寸。

羅丹起初將此像題為《詩人》（*The Poet*），可能指但丁或波特萊爾。（《惡之華》裡有首詩，講述作家坐在岩石上努力保持專注，不理會一絲不掛只戴珠寶的女子在他面前展示肉體；羅丹曾在此詩頁邊的空白處畫下這座雕像的早期草圖。）或者，羅丹也可能以這標題寓示古希臘文

7 這座十五世紀的雕像本身並無標題，塑像上署名的創作者 Apollonius 亦不見史載；世人如今以其收藏地美景宮（Belvedere）稱之。

poïesis 的涵義：此字不僅指韻文作家，也指某種魔法師、哲學家、雕塑家或任何創作者。

最後，羅丹將人像重新命名為《沉思者》。某種程度上，它反映年輕的雕塑者在探索當一個藝術家是什麼樣子。依羅丹所見，藝術家是勞動者，此塑像即在向其奮鬥致敬。這個人物完全沉浸於思考中，專注的重量壓在他整個身體上，鑽入額頭的深溝，拗曲其頸項。他的肩膀像阿特拉斯（Atlas）那樣彎駝，然其所扛負之球體卻是自己的頭顱。他默然無語，一隻凹折的手掌抵著下頷；他低眉垂眼，不見周遭的苦難。相對於典型的雕像頌揚戰爭英雄與貴族，這座無名人像則罕見地向平民百姓致敬。對於羅丹這個現代藝術家來說，那是祈禱的姿勢。

數年後，攝影家愛德華．史泰欽以一幅如今懸掛在大都會博物館（Metropolitan Museum）的影像，印證了《沉思者》作為羅丹自塑像的神話。相片中，羅丹站在雕像前，握拳撐著下巴；幽暗的曝光效果模糊了人與物之間的界線，將他們重塑成角色（persona）與另一自我（alter ego），而不再是藝術家與創作品。兩個人像自頸部以下皆為陰影所籠罩，彷彿他們薄透的身體聚在一起，只是為了支撐其強大頭腦的重量。里爾克日後寫道，《沉思者》的「整個軀體變成了頭，而其全身血管裡的血液都變成了腦」。

羅丹將一個版本的《沉思者》安裝在十五英尺高、作為《地獄之門》前身的木製框架上。當訪客問起占去工作室所有空間的那一大塊木頭是什麼，他回答：「那是我的門。」羅丹經常就著燭光用黏土捏塑浮雕和塑像，再將它們黏附到骨架的底板上。他控制它們的尺寸——小到沒人能夠質疑它們是否由真人翻模製成，但又大到足以展現他的造形技藝。他運用哥德式建築的知識，將那些迷失哀嚎的靈魂擺置成各種雕塑組構，巧妙地操弄陰影以達到最佳的戲劇效果。他將人物的身體拉長，並令其鼓脹，彷彿五臟六腑正被扯出體外。

雖然《地獄之門》被公認為羅丹登峰造極的成就，這件作品其實從未完成。它只是一直擴大，細節不斷增加，終至超過二十英尺高、十三英尺寬。除了在一九〇〇年展示過一個石膏版本，羅丹花了三十七年塑造它，卻始終沒見到它依計畫以青銅鑄製。更賺錢的委託案不斷插入，導致拖延，而且他聲稱永遠找不到足夠的幫手。他所雇用的每個助手若非太有才華而另謀高就，就是本領太差而保不住飯碗。

事實上，羅丹總是沒完沒了地修補作品。他或許擁有天才的雙手，心智卻是「但丁、米開朗基羅、雨果和德拉克羅瓦的大雜燴」——《地獄之門》開工兩年後，愛德蒙・德・龔固爾（Edmond de Goncourt）[8]拜訪羅丹工作室時寫道。在龔固爾眼中，這團如史詩般繁複壯闊的混亂，看起來像一大片珊瑚礁，而羅丹似乎是個「活在計畫和草圖裡的人，將自己分裂於千種想像、千種幻夢之中，卻從未能徹底實現任何一項」。

8 編按：愛德蒙・德・龔固爾（1822-1896），法國作家、文藝評論家，知名的龔固爾兄弟中的哥哥，過世時將遺產捐贈成立龔固爾學會。現在法國文壇的重要文學獎項「龔固爾文學獎」（Prix Goncourt）即由該學會頒發。

當時，羅丹的生命中還有一個持續讓他分心的對象：年輕的女雕塑家卡蜜兒·克勞岱（Camille Claudel）。一八八二年，羅丹的朋友阿佛列·布雪（Alfred Boucher）休假到佛羅倫斯做研究，請他幫忙在每週五下午代教一小班藝術課。

不難想像這名才華洋溢、有暖栗色頭髮和冷藍色眼睛的學生，是以什麼特質吸引藝術家注意。她性情坦率，有些人可能會說粗野——無聊時大聲嘆氣，操著濃重的鄉下口音，低聲咕噥著評語。很多人認為她魯莽無禮，羅丹卻覺得她令人無法抗拒。她在一份玩笑性質的問卷中寫下的答案，展現其桀驁不馴的魅力：

> 最欣賞的男人特性：
> 服從他的妻子。
> 最欣賞的女人特性：
> 讓她的丈夫坐立難安。
> 最喜歡的美德：
> 我不喜歡任何美德，它們全都很無聊。

同樣可以理解的是，這個十八歲的女孩並未立刻以同等的愛慕回報她四十二歲的老師。她受師長鼓勵來巴黎修習藝術，不久前才與家人從法國農村搬到蒙帕納斯（Montparnasse）的中心。這棟樓的每間公寓幾乎都住著藝術家，置身其間，她有生以來第一次不再與周遭格格不入。在這一切令人興奮的事物當中，中年教師大概不會排名太前面。依據她當時在問卷上的淘氣回應來判斷，婚姻這個概念本身對她根本不重要。

但不到一年，羅丹已無可救藥地愛上克勞岱。有時她拒絕見他，而他猜想她跟朋友在一起，便找藉口去拜訪那位朋友。他在一八八三年寫信給她：「可憐可憐我吧，壞心腸的女孩。我捱不下去了。我沒辦法再過一天看不到你的日子。」

儘管存在著重大差異，某些無可否認的親近性卻讓克勞岱和羅丹緊緊相繫。他真心相信她的才華，把握每個機會提拔她。同時，羅丹對克勞岱的創作提出「敏銳而明快的建議」，也開始讓年輕的藝術家印象深刻。他們都熱愛工作，相信它應凌駕一切之上。

一八八五年，羅丹需要雇用幫手來完成新的大型委託案。《加萊義民》是為了紀念十四世紀的六名加萊男子，在英軍包圍這個法國港鎮時，自願犧牲性命以換取同胞的平安。羅丹首度招募女性——克勞岱和她的朋友潔西．黎思康（Jessie Lipscomb）——到工作室協助他。

克勞岱很快便成為羅丹的首席助手，負責《加萊義民》和《地獄之門》的工作。當其他助手在旁邊抽菸閒聊時，她仍專心一意，沉靜地雕塑那些羅丹只肯交由她做的小手小腳。到了第二年，克勞岱與羅丹陷入熱戀。濃情密意下，羅丹為克勞岱寫下一份契約，保證不再收女弟子，也不與其他女人上床。他承諾離開波雷，帶克勞岱去義大利待六個月，然後就跟她結婚。

與克勞岱在一起的那些年，羅丹對女性的興趣愈漸寬廣，不論在生活上，或是作為藝術創作的主題。他的社交圈日益擴展，包含更多進步的藝術家，其中許多都娶了本身造詣深厚的女子。女性的形體也更頻繁地出現在羅丹的雕塑中，時或帶有克勞岱的樣貌。他拿各種展現情慾的姿勢做試驗，例如那對真人大小的大理石愛侶——一八八九年完成的《吻》。男人和女人被固鎖在極其親密的擁抱中，觀賞者就算繞著雕像走一圈，也找不到可以細察其面容的切入點。脫離了外人窺探的眼睛，這對情侶形成他們自己私密的宇宙，就像克勞岱和羅丹一樣，至少暫時如此。

年屆五十的羅丹，作品比以往更令藝評家困惑。他們不知該如何歸類這號人物：他既沒進過「大學院」，也從未在當代大師門下當學徒。更怪異的是，他似乎樂於接受自己的業餘特質，非但不糾正或掩飾錯誤，反而刻意凸顯它們。

然而，相對於藝評家懷疑的目光，藝術家卻更敏於欣賞羅丹的才華。塞尚非常仰慕他，他們在一八九四年初次見面時，據說塞尚激動得熱淚盈眶。那是在吉維尼（Giverny）莫內的家，在場還有奧克塔夫．米爾博（Octave Mirbeau）、古斯塔夫．傑弗瓦（Gustave Geffroy）和喬治．克萊蒙梭（Georges Clemenceau）。塞尚對傑弗瓦熱烈傾吐：「他一點也不驕傲，那位羅丹先生；他跟我握手！」當時五十五歲的畫家單膝跪地，感謝雕塑家給予他如此榮幸。

褚威格也對羅丹抱持同樣的敬意。這位奧地利作家到工作室拜訪時，看著雕塑家開始對一尊未完成的胸像做細部調整。羅丹本來是要為褚威格導覽的，卻因為太專注工作而完全忘記訪客的存在。當他終於抬起頭，還被站在眼前的褚威格嚇一大跳。雕塑家開口道歉，但褚威格阻止了他。「我只是滿懷感激地抓住他的手，真希望可以親吻它。」

左拉在一八九一年擔任作家協會（Society of Men and Letters）主席，第一項業務便是委託羅丹雕塑巴爾札克的紀念像。巴爾札克逝世已三十年，仍未有塑像紀念這位偉大的自然主義作家，左拉認為是文藝界之恥。他想不到比羅丹更適任的人選——這偉大的自然主義藝術家有時也被詆稱為「雕刻界的左拉」。論者認為兩人皆「為情色的瘋狂所觸動」，並提倡一種粗陋且毫不遮掩的現實主義。

羅丹接受委託時，並沒說雕像會是什麼樣子，大概他自己也毫無頭緒。他得進行廣泛的研究，首先要去一趟作家的家鄉，接著要找到相貌合適的模特兒。同時，還有幾座獻給法國傑出心靈的雕塑等待他完成，包括雨果、波特萊爾，以及畫家克勞德．洛蘭（Claude Lorrain）的紀念像。

更嚴重拖延進度的是他和克勞岱不斷激烈爭吵。隨著羅丹這些年的名氣逐漸響亮，模特兒和其他仰慕者對他也愈來愈關注。克勞岱覺得他讓外人侵犯他們神聖的私密領域，妒火愈燒愈烈。她開始懷疑他究竟會不會履行離開波雷的承諾。

波雷很清楚羅丹與克勞岱的戀情。雖然心如刀割，但她寧可裝作沒看見，也不願攤牌而完全輸掉他。只是，不同於他之前的外遇，她頭一次感覺到克勞岱構成嚴重的威脅，知道自己不能只是靜待其變。這兩個女人變成滿懷妒恨的情敵，據說波雷有次逮到年輕的情婦躲在家門外的灌木叢窺伺，竟拔槍相向。另一方面，克勞岱拿給羅丹一疊畫，把波雷描繪成揮舞掃帚的食人魔，另一疊則把她畫成四肢蹲伏的野獸。羅丹也常出現在畫中——手鐐腳銬、蔫萎無力、被剝得精光。羅丹假裝情況完全不在他掌控中。他很樂意繼續與兩位女士分別保持關係，想不通克勞岱為何不能感念她畢竟是比較受寵的那個。

累積的怨忿和一再跳票的承諾終於令克勞岱忍無可忍。情緒逐漸耗去她所有的精力，使她無法專心工作。到了一八九三年，她感覺對羅丹的付出已使她失去部分的自己，於是提議分手。羅丹雖然傷心，卻不願再起爭執，只能黯然隱退，開始在巴黎城外為自己和波雷另覓居處。

然而，結束與羅丹的關係其實只是克勞岱困境的開始。他已在她的藝術生涯投下巨大陰影，要從這陰影底下嶄露頭角，事實證明遠比她預期的複雜。人人都曉得她當過羅丹的情婦，這使她幾乎不可能鑿刻出屬於自己的風格，而不令人聯想到他。她的策略是直接面對謠傳，毫無保留地說出自己身為比羅丹年輕許多的女子，又是個力爭上游的藝術家，這樣的弱點如何為他所利用。

更令克勞岱驚駭的是，羅丹仍繼續努力扶植她的事業。分手一年後，他參觀一場展覽，其中有她雕塑的胸像。他對媒體宣稱，這作品「像一記重拳擊中了我。它讓她成為我的對手」。多年來他一直瞞著她，默默為她爭取工作和展出的機會。一八九五年，克勞岱發現某件委託案是他運用影響力促成的，便將作品轉變成滿含譏諷的拒斥。她花四年的時間，把三尊真人大小的青銅像打造成一場精心編製的復仇幻想：長著翅膀的老巫婆拖著一個虛弱的老男人前行，他的一隻手臂垂在背後，伸向一名跪在地上的裸身女子。女孩伸手前傾，想拉住男人，懇求他回來。但是太遲了，他已經永遠落入那個母夜叉的擒爪中。

這件題為《成熟歲月》（*The Age of Maturity*）的作品在一九〇二年首度亮相，克勞岱與家人的關係原本已十分緊張，如今更加惡化。母親和妹妹責怪她玷辱家聲。她的弟弟——基督教詩人保羅．克勞岱（Paul Claudel）描述初見此雕像的驚怖：「這赤裸的少女竟然是我姊姊！我的姊姊卡蜜兒，屈辱地跪在地上哀求；這個出類拔萃、心高氣傲的年輕女子，竟把自己刻劃成如此不堪。」

克勞岱把自己鎖在工作室近二十年。擔心會忘記怎麼講話，她養成自言自語的習慣。羅丹暗地為她做各種盤算，卻使她愈發偏執地相信他在跟蹤她，竊取她的想法。她過著骯髒又窮困的生活，直到一九一三年被弟弟送進精神病院。他深信《成熟歲月》的魔鬼比羅丹剝奪她更多：它撕去了「她的靈魂、天才、理智、美麗、生命，全在同一時間」。

但其他人並不那麼確定她精神錯亂。多位探訪克勞岱的朋友，回來都說她看起來神智清明，一心只想回家。幾封她當時寫的信也透露同樣的心境。她一九二七年寫信給母親：「讓我心碎的是必須一直住在這裡，不再被當成人看待。」她無法理解明明是羅丹這個老「百萬富翁」剝削了她，為什麼卻要她受懲罰。但她的懇求都石沉大海，在瘋人院裡一待三十年，直到七十九歲過世，葬於集體墓塚。

然而，更大的悲劇也許是這個現實：克勞岱終究不敵她最大的恐懼，恐懼她的名字將永遠與羅丹纏繞在一起。她在世時，這件事已成為八卦小報的話題和戲劇作品的素材，例如易卜生（Henrik Ibsen）一八九九年的劇作《復甦》（*When We Dead Awaken*）。克勞岱死後，弟弟將她的許多作品捐贈給羅丹博物館，這裡如今收藏著世界上最豐富的克勞岱雕塑。

第四章

世紀交替前的二十五年間，多數歐洲大城的人口增長為兩倍、甚至三倍。作家們總喜歡藉疾病來描寫快速的都市化：被煙霧吞沒的大都會變成潰爛的膿瘡，分泌汙水滲入河流，使空氣中瀰漫著硫磺味，更隨著社區大廈裡層層相疊的居民而孳生細菌。

對傳染病的恐懼釀出滿城恐慌，而恐慌本身又迅速變成一種疾患。隨著醫學院開始引介一種據稱從子宮引發、稱作「歇斯底里」（hysteria）的病症，五千多名罹患精神病、癲癇症、其他不治之症或貧窮的巴黎婦女被驅逐到「硝石庫」，那是一座由火藥工廠改造的醫院，與植物園比鄰。

有些人說它是死亡工廠。記者朱爾．克拉荷堤（Jules Claretie）寫道：「那些圍牆後面住著一個特定的族群，如蜂集蟻聚，茫然委頓地晃來晃去：老人、貧窮的女人、躺在長椅上等死的『靜養者』、在精神病房和禁閉室裡怒吼或悲泣的瘋子……這裡是展示極致痛楚的凡爾賽宮。」三、四個病人擠在一張床上。連它自己的院長都叫它「苦難百貨公司」。

掌管這座人間煉獄的是尚—馬丁．沙可（Jean-Martin Charcot），他創立神經科學，贏得「神經症研究的拿破崙」稱號。他將硝石庫從一片「癱瘓、抽搐和痙攣的荒野」，轉化成首屈一指的教學與研究醫院。沙可是卓越的科學家，但他在晨間演講時，就像個賣蛇油的貨郎從講壇向聽眾吆喝。群眾一大早就來排隊，為了看他在講台上進行現場催眠，並制服歇斯底里的婦女。

一八八五年，沙可的演講吸引了來自維也納的年輕神經學學者佛洛伊德。據他說：「沙可非常迷人：他的每一場演講都具體而微地示範了傑出的建構與編排，風格完美，而且深入人心——他的話語會不斷在你耳邊迴盪，他所示範的主題會整天縈繞在你眼前。」跟隨沙可研習使佛洛伊德脫離原本以研究為主的軌道，回到維也納時，他已準備改弦易轍走臨床路線。他向同事傳播沙可對歇斯底里症的理論，並很快將它們融入自己的發明：精神分析。

佛洛伊德形容沙可是個「視覺者」（visuel）：「一個能看見的男人」。因為沙可一直無法確切指出歇斯底里症的神經學根據，便轉而將焦點對準它的症狀，亦即它看起來的樣子。他憑直覺診斷。身為業餘藝術家，沙可描畫出歇斯底里症最常見的表徵：扭曲的面部表情、習慣性抽搐、僵硬緊繃的姿勢。沙可在執業期間累積了許多鑄像和圖畫，描繪飽受折磨的身體，最後還成立博物館。為了因應民眾對疾病與腐朽的愈漸著迷，那段時間開設了好幾間解剖博物館，沙可博物館（Charcot Museum）也是其中之一。這種觀察和再現的過程本來可能被視為純藝術性的操作，卻因當時的體制背景而取得科學權威。

為了彌合藝術與科學的差距，沙可著書診斷歷史畫裡的人物，也連帶分析藝術家本身。他的門生麥斯・諾赫多（Max Nordau）進一步成為暢銷作家，在書中以類似的手法將頹廢藝術（degenerate art）醫學化。他宣稱印象派畫家是視力模糊、對色彩感知遲鈍的歇斯底里症患者，所以夏畹（Pierre Puvis de Chavannes）才會老是把畫布「塗得一片白茫茫」，而貝納德（Paul-Albert Besnard）則偏好使用「尖叫的」三原色。

漸漸地，歇斯底里從純粹的臨床症狀轉變成文化徵象。在「盧貢—馬卡爾家族」（Rougon-

Macquart）系列中，左拉以二十部長篇小說描述一個家族的精神衰敗。羅丹在《地獄之門》呈現的景象固然是但丁的地獄，卻映照世紀末（fin de siècle）巴黎的各種生活現實。那些扭曲的人像，無聲地演示沙可所描繪的痛楚矛盾與神經病症。那些置身於羅丹煉獄中的靈魂，其實是凡夫俗子活在自己世俗激情的夢魘裡。愛情是戰爭，欲望毀掉理智。對他來說，地獄與正義無關，懲罰是生存者的處境。

那段為卡蜜兒．克勞岱心碎的漫長歲月裡，還有一座巴爾札克紀念像等著羅丹完成。當初他答應十八個月內交件，結果卻拖了七年。他先畫出一系列自然寫實的巴爾札克習作，又判定這男人的體貌不足以表現其天才，所以把它們全扔了。這個錯誤的起步與構思《沉思者》的情況如出一轍——當時他企圖描繪作家但丁本人，而非其背後的心靈。

另一個版本中，羅丹試圖以男人裸身握著自己的男性「創造」根源，來傳達巴爾札克的創造力本質，但裸體似乎太不尊重。還有一個姿勢看起來太學究氣。頸項一開始太瘦弱，後來又過於粗壯。最後羅丹認定，唯一能忠實呈現巴爾札克的方式，便是將他裹覆在睡袍裡。

「靈感突至的作家，半夜在房間裡激動地走來走去，追尋只有他看得見的景象，難道還可能穿著別種衣服嗎？」羅丹向一位傳記作者解釋：「我必須展現在書房裡氣喘吁吁、蓬頭亂髮、目光如夢的巴爾札克……最美的藝術，莫過於絕對忠實地呈現真實的存在。」

然而，對於許多參加一八九八年國家美術協會沙龍（Salon de la Société Nationale）揭幕式的人來說，羅丹的雕像又一次太過真實。海報宣傳《巴爾札克像》是這次活動的主要亮點之一，引來許多平常不看藝術展的書迷。他們駭然發現自己鍾愛的文人（littérateur）沒有中規中矩地捧著書，而是以龐然怪物之姿矗立——手裡似乎抓著很不一樣的東西。羅丹的巴爾札克嘴唇肥厚，下巴弛垂，肚腹鼓凸於鬆垮的浴袍下。震驚的藝評家競相取笑：那是融化一半的雪人嗎？是一大塊牛肉？一隻企鵝？一團煤炭？他們問：他為什麼穿著醫院的病人袍？他是不是在袍子底下愛撫自己？

連願意相信羅丹的人也覺得不堪忍受。一位藝評家試圖看出羅丹的信徒究竟欣賞他什麼，他寫道：「請幫助我在這些腫瘺、這些贅瘤、這些歇斯底里的畸形裡找到一點美的東西！」可嘆的是，「我已虔誠頂禮，卻什麼也看不到。我將永遠無法隸屬於這個宗教。」

委託鑄像的作家協會成員——在遲遲不見成品的那些年裡，左拉曾請求他們保持耐性和信心——當下拒收此作。

羅丹的朋友再次挺身為他辯護。莫內讚美這座「極其華美而宏偉的雕像」，力勸羅丹別理「這群蠢蛋」（tous ces imbéciles）。王爾德

羅丹的《巴爾札克像》，愛德華·史泰欽攝於一九〇八年。

（Oscar Wilde）說它的頭「帥透了」。圖魯斯—羅特列克（Toulouse-Lautrec）、馬約爾（Maillol）、德布西（Debussy）和小說家法朗士（Anatole France）也公開表示支持。值得注意的是左拉在這個聲援團中缺席了，他並未簽署聲明表示「希望在法國這樣高尚而優雅的國家，羅丹能憑其偉大的人格與卓越的成就，繼續獲得尊重與禮遇」。

當時已從作家協會退休的左拉，自己也捲入一場爭議的核心。四年前，法國軍方以叛國罪將一名無辜的猶太裔軍官流放到魔鬼島。但有調查顯示，被定罪的阿佛列．德雷弗斯（Alfred Dreyfus）並非間諜，而是被反猶太的情報頭子誣陷，以保護真正的罪犯和軍方的聲譽。

左拉寫了篇慷慨激昂的四千字長文揭發此事，要求德雷弗斯案重啟調查。《晨曦報》（*L'Aurore*）以〈我控訴！〉（J'accuse!）為標題刊登於頭版。這篇致法國總統的公開信引發軒然大波，使知識分子分裂成尖銳對立的陣營。塞尚、竇加（Edgar Degas）和梵樂希（Paul Valéry）與保守派立場一致，反對為德雷弗斯平反；莫內和普魯斯特（Marcel Proust）則支持左拉——他儼然成為擁護德雷弗斯的左派代言人。當法庭判決左拉因誹謗罪入獄一年，他即逃往英國。

這場辯論延燒十多年，而羅丹從未聲援過老友和同志。很難確定他是否贊同反猶太主義的觀點，或只是想與政治保持距離。對於不直接影響到自己的新聞，他幾乎從不發表意見。他對當代文化的孤陋寡聞常令朋友驚詫，像是不知達爾文（Charles Darwin）為何人。他的無知有時冒犯了他們，例如左拉便一直不肯原諒羅丹沒在他最潦倒的那些年伸出援手。

奇怪的是，《巴爾札克像》依然受惠於羅丹與左拉的關係。許多大力支持雕塑家的人，都是不曉得他與左拉交惡的擁德雷弗斯派。人們漸漸把陷入苦戰的《巴爾札克像》視為冤屈者的象徵，將它與德雷弗斯聯結在一起。私人收藏家開始向羅丹出價收購雕像，英國某藝術家協會也試圖說服羅丹讓他們在倫敦展示它。

最終仍由羅丹拍板定案——他決定根本不賣《巴爾札克像》。他發表聲明，說這件作品對他太重要，「我已下定決心，要繼續獨自持有我的雕像」。雖然他承認作家協會決議拒買將使他陷入「財務災難」，卻聲稱自己老了，無力再捍衛他的藝術。

羅丹之所以拒絕「捍衛」其藝術，也有可能與年紀太大無關，而是知道其實無此必要。法國人或許尚未能心悅誠服地接受他，英國人對他的仰慕卻更勝以往。《巴爾札克像》問世那年，英國已有十座《斷鼻人》的鑄像，法國仍無人收藏。同時，贊助人威廉・羅森斯坦（William Rothenstein）——日後將成為羅丹在英國的強力擁護者——正為羅丹籌辦一場情色素描展，預計次年在他新開幕的倫敦畫廊展出。他認為這些作品兼具古典及前瞻性，預示著一個連羅丹也還沒敢涉足的雕塑面向。

當時的英國人也賦予胸像較高的價值。倫敦作家喬治・摩爾（George Moore）告訴丘納德夫人（Lady Cunard）[9]：「汽車與犬馬皆為轉瞬即逝之物，終落得一片殘骸，胸像卻比羅馬更長久

9 編按：原書指摩爾對話的對象為南希・丘納德（Lady Nancy Cunard），但南希・丘納德出生於一八九六年，此時太過年幼，不可能與摩爾討論製作胸像。相關資料指出，摩爾曾於一九〇六年寫信給長年交好的丘納德夫人，亦即南希・丘納德的母親，信中即有以下文字，故此處修改為丘納德夫人。

留存。」勸她趕緊為自己訂製一尊胸像，因為羅丹已漸年邁：「當羅丹的手藝開始遲鈍，視力開始模糊，就不會再製作雕塑了。藝術家一致認為，古典時期之後再沒有一件雕塑可在製作手法上與羅丹媲美。」

年輕的英國藝術家開始移居巴黎，追隨大師習藝。羅丹的老友，也是當初一起受教於勒考克的同學勒格羅（Alphonse Legros），如今是倫敦斯萊德美術學院（Slade School of Fine Art）的教授，幫忙介紹住在巴黎的學生到羅丹門下接受個別指導，其中包括英國詩人羅伯特・布朗寧（Robert Browning）的兒子潘・布朗寧（Pen Browning）。在羅丹調教下，這男孩雕塑出一座阿波羅傍著仙女的小青銅像。這件作品令他父親深受感動，於是請羅丹吃飯以表謝忱。布朗寧形容羅丹「就像林布蘭一樣，鮮活地刻劃苦難，即使在被歲月彎拗的背脊上，也能發現美與詩意」。

羅丹是天生的老師，他童年的夢想便是成為演說家。當年在博韋的寄宿學校，他有時會對著空蕩蕩的教室練習演講。一天，其他男孩撞見他在下課時間坐上教師椅，對著不存在的聽眾講課，一面比劃手勢。男孩們從門口看著他，直到竊笑聲驚醒羅丹，將他帶回現實。

而今各國學生要求羅丹授課的呼聲如此之高，他終於能夠興辦自己的學校了。一八九九年秋，他與兩位前助手安湍・布德爾（Antoine Bourdelle）和朱爾・德布瓦（Jules Desbois）在蒙帕納斯大道（Boulevard du Montparnasse）創立羅丹研究所（Institut Rodin）。這次課堂座席全滿，一開放報名便有三十名學生來登記。

「一旦你見過他，跟他說過話，就會立刻想去工作，」一名學生說。《藝術與藝術家》（*Kunst und Künstler*）雜誌很快便推測，羅丹研究所可能會對「大學院」構成嚴重威脅。沒有比這更令羅丹高興的事了。他始終不曾原諒這所學校將他摒諸門外，而今終於有機會教導年輕的心靈反抗它僵固的傳統。

長久以來，「大學院」在巴黎藝術教育界獨霸一方，羅丹研究所並不是唯一挑戰其權威的新機構。其他的選擇還有居禮安學院（Académie Julian）和克拉洛西學院（Académie Colarossi）等美術學院所推出、由藝術家主導的課程；這些課程也比較願意向女性和外國學生敞開大門。羅丹研究所的第一屆學生中，有美國藝術家莎拉・惠特尼（Sarah Whitney）、蘇格蘭藝術家奧蒂莉・瑪克拉倫（Ottilie McLaren）和德國雕塑家克拉拉・維絲陀芙（Clara Westhoff）。

維絲陀芙來自北方城鎮布萊梅（Bremen），身形高大而略顯笨拙，有個厚實的下巴和一對黑眼睛。她的面容如林地般平靜幽暗，也幾乎同樣地沉默。她十七歲到慕尼黑學雕塑，遇見年長的畫家馬肯森（Fritz Mackensen）。他談起自己在沃普斯韋德村（Worpswede）建立了一個與世隔絕的藝術家聚落，就離她家鄉不遠，於是她跟隨他到了該地。置身於壯闊的荒野和同樣不合時宜的藝術家同伴中，內向的維絲陀芙度過一段自在的時光。但等到她二十一歲時，已知道自己胸懷大志，無法永遠待在這個小聚落裡。

維絲陀芙聽說雕塑大師羅丹已在巴黎興學辦校，立刻收拾行囊。一八九九年冬，她爬上五層樓，搬進蒙帕納斯的旅館小房間。當時城裡的藝術家大多仍住在蒙馬特（Montmartre），這片丘陵起伏的鄉野直到三十年前才被納入現代的巴黎市。波西米亞人為了低廉的房租和便宜的娛樂刺激而聚居此處——這裡有黑貓夜總會（Le Chat Noir）和紅磨坊（Le Moulin Rouge），後者大門口聞名於世的風車，即是模仿蒙馬特真實存在的風車。但觀光客很快便湧入這些「正港巴黎風」的劇場，房東也趁機圖利。突然間，租金必須準時交付，不准賒欠，也不許用油畫或詩歌抵帳。蒙馬特的仕紳化啟動了一場大規模南遷，居民紛紛移往蒙帕納斯。維絲陀芙抵達的前一年，穹頂咖啡館（Dôme）開張，與丁香園（La Closerie des Lilas）一起成為許多餐館的先驅。不久之後，它們將為陸續進駐、成群在街頭閒晃的「蒙帕納斯人」（Montparnos）提供服務。

幾個月後，維絲陀芙的摯友，同樣來自德國的畫家寶拉．貝克（Paula Becker）也搬進隔壁的房間；那晚她們徹夜長談，直到天明。去年她們在沃普斯韋德相識，那時貝克注意到維絲陀芙溫柔地捏塑一尊胸像，她想，雕塑者應該也是非常溫和的人吧。沒多久，她們便形影不離，白天將百合花編進彼此的髮辮，晚飯後一起跳華爾滋取樂。她們在許多方面都是互補：貝克身材嬌小，金銅色的頭髮配上熱切好奇的棕色大眼；維絲陀芙總是目光低垂，沉默寡言。維絲陀芙在社交場合靦腆畏怯，貝克則興致勃勃滔滔不絕，連好友的份也一併替她說了。

在巴黎這個沒人在乎德國藝術的城市，她們找到了身為「女性藝術家」的新共同點。兩人一道探索這座城市，搜尋販售便宜的「大麥咖啡」[10]和美味糕餅的商店。她們參觀藝展，發現莫內和塞尚等一流法國藝術家。塞尚給貝克的啟示如此重大，以至於有次在展出塞尚作品的畫廊，維絲陀芙看見好友開心地到處轉圈圈。那些使用平塗法的油畫，顯然讓貝克覺得自己一直以來的創作獲得了某種肯定，那是她沒能在沃普斯韋德的自然主義畫家當中尋獲的。

寶拉・貝克和克拉拉・維絲陀芙在沃普斯韋德，約一八九九年。

巴黎並未在維絲陀芙身上激發同樣的熱情。這個城市的狂熱活力和大都會風尚令貝克興奮莫名，維絲陀芙卻一心只想工作，並給羅丹留下印象。不過她發現這番追求愈來愈令人沮喪。初次在工作室的愉快交流使她滿懷希望。她告訴父母：「他對我非常親切，帶我看他目前進行的各種創作，不幸的是，基於千百個他告訴我的理由，我不能跟那些男人一起在此工作。」但她當時仍然相信，自己的作品將超越膚淺的性別區劃，「然後我就會找個時間，請他來我的工作室看我的作品」。

維絲陀芙發現羅丹是個激勵人心的講師。他的課堂講解直截了當，而且擅長將複雜的觀念簡化成精要易懂的原則。他的學生瑪克拉倫說：「氣度狹小的人試圖讓創作顯得神祕難解，假裝其中全無可傳授者，但其實有很多可以教的東西，只是要遇到有本領教的人。」然而，維絲陀芙想要的不僅僅是羅丹的示範。

10 大麥咖啡（barley coffee）是源自義大利的無咖啡因飲料，以焙煎過磨成粉的大麥，用沖煮咖啡的方式製成。

她希望他能觀看她的作品並給予個別評論。但他一個月只來她的工作室一、兩次，最後甚至派助手代他前往。

當時羅丹正忙著籌措資金，設法在期限截止前具備一九〇〇年世界博覽會的參與資格。巴黎市並未邀請他正式展出，但允許他在公用地上展示作品，只要他能自行提供展館。

迄今為止，羅丹最接近在世博會展出的經驗，是為其他藝術家的展覽作品做一些細部雕塑。縱使建造一座展館要花費八萬法郎，這仍是千載難逢的機會。當時巴黎的人口不到三百萬，而世界博覽會期間將有五千萬人造訪。羅丹將是唯一獨擁一整座展館的藝術家。

他向市政府要求使用阿爾瑪廣場（Place de l'Alma）：一塊三角形的土地，位於皇后林蔭大道（Cours-la-Reine）和蒙田大道（Avenue Montaigne）車水馬龍的交會點。市議會對羅丹的意見分歧，並未立刻批准申請。後來靠一位持同情立場、兼職寫詩的政治人物暗中襄助，才讓提案通過。雕塑家知道自己有多幸運：「如果巴黎是博基亞家族（Borgias）統治下的義大利，我一定會被毒死。」

羅丹決心善加把握他的好運，不惜耗盡積蓄，向三家銀行借錢，建造一座以鋼架為骨幹、用灰泥粉飾外牆的六邊形展館。日光穿透高大的拱窗流洩入內，經周圍的樹葉染色後，讓這座路易十六風格的展館感覺如溫室般蓊鬱豐饒。依羅丹之見，雕塑本應置於室外觀賞，自然的光線總是提供最佳照明。

這場展覽占去藝術家所有的時間。四月時，他開辦學校才不過數月，羅丹便永遠關閉了它。失望的維絲陀芙收拾行李準備返回德國，但她得先目睹世界博覽會在巴黎揮灑的奢豪盛況，才甘心離去。幾個月來，她和貝克不時從工地的圍籬外窺看工人為新的展覽會堂築牆砌室。這個城市花了四年準備接見來自全球的訪客，要證明巴黎是「美好年代」（Belle Époque）的女王，即將統領世界邁入二十世紀。

打從巴黎人將一八九九年的日曆更換成一九〇〇年起，用以定義世紀末巴黎的絕望和焦慮，幾乎立即為新太平盛世的樂觀主義所取代。人們曾經害怕機械驅動的工業，如今卻為科技的各種可能性雀躍不已。製造業引發新的消費欲望，而神經科學和心理學各種引人入勝的進展，則平息了大家對於歇斯底里的恐懼。

那一年，巴黎在世博會主辦第四屆國際心理學會議（International Congress of Psychology）。會上發表的研究顯示學界正以更開闊的文化胸襟擁抱未知。探討催眠、超感官知覺（ESP，俗稱第六感）和超心理學（parapsychology，又稱心靈學）的論文引發激烈辯論。幾個月前，佛洛伊德出版《夢的解析》（*Interpretation of Dream*），書中宣稱夢是通往潛意識的「康莊大道」。有些研究者認為這些神秘現象令人著迷，值得探究，另一些人則視之為令此專業難堪的旁門左道。

世界博覽會是大眾市場的烏托邦，誠如班雅明（Walter Benjamin）日後所形容的：「一場人們為了被逗樂而進入的魔影幻境（phantasmagoria）。」開幕那天，馬車紛至沓來，淑女們頂著硬質闊檐帽（cantilevered hats），與手持紳士杖的男士一同等著大開眼界，為電影、汽車、

燈火輝煌的艾菲爾鐵塔，一九〇〇年世界博覽會期間。

殖民地的奇異風情、藝術及電力的各種最新創舉瞠目咋舌。法國工程師宣布啟用地鐵及其新藝術風格（Art Nouveau）的車站，將原本鬆散拼接的各個小村莊連結成一整體的城市。塞納河兩岸興建起複製的村鎮，仿造出阿拉伯露天市場、阿爾卑斯山農舍和其他異國風情的建築。一座適合行人「晃遊」的鋼造新拱橋——亞歷山大三世橋（Pont Alexandre III）——將香榭麗舍大道（Champs-Élysées）和艾菲爾鐵塔（Eiffel Tower）連接起來；十一歲的鐵塔刷上一層金漆，閃閃發亮宛如嶄新的一般。博覽會最耀眼的核心莫過於「電力宮」（Palais d'Electricité），這座以鋅為建材、高六十英尺的建築，頂冠是一位駕馭戰車的仙女，內有噴泉和鏡子，映照著數千盞燈泡綻放的璀璨奇景。

玻璃穹頂的大皇宮（Grand Palais）和梯形的小皇宮（Petit Palais）都是為展示頂尖的法國藝術而新建。其中一座陳列過去這世紀的作品，包括德拉克羅瓦、庫爾貝（Courbet）和雷諾瓦的油畫，另一座則聚焦於近十年的藝術（雖然它莫名其妙地完全排除了印象派）。克勞岱也有三件作品展出，包括《深思》（*Profound Thought*）——許多人認為它是從女性主義的角度反駁羅丹的《沉思者》。作品呈現身穿薄紗的女子跪在點燃的壁爐前，雙手攀著壁爐架。克勞岱的沉思者所刻劃的是脆弱，絲毫不見羅丹作品中展現的男子氣概。危險、愛憎交織、具毀滅性——這或許就是智性生活在當時女性眼中的樣貌。羅丹以一尊胸像和《吻》參展，然而，相較於他在同一條街上、占地四百平方公尺的個人秀，博覽會上的展出簡直微不足道。他在自己的展覽館擺置了一百六十五件雕塑，包括《巴爾札克像》、《行走的人》（*The Walking Man*）、《地獄之門》的石膏版本，以及大量人體局部雕塑。

這是羅丹迄今為止最大的展出，卻沒有立即帶來他所期盼的矚目。六月的揭幕慶祝活動因為下雨而乏人問津，同時，燈光秀和舞蹈表演吸走了公眾的目光，不以聲光效果取勝的展覽難以匹敵。當羅丹向詩人羅杭（Jean Lorrain）抱怨展覽館外人跡寥落，詩人亦點頭附和：「蒙田大道上連隻貓兒都沒有。」

然而，心態較認真的訪客都知道，羅丹具歷史意義的壯舉不容錯過。他的一名助手注意到，至少那些第一天就光臨的人似乎對觀看藝術比打量彼此更感興趣。人們傳述羅丹那些怪異地展現性慾的殘破形體，消息不脛而走。不到幾星期，藝術家眼前出現了王爾德、尊貴的馮．興登堡（von Hindenburg）家族成員，以及現代舞蹈家伊莎朵拉．鄧肯（Isadora Duncan）等貴客。年輕攝影家史泰欽造訪時，瞥見羅丹站在《巴爾札克像》旁邊，他立誓總有一天要為羅丹拍照。

鄧肯深受羅丹的作品吸引，遇到路人無知地抱怨：「他的頭在哪裡？」或「她的手臂呢？」

便情不自禁為雕像辯護。鄧肯指正他們：「難道你不曉得，這並不是事物本身，而是一個象徵——一種對於生命理型的構想。」

各家評論隨即為羅丹帶來更多的好消息。散文作家卡斯納（Rudolf Kassner）斷言他是「當今在世的藝術家中最具現代精神的一位。從歷史的角度看，他是唯一不可或缺的人。當我宣稱，始自希臘人、而於米開朗基羅達到中點的藝術發展，若無羅丹便不可能完成時，並不是在說空話」。他是「名符其實的劃時代者」。

維絲朵芙和貝克也同樣被這場展覽感動。貝克寫信給留在沃普斯韋德的朋友，敦促他們前來參訪：「我昨天在那裡，今天又去；這些日子是我的巴黎生活永難忘懷的一段時光。」尤其是羅丹，「以巨大的力量體現了人生和生命的精神。在我心目中，只有米開朗基羅可以跟他相提並論，而且在某些方面，我甚至覺得與他更為親近。正因為世間存在著這樣的人類，生活和奮鬥才變得有價值」。羅丹的個展及時激勵了這兩名女子，那年夏天她們回到沃普斯韋德時，心中的各種想法已開始發酵。

第五章

當旅客自全球湧入巴黎，見證新世紀的首場世界博覽會時，有些藝術家卻以完全退出社會來反抗現代性的盛景。德國也有這樣的團體，其成員逃離城市中樞，住到沃普斯韋德村，村裡的農舍多以茅草覆頂，疏疏落落地蜷藏在平坦的田野間。

自一八八〇年代中期起，杜塞道夫美術學院（Düsseldorf Art Academy）的學生弗里茨・馬肯森每年夏天都懷著朝聖的心情到沃普斯韋德，描繪它陽光盈溢的景致。銀白的樺木與黑色的泥炭湖相映成趣，熟透的蘋果從枝頭墜落。在大自然的懷抱裡恢復精神，這正是馬肯森所需要的，因為他一直在忍受城市咄咄逼人的生活步調，以及美術學校令人心力耗竭的沉悶「學院風氣」（academicism，這是用來譏諷當時所崇尚之道德現實主義的標準用語）。他很快便說動在杜塞道夫的好友沃格勒（Heinrich Vogeler）和莫德索恩（Otto Modersohn）前來，擔保這個由農民和採泥炭工組成的村莊也會對他們發揮同樣的效果。

到了一八八九年，他們全都決定不再回杜塞道夫，藝術村於焉誕生。新加入者滿懷希望：如果呼吸這片豐饒地景上的空氣，它的生產力也會在自己的內心滋長吧。對於沃村的藝術家來說，大自然是唯一的老師，從仰望浮雲可以學到的，就跟持筆作畫一樣多。不到十年，便開始有新一代的藝術家前來，包括克拉拉・維絲陀芙和寶拉・貝克。一九〇〇年八月，沃格勒邀來在佛羅倫斯的宴會上結識的年輕詩人萊納・瑪利亞・里爾克。他們說好由沃格勒畫幾幅童話風格的浪漫插圖配里爾克的詩。如今詩人應邀來同住，他們便可以當面合作了。

「眼睛在這裡變得多麼大！它們整天只想收攏天空，」里爾克抵達沃普斯韋德時寫道。藝術村的居民大多住在舊農舍，只有沃格勒將家宅改造成新藝術風格的豐碑。他砌起兩道彎弧的扶手，夾引一段階梯通往覆著爬藤的純白屋牆。沃格勒有雙迷濛的棕褐色眼睛，面容細緻而略帶稚氣，他熱烈歡迎里爾克，請他住進專為貴客保留的「藍山牆房」。

里爾克探索屋裡的公共空間時，看見年輕人懶洋洋地斜躺在寬大的座椅上。瓶裡插滿野花。有人在彈奏舒伯特的鋼琴曲。女孩身上垂掛著玫瑰花環，男人則繫戴流行的復古式硬挺豎領。

經歷過接連遭拒的一年後，這正是里爾克所需要的放鬆環境。拒絕他的包括莎樂美、托爾斯泰和最近的契訶夫（Anton Chekhov）。里爾克曾多次寫信給這位劇作家，請他讀一讀自己新譯的《海鷗》（*The Seagull*），但契訶夫從不回應。里爾克也寫了幾封情辭懇切的信給謝爾蓋・達基列夫（Sergei Diaghilev）——這位舞蹈經理人當時正擔任俄羅斯雜誌《藝術世界》（*World of Art*）的編輯——請求他支持自己一直試圖在柏林籌辦的藝術展。達基列夫拒絕了，展覽也始終沒能舉行。

但在沃普斯韋德，里爾克發現這個溫暖而緊密的聚落，信仰著愛、友誼與藝術之融合，能帶給他許多慰藉。他寫道：「我全心信賴這片景色，此後多日，我將欣然接受它所提供的路徑和各種可能性；在這裡，我可以再度單純地順其自然，隨性所至，當一個會改變的人。」然而，沃村的藝術家並不太確定該如何看待這位詩人。其他男人都穿天鵝絨背心和英式長大衣，里爾克卻身披寬鬆的農夫衫、趿著一雙涼鞋前來。他努力想打扮出時髦的波西米亞風格，結果卻變得更像斯拉夫僕役或捷克民族主義者，連管家都在背後笑他。

他的詩也並未立即受到同儕欣賞。初來乍到的某一晚，他走進燭光搖曳的音樂室，參加每週舉行的沙龍聚會。輪到里爾克分享作品時，他揚起平靜的男中音，對這群人朗誦自己的詩。聽見自己的聲音唸出詩句，他對這首詩信心漸增，同時注意到兩名白衣女子從一對天鵝絨扶手椅上專注地望著他。那是剛從巴黎回來的貝克和維絲陀芙。

里爾克朗誦完畢，聽眾裡較年長的卡爾．霍普特曼（Carl Hauptmann）教授發言，建議若將最後一行刪去，也許會讓這首詩更好。聽到如此野蠻的意見，詩人不由得全身緊繃，更令人憤慨的是，說出這番話的男人，不久前才捧著豬皮封面的巨大筆記本，朗讀自己「做作、抽象」而「充滿斧鑿痕跡」的散文——里爾克後來在日記裡如此抱怨。最糟的是這名男子在兩位女士面前羞辱了他，不過里爾克堅稱她們仍然很喜愛他的詩。

根據貝克的日記，她並不完全同意里爾克的論斷。她認為霍普特曼發表了「一篇艱難而嚴峻的文字」，但也相當「偉大而深刻」。她對里爾克的印象主要在他溫順的樣貌——「那雙動人的小手」和「親切蒼白」的臉龐——而非其文詞。他顯然有才氣，但她無法拿他多愁善感的詩篇與霍普特曼的作品相較，因為兩者差異太大。她說他們之間是一場「現實主義與理想主義的鬥爭」，而且一直延續下去，直到那晚的蠟燭燃盡還不罷休。

另一個星期天，里爾克又看見這兩名白衣女子，當她們如百合花般從石楠野地冒出來，他正凝視著窗外。那天，活潑的貝克先來到沙龍，頭戴寬邊帽，滿面笑容。然後維絲陀芙也來了，像個身形偉岸的女神，高腰連衣裙的長褶襬垂覆在她磨出水泡的赤足上。里爾克注意到她走進房間時，烏黑的鬈髮輕拂過「美麗的黝黑臉龐」。她是當晚的明星，整間屋子似乎隨著她到臨而光亮起來。「每次我望向她，她都展現出不同的美，」里爾克寫道：「尤其當她聆聽的時候。」

可惜好景不常，霍普特曼再度以長篇大論破壞了美好氣氛。他不僅主導當晚的討論，還在結束後開始唱飲酒歌。里爾克知道，每逢夜晚的聚會以飲酒告終，他總會落得孤單一人。他不愛酒精，也不跳舞。不出所料，當里爾克再次瞥向霍普特曼時，他正與維絲陀芙共舞。起先里爾克還試著與眾人同樂：「我跟某些人握手，沒跟其他人握；微笑，收起笑容；打起精神，抬頭挺胸；坐在角落，聞啤酒味，吸二手菸。」整個場景「令人作嘔」，他想，這是德式粗俗的高度展現：男人醉醺醺地俯靠在馬克杯上，瘋狂大笑，滿室菸霧令人窒息。他終於起身回房睡覺。

沒走多遠，他便驚喜地發現兩名白衣女子尾隨而來。剛離開舞池的她們，雙頰猶因笑鬧而泛紅，渾身散發著熱氣。里爾克為她們推開窗戶，讓她們坐在窗檯納涼。隨著呼吸逐漸平緩，她們將注意力轉向月光。里爾克看著她們開始專注地凝望夜色，面容不再因狂歡作樂而「扭曲變形」。這一刻，他看見一幅「轉變」的圖像，以窗為畫框；彷彿剎那間，貝克和維絲陀芙從少女轉化成觀察力敏銳的藝術家。她們離去後，他仍為方才的景象感動，提筆在日記裡寫了幾行詩，形容她們「猶半受控制，然已有所掌握……」。

里爾克推斷，理想上，藝術家的生命應始於童年結束的瞬間。當我們懷著孩子般無所預期的敬畏，向世界敞開胸襟，各種景象會自由湧入，如同那夜的月光湧入貝克與維絲陀芙熱切的瞳眸。但現在詩人必須學習將這些景象導入藝術，而沃普斯韋德似乎就是最佳所在。「日日承受挫敗失落的俄羅斯之旅，對我來說仍是十分痛苦的經歷，證明我的雙眼尚未成熟：它們不懂得如何吸收、如何保有，也不知如何放手；背負著重擔……倘若我能從人們身上學習，那必定是從這群人，他們與這片土地如此相像。」

里爾克先找上莫德索恩，這位高個兒紅鬍子畫家當時三十五歲，比村裡的許多藝術家年長，也更有名氣。里爾克發現他的工作室擺滿陰鬱的風景畫和裝著死鳥與植物的陳列櫃，用來研究色彩及褪色的過程。里爾克告訴他，自己渴望透過視覺藝術家的觀點來體驗世界，莫德索恩也同意年輕人應當像碗盆一樣寬容廣納地探觸生命。他說，年輕人不該期待自己會盛滿答案，但若幸運的話，將能盛裝各種景象。

離開莫德索恩的工作室後，里爾克接著拜訪貝克。他發現兩人很容易「透過交談與沉默親近彼此」，因而覺得「金髮畫家」比「黝黑的」雕塑家更吸引自己。但維絲陀芙的創作一直比貝克的畫更令里爾克感興趣（就像整體而言，他總認為雕塑勝過曾被他嘲諷為「欺妄」的油畫）。從一開始，維絲陀芙就被詩人孩子氣的藍眼睛吸引，以至於不太在意他比較不討喜的其他特徵。同時，貝克正與莫德索恩低調地交往。他原本已婚，但妻子在那年猝逝，於是這對情侶就訂了婚。此後，里爾克便將所有的注意力都轉向維絲陀芙。

他的愛慕主要來自敬重她的創作，而她含蓄的個性則使戀情更不易發展。但接下來幾星期，她開始為他講解雕塑，敘說自己追隨羅丹研習的往事，他們於是愈來愈親密。每次相處後，他會回房將這些談話記錄在日記本上，有次還提議合寫一篇關於羅丹的文章。隨著時間過去，他們的關係裡注入了更多柔情，他的散文也變成了詩歌。他開始以詩句描寫她強壯的雙手，那是里爾克一向欽慕的藝術家特徵，因為他相信雕塑家的手可以重新打造世界。

六星期後，里爾克離開沃普斯韋德前往柏林。他從未打算永久加入這個藝術村，也不想厚顏長住而變成討人嫌的客人。

相隔兩地的里爾克和維絲陀芙藉著通信保持聯繫。她用以描寫事物的意象令他激賞，甚或覺得自己的回應只是換種說法重述她的經驗。在一段引人注目的文字中，他坦承自己渴望「以我的言辭裝載妳的內涵，將這些字句送到妳那裡，像笨重而搖晃的篷車，裝滿妳靈魂的每個房間」。

二月，維絲陀芙到柏林探訪里爾克。他並不像過去對莎樂美那樣把她當成偶像崇拜，但這或許正是他喜歡她的部分原因。他曾在日記裡暗示，跟莎樂美在一起使他失卻雄風：「我想當富有的那個，給予者、提出邀請者、主人。」然而他一再感到自己對她來說只是「最無足輕重的乞丐」。在年長而傑出的情人面前，他沒有什麼可以貢獻，但「少女」維絲陀芙卻從未對他有過一絲懷疑。她的仰慕感覺如此單純，令他恢復了活力與信心。

里爾克與維絲陀芙於次月宣布訂婚，嚇了眾人一跳。當他們回到沃普斯韋德跟朋友分享喜訊時，莫德索恩寫信給貝克，要她猜猜他那天見到誰：「克拉拉．W摟著她的小里爾克。」當時貝克已屈服於父親要她全心為未婚夫奉獻的壓力，到柏林去上烹飪學校。在一封頗令人沮喪的生日信裡，父親說她應該「時時以他的福祉為念」，莫讓自己「被自私的想法引導……」

到了三月，貝克已痛苦不堪：「做菜，做菜，做菜。我沒辦法再做下去了，也不想再做下去了，更不會再做下去了，」她寫信警告莫德索恩：「你知道，我受不了這麼久不畫畫。」貝克誓言要等自己的夢想實現後才生小孩。但她擔心維絲陀芙的意志沒那麼堅定。貝克一開始便預見：這對新人的結合將證明是維絲陀芙單方面的犧牲。自從好友和里爾克相遇，貝克便感覺她與自己漸行漸遠。貝克想不通，為什麼大家不能再度生活在一起，如他們一向所夢想的那樣，成為一個共同體？「我似乎已經不在她的生活裡了，」她寫道：「我得先習慣這點。多希望她依舊是我生活的一部分，因為有她的生活曾是那麼美。」

比貝克更無法接受這樁婚事的是莎樂美。她聲稱自己的反對並非出自嫉妒，而是擔憂投入婚姻將扼殺里爾克正待綻放的創造力。她也知道他不夠成熟，無法肩負起各種家庭責任。她對他發出「最後通牒」，敦促他重新考慮，否則便斷絕往來。但最後一刻，她附上讓步的表示——在一張牛奶收據背面寫著，若他走投無路，她其實還是會見他，但只有在他「最慘的時刻」。

這道最後通牒儘管嚴厲，卻非無的放矢。從出生起，家庭對里爾克來說便是個謎團。從前他體現母親的各種虛構假想：扮成女兒、冒充貴族，如今則開始編織自己的家庭幻夢。他曾在一封給維絲陀芙的信裡，描寫心目中的巴洛克式婚姻圖像：他站在爐前，在昏暗的燈光下為她做飯。桌上鋪著俄羅斯桌巾，放著一條厚實的麵包，玻璃盤裡的蜂蜜晶瑩光亮，還有象牙般的冷奶油切片，以及散發漢堡玫瑰、康乃馨和鳳梨香氣的熱茶。他會將切成角塊的檸檬放進茶杯，看著它們「像夕陽沉入金色的黃昏」。到處插著長莖玫瑰。

現實裡的里爾克每晚都吃麥片粥。但他相信結婚是成為男人的必經之徑，而小孩得先變成男人才能當藝術家。此外，沃普斯韋德的社群成員好像都要在那年春天結婚似的。沃格勒剛娶了村裡的年輕女子瑪莎・施若德（Martha Schröder），貝克和莫德索恩也將在四月成婚。

一九〇一年四月底，里爾克與維絲陀芙在她位於奧伯尼蘭特（Oberneuland）的娘家客廳舉行婚禮。他告訴朋友——語中不乏降尊俯就之意：「我結婚的意義就在幫助這個親愛的年輕人找到她自己。」

里爾克於威斯特韋德（Westerwede），攝於一九〇一年，與維絲陀芙結婚那年。

五月，他們搬到藝術村鄰近的威斯特韋德村（Westerwede），住進一幢茅草屋頂的農舍。起初，只有單向出口的道路將這對夫妻隔離在工作中。接下來一年，維絲陀芙的雕塑擺滿屋子，里爾克則為沃普斯韋德的五位畫家寫了一本專論，之後又在一週內完成《時禱書》的第二部。但他們寧靜的獨處時光很快就被打斷——維絲陀芙發現自己懷孕，並在年底產下女兒。他們為她取了「美麗的聖經名字」：璐得（Ruth）。

多年來，里爾克的筆端總是汩汩傾瀉熔漿般的情感，但在描寫女兒時，他卻只有空洞得令人吃驚的形容：「有了她，生活變得豐富許多」算是其中最熱情的句子了。對里爾克來說，璐得使他的家庭單位完整，也標誌著他邁入成熟的必要轉變。但這個「小生物」無法以言語表達的飢渴與淚水，卻令他困惑不已。

一九〇二年二月，璐得出生後幾個月，維絲陀芙寫信給貝克，描述自己現在「很習慣足不出戶」的感受。從前她可以隨時背起行囊，在陽光裡騎一個下午的腳踏車，那些日子已一去不復返。「我曾經四處尋覓的一切，如今都環繞在我身旁；我有了一幢必須建造的房屋，因此我不停地蓋呀蓋，而整個世界依舊環峙在我四周，它不會放我走……於是世界來到我面前，那個我不再向外尋求的世界……」

這封信激怒了貝克，不只是因為內容，更是她敘說的方式。維絲陀芙的話聽起來不像她自己說的，倒像是里爾克的論調。積累數月的傷害和怨忿一次迸發，貝克狠狠地訓斥好友：「我不清楚你們兩個是怎麼回事，但在我看來，妳蛻去太多原本的自我，把它像披風一樣鋪開，好讓妳的國王能踩過去。」她不明白維絲陀芙為何不再次穿上自己的「金斗篷」？

更糟的是，維絲陀芙忘了好友的生日。「你好自私，全不顧念我的心情，」貝克寫道：「愛一定得如此慳吝嗎？難道愛必得將一切給予某人，而奪去他人所有？」貝克接著將筆鋒轉向里爾克，在同一封信裡寫著：「親愛的雷納（Reiner〔原文如此〕）．瑪利亞．里爾克，我不會放過你的，我承認。」

她懇求他莫忘他們對藝術、對貝多芬的共同愛好，莫忘在沃普斯韋德，他們曾像一個小家庭般幸福洋溢。她感謝他寄來新出版的書——它十分「美妙」；隨即又侮辱他的文筆：如果他要回信，「拜託，千萬拜託，別編謎語給我們猜。外子和我頭腦簡單，不擅長猜謎，讀完只會害我們頭痛，還有心痛。」

兩天後，里爾克回敬以凌厲的反擊。他告訴貝克，她對他新婚妻子的愛想必太過薄弱，因為它沒能在她最需要的時候讓她感受到。難道貝克真的如此自私，以致無法祝賀好友覓得新的幸福？為什麼她不願肯認他與維絲陀芙為了長相廝守所做的犧牲？

他提醒貝克，之前她總是稱讚維絲陀芙安於孤獨的個性，現在卻為了自己一向欽佩的特質而責罵她，豈不虛偽？他說，何不「欣然」期待維絲陀芙的「新孤獨有一天將敞開大門接待你？我也是一樣，滿懷深摯的信任，靜靜佇立在她的孤獨之門外面」。接著，里爾克寫出他最為人傳誦的婚姻神話之一，在信裡加上一句：「我認為兩人結合的最高境界在於各自守護著對方的孤獨。」

貝克認輸了。不管里爾克的說法多麼自私自利，他講得如此冠冕堂皇，誰能說得過他？貝克只能回應於日記，抒寫自己在頭一年婚姻裡感到難以排遣的寂寞，以及她曾深信維絲陀芙是世上唯一能撫慰她的人。而今她必須面對她們可能將永遠分道揚鑣的痛苦。

貝克陷入憂鬱，莫德索恩則怪罪里爾克與維絲陀芙。他在日記裡埋怨他們從未開口詢問他的妻子工作如何，也不曾來探望。這回里爾克展現出無可寬宥的傲慢，居然宣稱貝克應當待在維絲陀芙的大門外，等到里爾克那「高高在上的妻子……前來開啟」，莫德索恩寫道。那貝克呢？「沒人想過她也是個重要的人，正在完成重要的事。」

無論自私與否，關於他的新家庭在那段時日面臨的種種艱辛，里爾克並未誇大其辭。當上父親後，他便失去資格，無法再從叔父亞羅斯拉夫的遺產領取大學津貼。他靠寫作賺不到什麼錢；最近出版的短篇小說集《最後的人們》（*The Last of Their Line*）被評論家批貶得一文不值，在書店也賣不出去。

另一方面，他在維也納和柏林策劃的藝展成為泡影。著書提案被出版商婉拒，應徵報社藝評人的職位亦遭編輯回絕。他以為自己遲早可湊齊各種大學學分，取得博士學位，但那仍需一筆他負擔不起的費用。

里爾克的父親願意幫他在布拉格的銀行找份工作，但詩人只回答這個提議讓他難受得想吐。它意味著放棄他所奮力追求的一切，回到他逃離的原點。這將是「一場不留活口的寒霜」。他知道父親出於好意，但他為何無法了解這種職業會摧毀他的藝術？為什麼藝術必須被看成傲慢？對里爾克來說，藝術是他的使命，就像某些人視兵役為不可逃避的義務。里爾克決定他寧可餓死，連同妻小一起餓死，也不要當銀行職員。那種命運「如同死亡，卻缺少死亡的莊嚴」。

克拉拉・維絲陀芙和女兒璐得。

終於，一九〇二年春，德國出版商理查・

穆德（Richard Muther）對里爾克談起他正策劃的一系列藝術家專論，其中一冊是葛拉夫（Julius Meier-Graefe）論馬奈，還有一冊是穆德自己撰寫的達文西（Leonardo da Vinci）。他知道里爾克才剛完成沃普斯韋德專題，建議詩人也為羅丹寫一本。酬勞只有一百五十馬克，但亟需收入的里爾克當場接受了這項提議。私底下，他也想藉此走出家門，脫離煩悶的例行家務。他渴望回到婚前的狀態——「置身於真實的事物當中，感覺自己是、也的確是真實的」。倘若去巴黎，他將能「在圖書館裡工作，平心靜氣，撰述我長久以來喜愛並崇敬的羅丹」。

孩子才出生沒幾個月，里爾克便決定遠赴外鄉，看在某些人眼中，這是不可原諒的自私。莫德索恩在日記裡寫道：「多麼令人震驚：先結婚生子，然後才想著如何謀生。」但維絲陀芙大概沒有太強烈反對，因為她運用自己曾經師事羅丹的關係來幫忙引介。她寫信給雕塑家，並附上自己作品的一些圖像作為提醒。起初都沒有回音，原來羅丹當時在布拉格出席一場規模盛大的作品回顧展。之後他又去維也納看分離派展覽（Secession Exhibition），並與在此次展覽中發表不朽名作《貝多芬帶飾》（*Beethoven frieze*）的克林姆見面。當羅丹親眼看見那幅畫時，不禁握住克林姆的手說：「多麼了不起的藝術家！你懂得你的專業。」

羅丹於六月回到巴黎後，里爾克又去信說明他想在秋天進城，為一篇關於羅丹的專論做研究。他也懇求藝術家回覆維絲陀芙，即便是「隻字片語」也好，她正焦急地等待大師的回音。

對里爾克來說很幸運的是，羅丹是個忠實的愛書人。他雕塑過數十件靈感來自文學的作品；相對地，作家也一直是他最堅定的支持者。據說羅丹深受作家和評論家影響，因此經常依照他們的意見修改作品。最起碼，允許這名熱心的年輕作家接近，並不會帶給羅丹任何損失。他溫暖而簡短地回覆：他記得維絲陀芙是個能幹而富想像力的雕塑家，也很樂意接見里爾克，協助其研究。羅丹九月或十一月會在巴黎，歡迎他屆時來訪。

里爾克在八月回信，說明自己將於下個月抵達。他再次為妻子說項，詢問她如果同行，大師是否也願意對她的一些草稿親予指教？他把剩餘的夏日都花在研究上，「完全沉浸」於羅丹的創作：「我對他的作品見聞愈多，他在我心目中便愈形巨大。我很想知道，是否還有任何像他一樣偉大的人物存在，而且仍存活於世間？」羅丹作品的表現力度，自然而然地吸引年輕的浪漫主義者。《沉思者》俯首長考的肢體張力似乎具現了某種心靈狀態，而《吻》中相擁的大理石戀人則體現了濃縮的情感。

在生活上，里爾克欽佩羅丹對工作不顧一切的投入：他為了追求卓越而犧牲奢侈的物質享受，認為藝術的價值更高於黃金或麵包。他以生活簡樸著稱，所有的時間都花在工作上，與作品而非親友為伴。對羅丹這樣的人來說，「整片天空不過是一塊石頭」，里爾克曾經寫道。這種禁慾的誓約令詩人產生共鳴，他相信剝奪物質享受將使靈魂蓬勃生發。

他想，也許羅丹就是他在俄羅斯遍尋不著的導師。在另一封給羅丹的信裡，里爾克暗示這個希望：「年輕人最悲慘的命運，莫過於意識到自己若不當詩人、畫家或雕塑家就活不下去，卻得不到真正的教誨，於是墮入被遺棄的深淵；因為在尋覓強大的導師時，他們所尋找的既非言詞，亦非資訊：他們企求的是一個榜樣，一顆熱烈的心，一雙創造偉業的手。他們所企求的正是你。」

一九〇二年八月，詩人摺疊衣物，在行李箱裡妥貼地擺放成完美無瑕的組合。他準備拋下妻女，開始一場探索，不僅為了寫作，也試圖了解如何當一個藝術家。

羅丹完全沒料想到詩人對此計畫會如此掏心挖肺地投入。里爾克將會崇拜雕塑家的藝術，彷彿它是一種宗教，而羅丹本人則是救世主。如同約書亞追隨摩西至應許之地，里爾克也視這趟旅程為嶄新未來的起點。除了這點，生命中的一切都讓他感到不確定。

第二部

大師與門徒

第六章

里爾克在暑氣蒸騰的八月午後抵達巴黎北站。火車站宏偉的玻璃建築與熙攘的人潮把觀光客搞得暈頭轉向，為防虎視眈眈的小偷扒手，旅客最好立即將行李交給腳伕。

襯衫扣到領口、長褲熨出筆挺中線的里爾克走出車站，踏上大街，瞪大眼睛望著這座陌生的城市。他從未見過這樣的工業化大都會——汽車、速度、難以名狀的龐大人群。機械動力取代了人力勞作，將許多失業的工人推向街頭。他注意到飽受疾病摧殘的軀體綻裂膿瘍，樹木在烈日下焦枯，乞丐的雙眼「宛如水坑般逐漸乾涸」。到處都有醫院。

人群令他想起爬過垃圾的甲蟲，在生活的巨步底下奔竄求生。大城市和公共運輸出現之前，人們很少會一直看到人。現在這裡到處是人，形成一團團似乎沒有個別面孔、只有各種需求的群眾。

他視線所及就是經濟生活的光譜，只消環顧一周，這城市的財富和貧窮便盡入眼簾。底層的拾荒人撿取資產階級的廢棄物打造貧民窟，其馬車從上方噠噠駛過，留下垃圾和馬糞的尾迹。處在兩者之間的狗兒們，通常會搶在乞丐之前攫走食物的殘渣。

巴黎人似乎都決意比別人活得更敏捷。里爾克寫道，匆忙趕路的通勤者「滿臉輕蔑地把我撞倒，毫不閃避」，彷彿他是街上的坑洞。新型地鐵和電車「打我面前」疾駛而過。他很快就明白，沒有人會停下來幫他。不像在慕尼黑，這些巴黎人才不在乎他是辛苦奮鬥的年輕藝術家。這裡人人都在辛苦奮鬥，為了生存。

然而當里爾克跳過一堆堆垃圾走向旅社，他開始感到無比興奮。所有的景象都如此新奇——橋樑、馬車、磚石街道——彷彿專門為他的雙眼造設，像一齣沒有別人注意的戲劇布景。他對自己唸出外國街名，讓韻律優美的法語音節迴旋在腦中：André Chénier、vergers……巴黎確實骯髒，但至少是波特萊爾和雨果的骯髒，他想。

當里爾克跨過塞納河，抵達拉丁區，他覺得自己已經被景物撐飽，而且筋疲力竭。隨著藝術家開始往山丘上的蒙馬特移動，有些人占居「荒村」[11]的空屋，有些則像不久後的畢卡索和基斯·范·東根（Kees van Dongen）那樣，搬進傳奇的「濯衣船」（Bateau-Lavoir）工作坊，拉丁區的波希米亞風情已漸失色，如今賃居的大多是索邦大學（Sorbonne）的學生。里爾克落腳的旅社位在狹窄的圖利耶路（Rue Toullier），走到路口便是學校。

里爾克會見羅丹之前不久所攝

11 荒村（maquis）原指荒地中的小村莊。十九世紀末至二十世紀初，蒙馬特的「荒村」（le Maquis）位於 Lepic、Caulaincourt 和 Girardon 等街區，村民多為窮苦之人，以廢棄物建造小屋，並拓出迷宮般的小道。

里爾克開門進入侷促的房間，並沒有感覺舒服些。房裡有一把扶手椅，不知被多少顆油頭枕出了凹陷，一張破舊的地毯，一個桶子，裡頭還丟了顆蘋果核。只有一扇窗面向一堵石牆——接下來五星期，里爾克抱怨這窗景令他窒息。更糟的是，對面建築的十幾扇窗戶似乎能穿透窗簾回瞪他，「像眼睛般地」監視著他。

他將紙筆整齊排列在書桌上，點燃煤油燈芯，坐下來省思自己到目前為止的旅程；那張座椅已坐成了疲憊旅人的萎靡形狀，他往後一靠，陷進了椅子的空洞裡。

九月一日星期一下午將近三點，里爾克從旅社沿塞納河走到羅丹在大理石倉庫的工作室，準備晉見未來的導師。這建築的中庭看起來像採石場般粗糙簡陋，周邊排著一圈充當工作室的棚屋。有時J室的門口會掛起牌子告訴訪客：「雕刻師在大教堂裡。」

幸好里爾克來敲門那天不是如此。屋門開著，他注意到陰暗的房間「瀰漫著稀薄的灰色和粉塵」。房裡有幾箱黏土、一方檯座。羅丹蓄著短髮和灰軟的落腮鬍，站著刮削手中的一大塊石膏，無視於面前全身赤裸擺姿勢的模特兒，衣服因為濺到泥糊而發硬。他的身材比里爾克預期的矮，卻不知何故顯得更為高貴。一副無框眼鏡架在他的鼻樑上，里爾克形容那鼻樑宛如一艘「出港的船」從額前伸出。

藝術家抬眼看見年輕的訪客，停下手上的活，靦腆地笑著請他坐下。在獅子般的藝術家旁

羅丹與《吻》，一八九八年前後。

邊，里爾克看起來愈發像隻老鼠。他的五官擠到一塊兒，中央的鼻子連著幾撮下垂的小鬍子。他二十六歲，肩膀瘦削又貧血；相形之下，六十一歲的羅丹結實粗壯，踩著厚重的腳步來回走動，長長的鬍鬚似乎把他更拉近地面。

里爾克吃力地講完先前背下的所有法文客套話，謝天謝地，羅丹接手主導了談話。雕刻家以手勢引領他環顧房間，指出一個又一個出色的物件：那個是石膏手，這隻手是黏土捏的。這裡有件「création」，那裡有件「création」。里爾克想，同樣是作品，法語的 création 聽起來比德語的 Schöpfung 精緻多了。這男人舉手投足出人意外地輕巧。他笑起來既歡快又羞赧，「像個剛收到可愛禮物的孩子」。

不久之後，藝術家回到工作上，請客人留下來繼續參觀，想待多久都可以。里爾克驚奇地發現，羅丹讓雕刻看起來多麼簡單。他著手塑造胸像的方式就像孩童堆雪人一樣：將黏土揉成一球，「啪！」地疊到另一球黏土上，就成為一顆頭，然後割一條縫當嘴巴，再用拇指戳兩個洞當眼睛。隨著作品進展，羅丹的精神也愈亢奮。里爾克觀察藝術家如何朝塑像衝刺戳擊，地板在狂暴的腳步下嘰吱呻吟。他熱烈的雙眼緊盯某個細節，聚焦逼近，直至鼻子貼上黏土。指尖捏弄幾下，一張臉便成形了；錐子或鑿子粗削略劃幾道，身體就出現了。里爾克注意到他動作迅速，彷佛「將小時壓縮成分鐘」。

里爾克巴不得整天看著羅丹，但不想在首度拜訪便太過造次。他向雕刻家告辭，感謝羅丹對其創作的精采介紹。令里爾克喜出望外的是，羅丹邀請詩人翌日再來相伴。明天他會在鄉間的工作室工作，觀看那裡的運作狀況對里爾克應該會有幫助。詩人滿心歡喜地表示同意。

那晚回家後，里爾克因為羅丹的慷慨分享而精神振奮。如此親切又迷人的研究對象真是夢寐難求。夜裡他寫信給維絲陀芙：「我非常敬愛他，可說一見如故。」

第二天早晨，里爾克複習了幾句法語，穿上便宜但整潔的西裝，登上九點鐘從蒙帕納斯站出發的火車。他等不及想看羅丹在默東（Meudon）郊區的工作室，更期待終於能呼吸到他迫切需要的鄉村空氣。

默東鎮位在巴黎西南方，搭火車只需二十分鐘，卻似乎存在於另一個完全不同的世紀。丘陵吞沒了城市的煙囪，從遠方只見它們咕嘟咕嘟噴出的煙霧。羅丹第一次造訪此地時，覺得那些老農舍好似綿羊晃悠在田野間。這景致喚起他「無憂無慮」的童年記憶，讓他感到如此自在，以致買下一座路易十三風格、稱作「布里昂別墅」（Villa des Brillants）的小城堡，並於一八九五年蓋起工作室——那是他與卡蜜兒分手兩年後，可能也是因她而考慮搬出巴黎。

當火車蹣跚駛向小鎮，里爾克並未像羅丹那樣陶醉在景色裡。通往車站的道路又髒又陡，房屋把塞納河谷擠得水洩不通。鎮上的每家餐館都讓他想起在義大利所見的昏暗客棧。這不是里爾克想像中如此傑出的藝術家該置身的場景。

誠然，默東不比吉維尼——在那片林木蔥鬱的郊區，莫內擁有他不厭其煩反覆修整的莊園。莫內培育一叢叢異國花卉，在開滿睡蓮的池塘上架起步橋，羅丹則任其莊園蔓生荒草。里爾克穿過布里昂別墅的大門，踏上一條未經修剪、板栗與碎石均布的小徑，嘎喳前行。車道盡頭的簡單紅磚建築也不太起眼。

里爾克敲敲門，前來開門的是個身穿圍裙、胳膊沾著肥皂泡的婦人。當里爾克背誦出法語問候、說明自己與羅丹先生有約時，她瞪著他，看起來就像尊骨董般疲憊蒼灰。此時藝術家出現在門口，將里爾克迎入室內。

一間間幾乎沒什麼傢俱的房間，令里爾克想起托爾斯泰樸素的俄羅斯家宅。屋裡沒有煤氣也沒電，為了將視野凝聚到窗外，羅丹不在樓下的牆上掛畫。唯一展示的裝飾是他與日俱增的骨董收藏：赤陶瓶罐、古希臘裸像、伊特拉斯坎（Etruscan）文物，以及殘破的羅馬維納斯像。一張簡單的長桌和幾把直背椅，因為羅丹相信靠墊會讓人嬌生慣養，曾說：「我不贊成在白天任何時刻歇憩。」這使得一位訪客描述羅丹的家「給人一種感覺，好像生活本身對他來說一點都不重要」。

羅丹接著帶里爾克到外面參觀。走著走著，他開始向里爾克敘說人生經歷，但不是以對採訪記者講述的方式。他明白里爾克是藝術同儕，因此把自己的故事編排成可供年輕詩人借鑑的教訓。他對里爾克強調，最重要的莫過於Travailler, toujours travailler——你必須工作，不斷地工作。

「我的青春都奉獻給工作。」他偏好「工作」一詞甚於「藝術」。然而，光是做工作還不夠，你必須活在工作裡，這意謂著摒棄世俗享受的誘惑，如美酒、讓人昏昏欲睡的沙發、甚至自己的子女，倘若他們會干擾你的追求。

里爾克盡力跟上羅丹連珠炮般的法語，聆聽其勸告。相對於里爾克以熱切的目光追隨同伴，羅丹卻很少直視聽者。有時候，藝術家會沉浸在某個話題裡，完全忘記說話的對象，更不管對方是否還在注意傾聽。

當羅丹終於停下來歇口氣，里爾克趁此空檔說他帶了一份薄禮給大師。他抽出幾張紙，上面寫著詩，呈獻給羅丹，後者出於禮貌翻閱了一遍。雖然都是用德文寫的，但里爾克確信從羅丹的頷首可看出他至少讚賞它們的形式。

中午他們坐在室外用餐，同桌還有個紅鼻子男人、一名約莫十歲的女孩，以及早先來應門的婦人，年近六十。羅丹懶得向在座任何客人介紹里爾克，只對他們開口抱怨太遲開飯。婦人氣得繃緊臉，將手中的盤碟摔到桌上。她回嗆幾句尖刻的話，里爾克聽不懂，但其意圖再清楚不過。里爾克想，會這樣親密地在餐桌上展現怨忿，只可能有一種解釋：她肯定是羅丹的妻子。

快吃！蘿絲・波雷朝客人咆哮。里爾克聽從命令，緊張地挑撿盤邊的菜餚小口咀嚼，避開肉類。不料侍者卻把他的素食習慣誤解成羞怯，為他添盛更多的肉。羅丹對這一切視若無睹，咂咂作響地一匙接一匙把食物往嘴裡塞，彷彿獨自用餐似的。

好不容易捱過這頓飯，羅丹起身邀請訪客一同去工作室。如獲大赦的里爾克隨羅丹繞過屋角，發現另一側正矗立著藝術家在世界博覽會的展館。博覽會於一九〇〇年十一月閉幕後，羅丹向鄰居買下一塊地，將整座展館運到自己的地產上。

日復一日，它提醒著羅丹迄今最大的成就。他在博覽會期間售出價值二十萬法郎的藝術品，訪客絡繹不絕，甚至作品運到默東後，德國出版商卡爾・貝德克（Karl Baedeker）竟寫信詢問鎮長「羅丹博物館」的開放時間。

里爾克想到，羅丹以親手塑造的雕像環繞著自己，就如同小孩把所有的玩具擺在自己周圍一樣。對這男人來說，沒有比日日與他最珍貴的財產相伴更開心的事了。

他們接著去工作室，一幢幾乎完全被玻璃包覆的長形建築。羅丹打開門，眼前的景象令里爾克瞠目結舌。它彷彿容納了「一世紀的作品」。工作坊像個活生態系統，脈搏強勁地跳動著：身穿白色工作服的工匠或在厚重的大理石上埋首刻剜，或調整磚窯裡的火焰強度，或將石塊拖過地板。陽光自玻璃拱窗流洩而入，照亮一列列彷若天使——或如里爾克所稱「水族館居民」——的石膏身軀。閃亮的白色如雪盲般灼炙他淺色的眼眸，幾乎超過他所能承受的程度。但這並未阻止他貪婪地堅持試圖將一切盡收眼底。

幾分鐘後，羅丹讓備受震懾的訪客自行參觀。里爾克不知該從何看起。半成品的雕塑占地好幾英畝：各種斷肢堆疊在桌面上，一尊軀幹安錯了頭顱；臂、腿交纏，有的跨出步伐，有的向外伸展。彷彿一場風暴席捲過村莊，到處撒落殘破的軀體。有些鑄模出自里爾克只在書上讀到過的創作，包括還未進行澆鑄的《地獄之門》（*The Gates of Hell*）片段，各約一碼長，散置在櫃架上和展示箱裡。

里爾克漸漸看出，所有的身體部位當中，羅丹最重視手。消息靈通的訪客都知道，若想討大師歡心，就問他：我可以看看那些手嗎？它們以各種形態出現在工作室：老邁而智慧的手、一雙緊握的拳頭、兩隻指尖搭成大教堂的尖頂。羅丹曾宣稱自己雕塑過一萬兩千隻手，只不過其中一萬隻都「砸碎」了。之前他曾為老東家卡利耶─貝勒斯模塑手腳多年，如今他也用塑手的才能來測試學徒是否為可造之材。

里爾克立即領悟了所有這些手中蘊含的啟示；它們通常「不比我的小指頭大，卻充滿令人怦然心動的生命……每隻手都是一種感受，每隻手都是具體而微的愛、奉獻、仁慈和追尋」。每當里爾克在詩裡描寫手時，它們總像延伸進世界的觸角。手即是需求：女子將手伸向戀人，孩子抓住媽媽，導師向門生指點迷津。對羅丹來說，一隻手便是它自己的風景，完足而不假外求。它不僅僅是身體敘事的一個句子而已，它以線條和輪廓訴說自己的故事，如同一行行詩句組成了詩。

里爾克覺得，羅丹似乎是用手而非頭腦來做夢，故能讓每個幻想成真；但願羅丹如今將以其神妙之手來轉化詩人的人生。里爾克相信自己命中注定要從事寫作，只是需要一位大師來激發此天職。唯有羅丹──這男人的雙手曾讓銅人活動起來，從石頭裡喚醒心跳──似乎具有里爾克在《時禱書》裡描述的改變生命的法力：

我在你的話語中讀出它
從你手勢的歷史習得它
你溫暖而明智的雙手合攏
塑造並界劃出輪廓漸成的形狀

I read it in your word, and learn it from
the history of the gestures of your warm
wise hands, rounding themselves to form
and circumscribe the shapes that are to come.

到了下午三點，里爾克已飽覽一天所能吸收的內容，傍晚回到巴黎時，痠疼的雙眼因見識過度而疲憊不堪。但他仍勉強在夜裡草草給維絲陀芙寫了封信，說這次拜訪重燃了他對巴黎、以及對自己決定來此的希望。「我很高興這裡富藏著卓越，而我們已穿越廣大的沮喪世界，尋得親炙之道。」不過現在他字跡凌亂，該停筆了：「我的眼睛好痛，手也好痛。」

幾天後里爾克回到默東，再度與羅丹和波雷吃了一頓尷尬的飯，女孩也再次同桌共餐。（里爾克以為是羅丹的女兒，但她很可能是鄰居，因為他們只有一個兒子。）

午餐後，兩個男人離桌到花園的長凳，女孩尾隨他們，坐在近旁的地上，翻撿小徑的石子查看。有一、兩次她過來仰望著羅丹，看他說話時嘴巴動的樣子，然後又悄悄退開。

過了一會兒她回來，這次是要給他看一朵小巧的紫羅蘭。她怯怯地將它放在羅丹巨大的手上，等他說點什麼。但是，里爾克發現他的視線「越過那隻羞怯的小手，越過那朵紫羅蘭，越過那孩子，越過這整個充滿愛的片刻」。羅丹一直對著里爾克說話，最後女孩放棄了。他跟詩人講到自己受的教育，並就美術學校展開長篇大論，深信後者教學生盲目複製其主題。他說勒考克曾教導他用感情觀看，用「嫁接在心坎上的」眼睛觀看，但大多數教師都不像這樣。

女孩回來，最後一次試圖爭取羅丹的注意。這回她以蝸牛殼為餌，吸引了大師的目光。他將掌心上的殼翻轉過來，露出微笑：「Voilà（你瞧）。」他告訴里爾克，這是希臘藝術的完美翻版。它表面平滑，幾何結構簡單，彷彿內蘊生命而散發光輝。它的外觀展現出精準無誤的自然法則，就如精緻優美的人體模型一般。

而且，「你瞧」，這蝸牛或許也是個意外的模型，對里爾克呈現出羅丹的心智：一只向內迴旋的螺圈，對於其意志以外的一切皆渾然無覺。看著女孩再度退回背景，里爾克終於忍不住出聲。他小心翼翼地掩藏笨重的德國口音，詢問羅丹如何看待愛在藝術家生命中的角色。該如何平衡藝術與家庭的需索？羅丹回答：最好是獨自一人，除了也許娶個妻吧，因為，嗯，男人需要一個女人。

那天黃昏，里爾克獨自在林中散步，思索羅丹對他揭示的嚴酷真相。雕刻家的屋宅令人抑鬱，他的家庭似乎沒有愛。但這些羅丹全都明白，而且毫不在乎。他知道自己是什麼，知道自己是藝術家，對他來說這是唯一重要的事。他只遵守自己的準則，其他人的標準都不能衡量他。他把自己的宇宙含容在自身之內，而里爾克判斷這比活在別人製造的世界更有價值。事實上，現在看來，羅丹讀不懂里爾克的詩，也不會說其他語言，似乎是件好事。那種無知讓他更穩當地待在自己神聖的國度裡。

詩人呼吸著涼爽潮溼的空氣，覺得內心豁然開朗。那是因為想通了目的地而感到輕鬆，即使還不知如何抵達。他對羅丹有信心，也相信他「努力工作就會知道方向」的保證。

當里爾克從樹林返回時，每件事物都顯得不同了。現在他只看到周遭的美：靜謐的天空，三隻天鵝漂浮在湖面上，玫瑰花從藤蔓扭身朝陽光綻放。就連板栗散落的車道也似乎有了新功能：引導前進的方向。生命的路徑也許有繁花茂草環繞，但真正的藝術家會保持專注，一逕向前。里爾克當晚寫信告訴維絲陀芙，他絕對「不可左顧右盼」。正因如此，羅丹和托爾斯泰這樣的偉人才安貧居陋，「遏抑生活，彷彿那是他們不再需要的器官」，他寫道。「我們必須在快樂與藝術之間擇一，兩者不可得兼。」

令人好奇的是，在德國獨力撫養女兒璐得的維絲陀芙，聽到這消息作何感想。里爾克偏好將自己和維絲陀芙描述成殊途並行的藝術家，而非同一條軌道上的伴侶。他擁護維絲陀芙創作，卻不太同情她在撫養小孩上遭遇的挫折。當她抱怨自己筋疲力竭時，里爾克告訴她累一點有益健康。有時他試圖以虛偽的讚美粉飾自己的屈尊俯就：你這麼強壯又勇敢，他會說：「睡一晚就足以消除疲勞了。」

但那年九月，維絲陀芙卻沒這麼好打發。她堅持自己也想來巴黎，想再次獲得接近羅丹的機會。里爾克答應了，但說服她別帶璐得同行。他說巴黎根本不適合小孩。物價貴得離譜，旅館逼仄擁擠，除了工作沒空做任何事。里爾克告訴她羅丹也有同感：「我提到你，提到璐得，真難過妳得離開她——他沉默半晌，然後非常誠懇凝重地說：是的，我們必須工作，除了工作別無其他。

而且必須有耐性。」

維絲陀芙安排璐得留在沃普斯韋德附近的奧伯尼蘭特，由娘家爸媽照顧，並做好種種計畫，打算下個月來巴黎找里爾克。

與羅丹相處不過十天，里爾克就捎了封信給他的新導師。他坦承寫信似乎有點奇怪，畢竟他們經常見面，但他覺得語言障礙使他無法充分表達自己。在旅社的小房間裡，他可以靜下心來斟酌字句，明確地告訴羅丹自己多麼受他啟發。羅丹賜予他力量，使他能夠忍受寂寞、甘願犧牲，「甚至化解了貧窮的種種憂慮」。他告訴羅丹，他的妻子也贊同這樣的態度，很快就會來巴黎與他會合。如果兩人都能在此找到工作，他們希望無限期地待下去。他意識到這趟旅程將證明是「我的重大重生」。

里爾克也附上幾行詩給羅丹，那是他最近在盧森堡公園漫步時得到的靈感。他寫道：「我為何寫下這些詩句？並不是因為我膽敢相信它們是好詩；而是想靠近你的心願引導著我的手。」羅丹已經「變成我人生和創作的模範」。里爾克明知羅丹不可能理解自己的德文詩句，但仍渴望讓這男人的目光停駐其上。他接著寫出這封信的真正重點：「我來找你，不只是為了寫一篇專題研究，」他坦承：「而是為了要問你：我該如何生活？」

羅丹有沒有回信，我們不得而知，但他表示接下來四個月，工作室隨時都歡迎詩人來訪。

憑著這番鼓勵，里爾克逮到機會便亦步亦趨地跟著羅丹。最理想的狀況莫過於大師邀他早晨到默東。里爾克會事先準備，列出問題；他們有時坐在池畔，有時散步，經常一路討論到下午。羅丹喜歡自創新隱喻講解給門徒聽，里爾克則善盡職責地速記下來，好似鴿子在啄食麵包屑。有次羅丹從地上摘了一朵蘑菇，「看，只要一個晚上，才一夜就造出這所有的蕈褶。」他把它翻過來露出底面解釋：「這可是好功夫。」

其他日子他們待在工作室，里爾克站在旁邊看羅丹幹活。他發現藝術家運用工具的方式宛若使劍，一揮手便毫不留情地斬下四肢或頭顱，砍削一片又一片黏土，直到自己氣喘吁吁。他用勁鑽鑿石膏，直到粉塵瀰漫。他是個加法型的雕塑家，先把作品拆解成許多部分，再重新組合。這會兒他抓起一隻殘肢，如猛禽以利爪攫肉，下一刻又把它扔進垃圾。有時他就讓軀體全無手臂或雙腿。最終的成品往往「不像一幢從頭到底建構穩固的房屋」，作家尚・考克多（Jean Cocteau）說：「而只像樓梯、陽台的一部分，或是一扇門的斷片。」

羅丹不等待靈感，不像里爾克那樣，總是冀望某種純粹的表現從其靈魂流到被動的材料上。對羅丹來說，神「太偉大，才不會送給我們直接的靈感」；相反地，「世間的天使」要靠藝術家來創造。里爾克在專論中寫道，這就是為何羅丹著手捏塑黏土時「並不知道它究竟會變成什麼，像蠕蟲在黑暗裡從一點摸索至另一點」。他會用一雙巨手捧握它，反覆端詳，在上面吐口水，逐漸透徹地了解它，在過程中激發其能量，喚醒其生命。里爾克寫道：「創作藝術家沒有挑選的權利。他的作品必定洋溢著堅毅不撓的盡責精神。」

羅丹亢奮的雕塑作風製造出同樣充滿活力的作品。他操縱光線以強化人物的動感。當各平面的幾何配置調校得恰到好處，光線會滑過或衝過表面，產生運動的錯覺。有時羅丹會用一種蠟燭試驗來映照出光與影的交會點，藉以衡量效果是否成功。羅丹曾在羅浮宮向一名學生示範此試驗：他在傍晚博物館關門前抵達，手舉一支蠟燭照著《米洛的維納斯》（*Venus de Milo*）。當他繞著她的輪廓移動光源時，他教學生注視那光線，留意它如何滑過表面，而未在任一個孔洞、罅隙或接縫上顫跳。燭光揭露所有的瑕疵，他這樣相信。

里爾克在巴黎的第一個月近尾聲時，有人請羅丹雕塑一座半身像。這肖像極其費時，羅丹開始連週末都得工作，忙得無法繼續與里爾克長談。詩人決定給藝術家一些空間，於是更常獨自待在巴黎，跟隨羅丹的足跡踏遍他土生土長的城市，藉以追溯其藝術發展。里爾克去羅浮宮，出乎意料地發現自己突然對藝術產生強烈的意見：《薩莫色雷斯的勝利女神》（*Winged Victory of Samothrace*）如今在他眼中簡直是體現躍動的「奇蹟」，反倒是《米洛的維納斯》看起來太被動而靜滯，不合他胃口。

里爾克花了一星期，每天朝九晚五待在國家圖書館。少年羅丹曾在那兒臨摹過無數插畫，里爾克的目標則是對偉大的法國象徵主義者做同樣的事：摹寫波特萊爾與梵樂希的詩行，直到能順其紋理暢行無礙，彷若指尖撫過溼滑的黏土一般。對於羅丹所崇仰的哥德式大教堂──那些「中世紀山脈」──他也凝神細看其複製品。

圖書館關門後，詩人沿塞納河走回旅社，在西堤島（Île de la Cité）駐足凝望聖母院雙塔的落日。這座為童貞瑪利亞建造的大教堂飽經戰火，毀而復建，內部裝飾被洗劫一空，唯其石牆屹立不移，正如它以之為名的聖母矢志堅貞。在里爾克看來，承受那樣的羞辱只讓它更加美麗。日暮時分，河面變成一疋「灰綢」，城市燈光閃爍，宛如繁星落自穹蒼。一旦夜幕降臨，人們會再度以音樂和香水汙染空氣，但大教堂總是提供免於感官刺激的庇護。就像森林或海洋，大教堂是個世界噤默而時間停佇的地方。

站在大教堂前面，幾乎不可能不思量建造它所需的勞力。其創生之艱辛過程，就跟那登峰造極的結構一樣令人感佩。里爾克想到建築工人日復一日、年復一年回來幹活，把一塊石頭堆到另一塊上，覺得不可思議。他想：「如果這些大教堂必須靠靈感才能生成，那就永遠沒有蓋好的一天了。」光是預想前景就令人生畏。大教堂得以完工，只因工匠選擇讓這工作成為他們的生命。

羅丹的座右銘「工作，不斷地工作」，與里爾克在沃普斯韋德所學、關於融合藝術與生活的一切理念相牴觸。但詩人已經花好些年仰望浮雲，焦慮地等候從未駕臨的繆思。羅丹的榜樣給予他行動許可。如今，工作就是不再等待地活著。不僅如此，里爾克斷定：「工作就是永不止息地活著。」

第七章

傳記作者會從頭說起。他們會描寫男孩專心用頑鈍的刀片雕刻木頭，忘記了吃飯；年輕男子在瑟福的花瓶工廠幹活；他們會指出他早年受到的影響：但丁、波特萊爾和米開朗基羅；以及先知般覺醒的瞬間——他未來的天才便決定於那個光芒乍現的時刻。他們的敘事會是「平常而感人的」。

但要講述奧古斯特．羅丹的故事，這卻是錯誤的方式，至少不是里爾克想要的方式。十月，羅丹到義大利訪友，里爾克有三個星期的時間可以不被打斷地撰寫專論。在旅社破舊的書桌前，面對令人恐懼的第一頁，他開始想像所有可能的下筆方式。

他望向窗外，凝視對面那堵牆，或在房裡來回踱步，遲遲無法動筆。由於不習慣關上窗子，只好忍受炸薯條的油餿味從外頭飄進，與來自醫院的碘蒸汽摻和在一起。再也受不了那臭氣的時候，他就散步到盧森堡公園，把頭靠在柵門上深吸一口氣。即使如此，由於人行道上的花圃栽植太密，那花香對他敏感的嗅覺仍然過於濃烈。

他總是在八點前返回旅社，趁醉漢尚未湧上街頭。回到書桌前，氣味換成了燃燒的燈油，他考慮先解釋那些讓羅丹成名的雕塑，作為書的開頭，但又決定羅丹的名氣其實與創作無關。他在紙上寫著：「名聲無非是聚集在一個新名字周圍的各種誤會之總和。」

也不能從羅丹的童年寫起，因為，觀察過雕塑家本人後，里爾克斷定羅丹是天生的偉人。他的卓越感覺像哥德式大教堂一般恆久，或如一株繁花盛放的栗樹。為了講述他的故事，里爾克必須從枝椏開始，逐漸回溯到主幹內部，然後躍入當初那顆綻裂種子所安棲的泥土中。

里爾克倒臥床上，心知今夜難以成眠。震動的電車軌道使他無法完全放鬆。就算打了盹，鄰居也很快就會回來，踩著重重的腳步上樓，巨大的聲響常讓他從床上驚起，害怕他們會破門而入。

當他清醒地躺著，他會召喚波特萊爾，彷彿在召喚守護天使。里爾克會默念其散文詩集《巴黎的憂鬱》（*Paris Spleen*）裡那首〈凌晨一點鐘〉（*À une heure du matin*）的開頭幾句：「終於！我是獨自一人了！……人臉的暴政業已消失。」但接著他又會拿自己與波特萊爾相比，從而引發新一波焦慮。

羅丹從來沒有這種問題。他從不質疑自己為什麼是藝術家，或該不該當個藝術家。他知道這類懷疑只會讓人從工作分心，而里爾克也開始接受工作就是一切。如今他已同大師相處多時，可以在腦中設想出一整段對話：

「你的生活如何？」

「很好。」

「有敵人嗎？」

「沒有能阻止我工作的敵人。」

「名聲呢？」

「它使工作成為義務。」

「朋友呢？」
「他們指望我會工作。」
「女人呢？」
「我在工作的過程中學會仰慕她們。」
「但你也曾年輕過？」
「我就跟其他所有人一樣啊。年輕時你什麼都不懂；那是後來才慢慢懂的，急不得。」

羅丹不在時，里爾克試圖結識自己所仰慕的其他藝術家。他遇見西班牙肖像畫家伊格納西奧．蘇洛阿加（Ignacio Zuloaga）。蘇洛阿加只比里爾克年長五歲，但已聞名於歐洲，在那年的威尼斯雙年展上發表好幾幅作品。渾然天成的自信，從這位出身巴斯克（Basque）的藝術家寬闊厚實的胸膛和粗黑濃密的小鬍子中散發出來。他作畫不打草稿，直接用炭筆在畫布上勾勒人物輪廓，再於這些黑色條紋之間填入各種深暗的油彩。羅丹一直很欣賞蘇洛阿加，曾經拿三件青銅雕塑跟他交換一幅油畫。里爾克後來斷定，除了羅丹之外，蘇洛阿加是巴黎唯一「對我影響深遠」的人物。但他們的聯繫似乎大半為單向。儘管里爾克在多封信裡表示欽慕，蘇洛阿加的回應卻始終未如他所希望的那樣熱切。不過，蘇洛阿加確實讓他造訪過工作室一次，並介紹他認識另一位大師艾爾．葛雷柯（El Greco）的作品。這位西班牙文藝復興時期的畫家出生於希臘，其風雨如晦的聖經場景為里爾克帶來劇烈衝擊，那狂暴的強度他只在夢魘裡見識過。葛雷柯描繪的軀體不成比例，如燭焰般拉長而扭曲，在當時看來都太過前衛了，遑論在它們被畫出的十六世紀。

那個月，里爾克也必須為妻子即將到來做好安排。在他住的拉丁區旅社南邊、相隔幾條街的雷佩神父路（Rue de l'Abbé de l'Épée）三號，他為兩人分別租了住處——他們將住在同棟公寓下的不同房間。這對夫妻只在星期天碰面，相聚時經常為彼此朗讀小說《尼斯．律訥》裡的章節。維絲陀芙生日時，里爾克買了一冊古斯塔夫．傑弗瓦的論文集《藝術生活》（*The Artistic Life*）給她，在扉頁題上：「贈克拉拉。鍾愛的母親。藝術家。朋友。女性。」沒提到妻子或戀人。但維絲陀芙也許並不在意。來此未滿一個月，她已接到數件委託雕塑案。因此，這回住在巴黎的收穫已經遠勝她初次來時的境況。

最重要的是，她終於有幸將作品置於羅丹的慧眼下。他星期六在工作室主持開放參觀的活動，而她幾乎每週都會拿作品請他指教。里爾克寫道：「接近羅丹並不會令她迷惑，反而給她的努力、轉變和成長帶來某種安穩與平靜——待在巴黎證明是對她有益的。」她回憶與丈夫同訪默東時，感覺「被釋放，被對我有益的一切事物環繞。美妙的人像和斷片就豎立在我身旁，襯著青草或藍天；草坪令人忍不住想玩小孩的遊戲，在一小塊凹地的中央，有尊古老的殘軀屹立在陽光下」。

此時里爾克的專論已近完成。他從各個角度觀察並考量過羅丹的藝術，也因而改變了看待世界的方式：「如今，花朵常對我展現無限豐富的內涵，動物則帶給我諸般奇特的興奮感受。有時我甚至以這種方式去體驗人：手在某處活著，嘴巴在說話，而我更加沉靜、也更為精確地注視萬物。」但是，里爾克雖然學著像藝術家那樣觀看，卻猶未精通此技。他納悶著：「我的創作工具呢？榔頭，我的榔頭在哪裡？」如何以文字打造物體？如何將羅丹的藝術原理應用於自己的詩歌創作？

羅丹建議里爾克嘗試一種練習——那是許多年前，他在學生時代做過的作業。巴里教授曾對年輕的羅丹說：Regardez les animaux（看看那些動物）。對於胸懷壯志的人像雕塑家來說，盯著野獸看似乎是二流的工作。但羅丹後來便明白，為什麼從史前時代的洞穴畫家開始，動物便一直是藝術家崇敬的對象。

當時的動物園是研究中心，匯集了各種最新發現的標本，同時也是殖民威勢的象徵。在家鄉展示一隻獅子或猴子，等於是向海外勇敢的法國探險家致敬。在藝術家眼中，它們是動物博物館，可藉以接觸各種前所未見的美學形式。作家亨利．詹姆斯（Henry James）曾言，對巴里來說，植物園「就是他的非洲和亞洲」。人稱「海關收稅員」的畫家亨利．盧梭（Henri “Le Douanier” Rousseau）也曾經花數年的時間坐在園裡的長凳上，為他夢境般的叢林場景擷取靈感。

對里爾克而言，比起大門外側的人類動物園，住著熊、瞪羚、火鶴和蛇的動物園簡直就是避難所。他效法羅丹注視檯座上的雕塑，開始研究籠裡的動物——牠們在鐵柵後面被當成物件展示。每隻動物都是有待發掘的新領域。為了讓探索有個方向，里爾克回想當年在慕尼黑大學聆聽李普斯教授的教誨，從而設計出一套「有意識觀察」的程序，稱作「觀入」（einsehen; inseeing）。

「觀入」描述從物體表面航行至核心的奇妙旅程，在此過程中，感官知覺逐漸導向某種情感聯繫。里爾克特意區分「觀入」與「察視」（inspecting），認為後者只描述觀看者的觀點，因而經常造成將對象人格化（anthropomorphizing）的結果。相對地，「觀入」則同時考慮到對象的觀點。它不僅讓事物具有人性，也使人類具有「物性」。

例如面對一塊岩石，觀察者應該深入地凝視它，漸漸看出其岩石的特性如何形成，然後繼續凝視，讓那塊岩石在自己內心成形，直到他的核心也開始隨著它石質的重量沉落。這是一種發生在身體內部的感知，它要求觀察者身兼「觀者」與「被觀者」。為了感同身受地觀察，我們不僅用眼睛看，也同時用皮膚看。

里爾克寫信給朋友：「如果我告訴你，我最美妙的感受、我的世界感、我塵俗的至福來自何方，你可能會笑我；但我必須向你坦承，它就在這樣的『觀入』裡，一次又一次，不擇地而出；在這神聖的『觀入』，這些無法形容地迅即、深刻而永恆的時刻裡。」

以此方式體驗世界的里爾克，在描述自己的喜悅時，印證了李普斯的信念：透過共感，個人可以自其心靈的孤寂解脫。里爾克在巴黎動物園研習的同時，李普斯也正在慕尼黑發展共感與美學享受的理論。在一篇探討此主題的開創性論文，他指出共感以四種不同的型態呈現：當我們在日常物體中看出動作（movement），那是一般統覺的共感（general apperceptive empathy）；當我們在非人的事物中看見人類的特質，那是經驗性的共感（empirical empathy）；當我們賦予色彩和音樂某種情緒狀態，比如「快活的黃色」，那是情緒的共感（mood empathy）；當姿勢或動作傳達內心的感受，那是可察覺之表象的共感（sensible appearance empathy）。

動物讓里爾克有機會對過去李普斯教授的理論做一次個案研究，收穫格外豐厚。我們能夠理解動物的反應，是基於牠們擁有與人類相近的生存本能，但因缺乏共通的語言，所以對我們來說，動物基本上依然神祕難解。藝術家可以像對珍奇異寶那樣仔細觀察動物，然而與物品不同的是，動物會回望。雙向的凝視將個別獨立的生命拴繫在一起，實現了「觀看者的參與」——根據奧地利藝術史學者李格爾所論，那是成功的藝術作品必須具備的元素。

里爾克日復一日地重返動物園，練習「觀入」的技巧，夜晚回到家後，再速寫他所見到的各種生物。他發現自己特別受到一隻孤獨的黑豹吸引，牠在籠子裡來回踱步。牠讓他想起羅丹收藏在工作室的一尊小石膏豹。由於雕塑家非常喜愛這件物品——「他說『它就是很美』（C'est beau, c'est tout）」——里爾克特地到國家圖書館去看它原版的青銅鑄像。他一次又一次造訪那個陳列櫃，直到他終於開始理解羅丹在其中看到什麼：

> 我從這座小石膏像看懂了他的意思——什麼是古典藝術，又是什麼將他連結到古典。在這隻動物裡，這個模型裡，蘊含著同樣生氣勃勃的感覺；這個小東西（高度不超過我的掌幅，長度與我的手相當）有數十萬個面，就跟非常大的物體一樣，數十萬個面都是活生生的，躍躍欲動，各不相同。何況它還是石膏做的！以這種形態，將那潛行步伐的張力表現到極致，寬厚的腳掌沉沉扎進地裡，同時，所有力量包覆在警覺之中，悄無聲息……

石膏豹在里爾克心中激發的悸動，與羅丹當年的感受殊無二致——那時他在商店櫥窗撞見巴里的青銅獵犬，頓時領悟：一個沒有生命的物體，也能像一頭活獸般充滿活力地移動。懷著這種感受，里爾克開始描寫黑豹；他創作了一系列印象主義風格的動物園速寫，稱為他的「情緒圖像」（mood-images），其中一首後來發展成〈豹〉（*The Panther*），成為他最著名的一首詩。詩的開頭就是這隻大貓沿著獸籠繞圈子的景象：

他的視覺因鐵柵不斷晃過
而如此疲乏，再也看不見什麼。
他感覺面前好似有千根鐵條
千根鐵條之外再無天地。

His vision from the passing of the bars
is grown so weary that it holds no more.
To him it seems there are a thousand bars
and behind a thousand bars no world.

讀者可能會想把黑豹來回踱步解讀成里爾克在影射自身的藝術困境，然而此處並無詩人在場。里爾克不再以各種花俏的形容將注意力引向自己，例如他完全沒透露黑豹的尺寸或毛皮質地，只從其被囚的狀態來界定牠：牠變成了牠並不擁有的自由。「不斷晃過」的鐵條在移動，反而是動物變成獸籠，變成「物」。

當牠開始聽見自己到處走動的腳步聲，詩便從里爾克的視角轉移至黑豹的視角。藉此，里爾克讓共感的迴圈本身也成為詩的主題。近末尾處，里爾克回到黑豹的眼睛：「眼瞳的簾幕／無聲地揭啟——」於是各種景象進入動物的視野，潛入牠身體深處、牠的內心，在那裡被捕捉，被永久吞滅。

里爾克終於找到一種方式脫離自己，進入客體的物質世界。如同少年羅丹在心裡默記羅浮宮的油畫，詩人如今也在書寫之前先讓各種景象在內心集聚成形。與其說他創造它們，不如說他收受它們，靜待它們來形塑他。誠如他未來的小說主人翁馬爾泰（Malte Laurids Brigge）所言：「詩並不如一般人所以為的，只是感覺（人初生便有感覺）——詩是體驗。」

一九〇二年十一月寫成的〈豹〉，是里爾克為其《新詩集》（*New Poems*）創作的第一首詩；他常稱這本突破性的詩集為他的「即物詩」（thing-poems）。這首以雕塑手法寫成的作品，深深銘刻著羅丹的印記，也是他首次嘗試運用某種「媒介的煉金術」（alchemy of mediums）。它是一次激進的詩學實驗，愛爾蘭小說家班維爾（John Banville）多年後於《紐約書評》（*New York Review of Books*）寫道：「其革命性毫不遜於艾略特（Eliot）或龐德（Pound）的任何作品。」然而，單憑這麼一首詩，並不足以引發里爾克當時迫切尋求的藝術轉化。

時序由秋入冬，他的靈感也逐漸枯竭。寫不出隻字片語的時間由數日延長成數月。「我依舊一事無成，」他說。在他眼中，羅丹仍然像一條奔騰直前的溪流，拋下日常生活的人與事，「任其荒置，宛如他不再流過的乾涸河床」。但詩人卻無法阻止自己的創造力分裂成幾十條漫無目的的溝渠，不管他多麼想要「迅速地流過一道河床而變得偉大」。

是他太軟弱嗎？是他太急切嗎？他曾相信，用一幢房屋和一個家庭來讓自己實地扎根，將使他變得「更顯見、更具體、更實在」。他說，現實的確變得更具體了，但「卻是外在於我的現實」，完全無助於他達致存在意義上的轉變——「那是我強烈渴望的轉變：置身於真實的事物當中，成為一個真實的人」。

那年秋天，就在里爾克寫作〈豹〉的同時，名叫法蘭茲・克薩維爾・卡卜斯（Franz Xaver Kappus）的十九歲奧地利學生，坐在百年老栗樹的樹蔭下讀一本詩集。身為聖波藤軍校學生，卡卜斯在軍服偽裝下，其實是個有抱負的作家。他聽說有位激進的新詩人正力圖使德國浪漫主義現代化，便取來那位作者最近的詩集《為自我慶祝》（*In Celebration of Myself*），坐在草地上閱讀。

為了反抗浪漫主義的傳統，里爾克開始大量使用聖人、天使和神祇等意象，運用宗教象徵的力量，但將它世俗化。在一篇作品中，有個基督的角色跟妓女們上床，並哀嘆自己沒能讓抹大拉的馬利亞（Mary Magdalene）受孕。里爾克的不敬使他成為年輕世代的英雄。奧地利作家褚威格回憶他和同學曾把里爾克和尼采的詩句抄寫在教科書上，當老師在課堂發表關於席勒的「陳腔濫調」時，他們就讀這些詩。

可想而知，比褚威格年輕不到兩歲的卡卜斯初次發現里爾克的叛逆詩句時，也感到同樣敬畏。那天下午，這名軍校學生聚精會神地讀著，幾乎沒注意到他最喜歡的老師荷拉杰克（Franz

Horaček）走近身旁。教授從卡卜斯手中取過書，看看封面：「萊納・瑪利亞・里爾克的詩？」他翻了幾頁，讀了幾行，手指輕撫過書的封皮，然後搖搖頭說：「所以我們的子弟荷內・里爾克已經變成詩人了。」

荷拉杰克解釋，約莫十五年前，他曾在聖波藤擔任駐校牧師，這個蒼白瘦弱的男孩當時是那裡的學生。他形容里爾克「是個沉靜、嚴肅、天資聰穎的男孩，總是獨來獨往」。他「堅毅地熬過」初級學校的生活，直到第四年畢業、升上陸軍高校，卻被父母帶回去了。此後荷拉杰克就沒再聽說他的消息。

卡卜斯不由得開始列舉里爾克與自己的相似之處：兩位詩人都是從東邊的斯拉夫城鎮來到軍校，里爾克出身布拉格，卡卜斯則來自羅馬尼亞的蒂米什瓦拉（Timişoara）。他們都徘徊在軍旅生涯的門檻外，覺得它與自己的性情「完全相違」（套用卡卜斯的說法）。想到兩個年輕男人曾站在同一塊土地上，穿同樣的制服，懷著同樣的夢想，卡卜斯便決定寫封信給里爾克，「希望能向這位詩人尋求理解，倘若有任何人能理解的話」。他告訴里爾克兩人都認識荷拉杰克，並在信裡附上幾首自己的詩作，請教里爾克的意見。

這時期的里爾克其實沒什麼資格給別人職涯建議。十二月他交出羅丹專論，但稿費少得可憐，根本無濟於事。他窮困依舊，甚至買不起自己寫的書送朋友——當時他承認：「我自己沒辦法買。」同時，前幾部著作的版稅收入也愈來愈微薄。

他和維絲陀芙在巴黎度過耶誕假期，親友遠在德國，令他們備感寂寞。里爾克寫了封賀歲信給奧托．莫德索恩，企圖緩和老友間的緊張關係。他抱怨巴黎的種種，說「這裡的美麗事物，無論多麼璀璨恆久，皆不足以彌補我們必須忍受的痛苦，包括街頭的殘酷與混亂，以及醜惡的花園、人群和事物」。他力勸莫德索恩「守著你的鄉村！」巴黎唯一的優點是羅丹：「他完全無視於時間流逝；由於專注工作，每一天、那漫長人生的每一天都如此，他顯得不可侵犯、超凡入聖，幾乎是隱姓埋名。」

里爾克並不需要說服莫德索恩。他在回信中寫道：「那個可怕的狂野城市不合你的品味——噢，我一點都不意外。」在他看來，城市是孕育出自私自利、尼采哲學和現代主義等疾病的淵藪：「對我來說，沒有、絕對沒有什麼比我祥和而肅穆的鄉間更重要了。我永遠無法忍受在那樣的城市生活——我會去觀賞貯藏在那裡的藝術品，然後迅速返回我的平靜與安寧。」

然而，莫德索恩儘可以啣著菸斗、窩進沙發，心滿意足地待上整晚，他的妻子卻仍保有對外國景致的好奇心。二十五歲的寶拉．貝克還太年輕，不甘心讓自己變成一個硬梆梆的沃普斯韋德農婦，怨苦刻薄，如同里爾克曾寫的，「彷彿被綁在犁上」。農村單調的例行工作，以及它不斷產出的沉悶風景畫，開始讓她的感官遲鈍。三年前她和維絲陀芙去了趟巴黎，從那時起，她便覺得相較於法國人，德國藝術家都顯得過於順從。在巴黎，沒人在乎他們的創作是否達成共識。單單重返巴黎的念頭就令貝克心跳加速。

既然里爾克夫婦與他們恢復了聯繫，她便想把握機會實現心願。莫德索恩不喜歡妻子單獨旅行的想法，但他自知對她有所虧欠——她曾為他做出那麼大的犧牲，去上可怕的烹飪學校——因而同意讓她在一九〇三年二月成行。

那年冬天，貝克難掩心中的興奮，登上開往巴黎的火車，剛好趕上過二十六歲生日。她想像重拾三年前中斷的巴黎生活，天天逛藝廊、啜飲香檳、與維絲陀芙討論哲學，週六則到鄉間遊蕩。抵達巴黎後，貝克租下她們當學生時住過的旅館小房間。

好不容易等到里爾克和維絲陀芙有空跟她碰面，那晚，貝克像小狗般迫不及待地衝向他們位在拉丁區的公寓。她拿沃普斯韋德的八卦娛樂他們，但他們似乎不感興趣，彷彿她的小鎮故事不值一哂。並不是他們粗魯無禮，實情比這更糟。他們是真心誠意的。貝克感覺不到溫暖和熟稔，最重要的是，他們看起來慘透了。他們只是不斷抱怨缺錢和過勞。當貝克試圖說服他們休個假，與她同去鄉間一日遊，他們婉拒了，堅持必須工作。

里爾克夫婦「大肆吹噓其陰鬱」，貝克次日捎信給丈夫：「自從羅丹對他們說『工作，不斷地工作』，他們便奉行不渝，從不想在週日到鄉間走走，也不再從生活中得到任何樂趣。」里爾克滔滔不絕地談羅丹和那篇專論，貝克相信這計畫只不過是略加粉飾的趨炎附勢之舉。她對丈夫描述：「里爾克正逐漸萎縮成一團微小的火焰，想要攀附歐洲的偉大靈魂——托爾斯泰、出版家穆德、沃村藝術家、羅丹，還有他的新朋友蘇洛阿加——藉其輝燦來給自己增光。」維絲陀芙最近的作品是一系列身體斷片，也開始與羅丹的風格走得太近了一點。貝克寫道：「我們等著看她如何避免讓自己變成一個小羅丹。」

里爾克夫婦對羅丹的執迷只帶給貝克一項好處：讓她得以親見這位名聞遐邇的雕塑家。里爾克告訴她，每星期六，羅丹都會在工作室主持對朋友和同儕開放的參觀活動。里爾克會寫張字條讓她憑以進場，說明她是「一位非常傑出的畫家之妻」——貝克並沒有忽略其中的侮辱之意。

貝克下週末到達時，工作室已聚集了一群人。她在門邊躊躇了一下，試圖在走近大師、出示入場證前，先讓自己鎮靜下來。終於，她卯足膽量，小心翼翼地走上前去，遞出字條。他點頭讓她通過，瞧也沒瞧字條一眼。

入內後，貝克可以隨心所欲地湊近環室而立的雕塑，仔細觀看。並非每件作品都引起她共鳴，但它們集體匯聚的力量如此強大，讓她決定完全信任羅丹的意圖。她想：「他並不在乎這世界是否贊同。」離開時，她鼓起勇氣問他，可否找一天去拜訪他在默東的工作室？令她詫異的是，他毫不遲疑：就下個星期天吧。

週末她搭火車前往。抵達時一名助手告訴她，羅丹正在忙，但她可以自己先逛逛園區。貝克於是漫步其間，重訪她曾於世界博覽會看過的展館，如今她才領悟到，這些作品多麼深刻地表達出創作者「對自然的崇拜」。不久之後羅丹帶她去工作室，並抽出數千張畫作。她很意外地發現，他作畫是從簡單的鉛筆線條開始，再以水彩渲染。如此狂野熾烈的色彩竟出自這麼溫和的男人，多麼不尋常啊，她想。

沒多久，羅丹便開始他眾所周知的獨白——「工作，」他說：「那就是我的愉悅。」同樣的言辭由里爾克說出時，總是會激怒她，但若出自羅丹之口，字字皆令人陶醉。貝克相信羅丹切實踐履自己的銘言；證據就在她周圍，布滿這房間的每個角落。反觀里爾克，抱怨了那麼多的成績就只是幾本平庸的著作，他只會引述這些話而已。貝克寫信告訴丈夫，他必須立刻來巴黎，就算只為了接近羅丹也好。「是的，不管是什麼讓藝術卓絕群倫，那正是他所具備的。」

然而，一回到里爾克夫婦和他們具感染力的愁苦旁邊，貝克的興高采烈就戛然而止了。有段時間，她決心挽救這趟旅行，遷就他倆的興趣來安排行程。她沒去鄉間野餐，而跟他們去看一場日本畫展，那些畫裡有流動、稚氣的線條，與她所見過的一切都不同。三月時，里爾克又病倒了，那是他入冬以來的第三場流行性感冒。貝克買了一束鬱金香慰問病榻上的他，之後卻對莫德索恩宣稱：「我再也受不了他了。」她親吻自己的婚戒，決定縮短在巴黎居留的時間。

等候回沃普斯韋德的火車時，貝克寫信給丈夫說，如果里爾克離開一陣子，她相信對維絲陀芙會比較好。她的胸像委製工作已漸有起色，而他的耽溺只會拖累她。

里爾克當時對自己的看法，並不比貝克對他的評價高多少。完成羅丹的專論後，他再度擔心起下一份薪水的來源，下本書的靈感將自何處升起，甚至是否會出現。「我根本無法強迫自己寫作。而且，單單意識到我的寫作與日常生活所需之間存在著某種連結，便足以讓我無法工作。」那年春天，他寫信給朋友艾倫．凱（Ellen Key），一位贊助他寫詩的瑞士心理學家：「我必須在沉寂中等待鈴聲響起，而我知道若是強求，那鈴聲就真的不會降臨。」

他的書桌空空蕩蕩，上面只有一疊沒回覆的信。一九〇三年二月，他終於坐下來回一封信，來信的學生正就讀他年少時待過的軍校。里爾克不認識這個名叫法蘭茲．克薩維爾．卡卜斯的年輕人，但他很高興看到荷拉杰克教授的消息。里爾克始終很喜歡這個人，他是教職員中唯一非由軍官兼任者。

「親愛的先生：你的信幾天前才轉到我這裡。我要感謝你寬宏而親切的信賴。除此之外，我所能做的其實很少，」里爾克旋繞的黑色筆跡寫著。

正當卡卜斯幾乎要放棄盼望回音時，蓋著巴黎郵戳、印上藍色封緘的信封到了，上面的地址「字體美麗、清晰而充滿自信」，他說：「握在手中沉甸甸的。」

他打開信封，發現里爾克以整整八頁的篇幅回應他兩頁的信。里爾克深知創作的焦慮如何折磨人——他也一直在等待自己的創意之鐘再度敲響——因而勸年輕詩人慎重考慮，是否已準備好要承受藝術生涯的重擔。

里爾克寫道：「尋索那叫你寫作的理由，探察它是否在你的心靈最深處盤根。」然後捫心自問：「倘若不能再寫作，你是否寧願死去？最重要的是，在夜深人靜的時刻問自己：我非寫不可嗎？」如果內心清楚應答「我非寫不可！那麼你就據此必要來打造自己的人生吧」；但要有心理準備：你將永遠臣服於這道命令，因為藝術不是一種選擇，而是靈魂不可扭轉的傾向。

里爾克婉拒對卡卜斯寄來的詩作提出批評，只說它們沒有自己的特點，也「還不是獨立的」。他敦促詩人別再把詩作寄給編輯或評論家，包括他自己在內。那只能提供外在的肯定，而詩人的認證必須來自內心。里爾克還說，與藝術隔膜最深者莫過於批評，評論「說穿了都只是或多或少的巧妙誤解」。

里爾克的回應令卡卜斯十分感動，立即提筆作覆。由於他寄出的信從未發表，我們無從得知他說了些什麼，但可確定的是，接下來五年裡，他們互通了約二十封信。我們也知道，卡卜斯認為里爾克對於孤獨、愛與藝術的省思曲折游移，皆出自肺腑，感人至深，因而精準地預測這些信件將喚醒「今日與他日許多成長及轉變中的心靈」。里爾克過世不久，他便將信件帶去給維絲陀芙和璐得．里爾克，詢問她們是否有意出版。

里爾克把自己不斷寫信的習慣當成一種作詩練習。他寫信時非常用心——寧可重抄一整頁，也不願劃掉一個字而玷汙紙面，所以才准許出版商在他身後發表這些書簡。里爾克於一九二六年去世時，璐得和丈夫卡爾．熙柏（Carl Sieber）開始篩選當時尚存的七千多封信。他們帶著好幾大疊里爾克的信去找出版商：他生命的最後一年寫給荷蘭出版家的信於一九二七年問世；他給傳記作者莫里斯．貝茨（Maurice Betz）的信於一九二八年出版，寫給羅丹的系列書簡也在同年刊行。一九二九年，島嶼出版社（Insel Verlag）以《給青年詩人的信》（*Letters to a Young Poet*）為題，出版他與卡卜斯的通信。

關於卡卜斯，我們所知甚少，因為里爾克的家人決定不在初版的書信集註明這位軍校學生的姓名或生平，儘管有些較晚的版本收錄了他寫的一篇簡短導言。我們也不清楚里爾克為何與一個陌生人維持如此長久的通訊，畢竟他不會從卡卜斯那裡得到任何好處。但是，他的信讀起來彷彿是寫給年輕時的自己。由這點看來，里爾克顯然很同情這位年輕的詩人，他們都是軍校這個「漫長而恐怖的詛咒」的受害者。

然而，更重要的也許是卡卜斯來信的時機。在巴黎，里爾克一直試圖在羅丹的地盤內找到自己的立足點，因而能體會那渴望發現「自己的模樣」的心情。皮諾丘的父親一旦看見他內在的善良，小木偶就變成「真正的男孩」；同樣地，直到在大師眼中看見自己的映象，年輕藝術家才能感到獲得了肯定。

即令當時的里爾克自己還十分天真，卡卜斯卻已心照不宣地以其門徒自居；對於這項責任，年長的詩人非常認真看待。他寫信給卡卜斯時，那種權威的口吻只有不知天高地厚的業餘者才敢用——宛如試穿大師的禮袍，為那合身的感覺而沾沾自喜。但里爾克知道自己並沒有資格提供專業的指導，那年春天他告訴朋友：「我寫了十一、二本書，幾乎一無所獲，只有四本拿到報酬。」因此他不就詩的專業提出建議，轉而選擇引導卡卜斯過詩意的人生——這是里爾克曾經請求羅丹做的。而從那時起，他寫給卡卜斯的信也將成為他自己的田野筆記。

第八章

寶拉・貝克才說里爾克應該離開妻子一陣子，兩天後詩人就這麼做了。他仍為一場格外凶頑的流行性感冒所苦，愈發相信只有風和日麗的地中海才能撫慰他飽受冬寒摧折的身體。他讓維絲陀芙留在巴黎完成工作，自己則在父親資助下搭上擁擠的火車，蜷在駝毛毯裡一路哆嗦到托斯卡尼（Tuscany）。

經過盛產大理石的卡拉拉（Carrara）山脈，里爾克抵達風景優美的海濱度假勝地維亞雷喬（Viareggio）。他立刻換上黑紅相間的條紋泳褲，手握一本《尼斯・律訥》（*Niels Lyhne*），沿著海灘赤足散步。柔細的沙與陽光照理會滋養他的身心，但他總覺得有什麼不太對勁。大海看起來平坦單調，鹹澀的空氣令他口渴。餐廳裡很可惜擺著圓桌而非方桌。最糟的是，無論到哪裡，說德語的聲音總是迴繞在他四周。

即便埋首在法文報紙後面，點餐時侍者仍跟他說德語。隔壁桌度蜜月的夫婦用德文呢喃私語。觀光客用德文聒噪閒聊。他寫信告訴妻子：「我極力凸顯自己的靜默，但一點用都沒有。」彷彿每次轉身都聽到家族成員說話的聲音。德語曾被他勢利的母親當成兵器揮舞，以伸張她對捷克人的優越感；它也是碾碎他父親自尊的軍政府所使用的語言。對里爾克來說，德語是仗勢與霸凌者的聲音。他開始在房裡獨自用餐。

由於無法專心閱讀，里爾克在四月寫了兩封信給年輕詩人卡卜斯。他試圖平心靜氣地接受當時所感到的不確定性，甚至讚美它：「這裡不可能計算時間，歲月無關緊要，十年根本不算什麼。要當一個藝術家，意謂著不去量度，也不數算，像樹木一般自然成熟，不勉強分泌汁液，滿懷信心地屹立在春日的暴風雨中，不憂慮風雨之後沒有夏季到臨。夏天終歸會來，但只迎向耐心等待的人。」里爾克也曾以同樣的譬喻形容羅丹：他「沉入自己」，如同一棵已經「為其心靈挖好深穴」的樹。

無論這些話是否撫慰了卡卜斯，對於仍自覺像株幼苗的里爾克，它們顯然沒發揮多大作用。他勸卡卜斯找一位導師，並舉出自己在創造力上受教最多的兩位人士：「關於創造力的深奧與恆久，我只能提出兩個名字：雅各布森，一位非常偉大的作家，以及雕塑家奧古斯特·羅丹，當今在世的藝術家中，無人能與他匹敵。」

然而，卡卜斯從遠方就教於導師，也許是明智之舉。羅丹巍峨雄矗的影響力固然啟發了里爾克，但也投下令人自卑的陰影。雕塑擁有可觸知的實體媒介，里爾克擔心自己的詩缺乏這種媒介的力量，寫道：「我真切地體驗到因為無法呈現實體般的形態而引發的生理痛楚。」一行詩永遠不可能充盈整座畫廊，一個動詞也無法像某種姿勢般穿越空間。

令里爾克癱軟無力的焦慮，如今又召回他童年的夢魘——「靠近某種太硬、太像石頭、太巨大的東西」。接連數日寫不出隻字片語，他無家可歸、四處漂泊，想像自己將回到巴黎的維絲陀芙身邊，卻不知到了那裡要做什麼。也許他會寫一本書討論羅丹的朋友歐仁·卡里耶爾（Eugène Carrière），一位頗受歡迎的畫家，擅長以棕褐色調來呈現滿懷憂思的肖像。

里爾克離開義大利之前，他那本薄薄的《羅丹論》問世了。他曾對卡卜斯抨擊枯燥乏味的學術批評，自己則另闢蹊徑，將羅丹的藝術當成葡萄酒來品嘗——吸嗅之，旋搖之，極盡形容之能事，展現出只有羅丹自己的作品才能媲美的戲劇性。關於《地獄之門》，里爾克寫道：「他創造出許多彼此交接、扭纏成團的軀體，宛如互相啃咬的野獸，像個單一的有機體那樣墮入無所分別的深淵；有些身體如面孔般傾聽著，如手臂般將自己擎舉；罪惡的甘液自痛苦的根柢升起，流入這些串結如鎖鏈、如花環、如卷鬚、如結實纍纍的身軀。」

由於里爾克主要藉這次研究來訓練自己的觀察力，因此寫成的論著不僅闡述了研究對象的特色，也透露了作者本身的理念。托比亞斯・萊特（H. T. Tobias A. Wright）為一九一八年出版的里爾克詩集作序時寫道：「他的其他任何著作都不像這本相對簡短的奧古斯特・羅丹專論，讓我們得以就里爾克的『生活與藝術』哲學，推斷出如此準確的概念。」

幾乎每一篇《羅丹論》的書評都提到里爾克對這位藝術家的頌讚：它「熱情洋溢」、「太過依戀」、「充滿感性」，或是「推崇備至」。奧地利的一份報紙說：「這是以散文寫成的詩。在始終保持清醒的人看來，大部分內容顯得虛華浮誇，但所有的詩歌都是靠誇張而興盛的。」

里爾克要妻子親自送書給羅丹，附帶一封表達遺憾的信，因為大師其實並不懂德文。但里爾克真心保證，這不會是他對藝術家的最終論述。他寫道：「由於這本小書的關係，您的創作一直盤據我的心思。自今而後，它會存在於我的每篇作品，在我有幸完成的每本書裡。」他也坦承自從離開巴黎便一直無法專注，有時閱讀關於羅丹的資料，只是「為了聽到您的聲音，伴著海聲與風聲」。

羅丹收到包裹，回了簡短的字條：「接獲里爾克夫人帶來的書，謹致上最誠摯的謝忱。」他希望這本書將來會譯成法文。

之後兩人便沒再通訊。隨著一場暴風雨沿第勒尼安海岸[12]來襲，里爾克感受到一股熟悉的騷動。日復一日，天氣給城鎮帶來「焦躁與暴戾」，像灰色的披肩包覆天空。它把里爾克趕進房間，讓他在那年四月、一個與世隔絕的星期裡，完成《時禱書》第三部，也是最後一部，副題為「貧窮與死亡之書」（The Book of Poverty and Death）。巴黎的城市霧霾和混凝土為這三十四首詩染上晦暗的色調，與前兩部田園牧歌般的沃普斯韋德背景形成鮮明對比。

在這冊詩集，里爾克承認自己開始改變。詩中對神的呼求令人想起他兒時夢中那儼然要壓垮他的巨岩，而今它重現為上主堅如磐石的意志。在詩裡，他相信此力量將能壓榨出他的創造力，就像從種子壓榨出香料，而這將是他所歡迎的轉化：

> 但若是你：沉沉壓下，直到我崩潰屈服：
> 就讓你的整隻手落在我身上吧……
>
> *But if it's you: weigh down until I break:*
> *let your whole hand fall upon me...*

12 編按：第勒尼安海（Tyrrhenian Sea）是地中海的一部分，位在義大利半島西側，被西西里島、薩丁尼亞島、科西嘉島包圍。

這些創造性的傾瀉掏空了里爾克。完成著作的感覺與其像誕生，毋寧更像失去了目的。里爾克五月回到巴黎，但未開始新計畫就又病倒了。既然他沒工作，維絲陀芙受委託製作的塑像也都已完工，他們便付不出巴黎的房租了。當沃格勒邀請他們返回沃普斯韋德時，他們除了接受別無選擇。維絲陀芙收拾工作室，里爾克則臥病在床，害怕一回歸聚落就會失去孤獨。但他隨即想到，這也會讓他距離莎樂美更近一點。自從宣布與維絲陀芙訂婚，兩年半來，他一直抗拒跟這位疏遠的友人聯絡。然而，如今他比以往任何時候都更迫切需要她指引。想起她在「最後通牒」背後草草寫下的但書，里爾克判定自己已來到「最慘的時刻」。

六月，他在離開巴黎前寫了封信，告訴她：「幾星期來，我一直想寫下這些話，卻又擔心時機未到而遲遲不敢動筆。」但現在他要回德國了，因而懇求她答應讓他登門拜訪，即便一天也好。她已遷居至北部的大學城哥廷根（Göttingen）附近，她丈夫最近接受了那裡的教授職位。

收到里爾克的信和《羅丹論》時，莎樂美笑稱自己已變成「一名農婦」，擁有一條狗和一間雞舍。她住在長滿山毛櫸的山谷裡，緊鄰林木蔥籠的山脈。她開始閱讀《羅丹論》，起初讀得很慢，隨著日子一天天過去，她發現自己逐漸沉浸其中。最後她終於明白，里爾克所做的遠超過撰寫賞析，他其實已詳細提出一種創作哲學。為了達成這項成就，他想必經歷過一番徹底的「心靈轉向」，這令她十分感佩，盡釋前嫌。

幾天後，里爾克展開她的回信，看到那熟悉的字跡，筆直挺立，與他自己的書法如此相像，他立刻就安心了。她聲稱這本《羅丹論》幾乎使她無言以對：「你將自己獻給一個與你相反而互補的人，一個你所渴慕的榜樣——如同在婚姻中獻身給對方——我不曉得還能以什麼方式來表達——我從這本書裡感受到婚約般的盟誓——彷彿一場神聖的對話，彷彿被允許進入我過去不得其門、如今不知為何竟能融入的境界。」這「無疑」是他迄今所發表最重要的作品。她保證：「從現在起，你可以倚靠我。」

里爾克捧信的雙手不自禁地顫抖。他有好多話想告訴她，回信時不知從何說起。「我不會抱怨。」他撒了謊，其實無法克制自己接下來的訴苦。他歷數那年冬天的三場高燒、巴黎的折磨，以及最近經歷的寫作瓶頸。他說：「除了你，我無法向任何人尋求指點；只有你了解我是什麼樣的人。」

就這樣，這「兩個喜歡塗寫的老朋友」慢慢恢復了魚雁往返的舊習慣，彷若不曾發生過任何嫌隙。里爾克告訴她，許多年少時的恐懼依然糾纏著他。有時他覺得被別人的生活嚴重侵擾，以至於擔心自己與他們之間的界限是否會完全崩解。別人的苦難滲入他的心智，就像墨水如淌血般地在紙上泛開。他真的擁有一個自我嗎？也許沒有，他曾這麼想，並告訴莎樂美：「關於我的一切都不是真實的。」

他以某次發生在巴黎的事件為例，向她說明這種創傷。當時他正往圖書館去，發現走在前方的男人抽搐著，表現出沙可博士所謂的聖維特舞蹈症（St. Vitus' dance）。這男人雙肩抖動，頻頻點頭又猛一揚首，按著切分音的節拍碎步跑跳。里爾克十分好奇地盯著他，感覺自己的視線穿透他的身體，看見張力在其肌肉間累積，逐漸增強，朝向必將爆發的痙攣。

同時，里爾克感到一股類似的壓力在自己體內升起，彷彿透過視覺染上這男人的疾病。他不由自主地跟隨他走過大街小巷，「被他的恐懼吸引向前，再也無法與我自己的恐懼區分開來」。

里爾克用了好幾張信紙描述這段情節，最後說那天以徹底的脫軌結束。他根本沒去圖書館——經過這番驚嚇，誰還讀得下書？「我好像被耗盡、被完全用光；彷彿另一個人的恐懼吸食我而壯大，使我精疲力竭。」他說這種事經常發生，但恐懼並沒有轉化成藝術，反而吞噬了他的創造力。他問莎樂美，如何才能學會將如此強烈的感受導入詩歌？

她的回答非常明確：你已經這麼做了。她在回信裡說，他對那男人的描寫讓她產生鮮活的共鳴，致使那種感受不再只活在他內心，也同樣活在她的內心。他無須再擔憂能否實現才華，而可相信自己業已做到——證據就在上封信裡。

開始鑽研佛洛伊德的心理學後，莎樂美認定里爾克的焦慮是一種常見的「世紀末」時代症狀。對於人群與城市異化的日益關切，促使許多心智理論家採取更接近社會學的研究取向。三百年前，探究個人意識曾讓笛卡兒（Descartes）宣稱「我思故我在」，如今這種探究變成「別人如何思考？」以及「我們究竟如何知道別人擁有自我？」的問題。

後面這個問題是里爾克的教授李普斯之共感研究，終將引領他面對的問題。他曾推論，倘若「共感」（einfühlung）解釋了人們在物件中看見自己的方式，那麼觀察的動作就不是被動的吸收，而是經過切身體驗的肯認。它是存在於另一處的自我。如果我們在藝術裡看見自己，或許也能在別人身上看見自己。共感是進入他人心智的門戶。因此，里爾克在這方面的特異才能，不僅是他身為詩人的絕妙稟賦，恐怕也是他肩上最沉重的十字架。

莎樂美了解這種困境，力勸里爾克卸下防衛。他應該把自己的天賦當成一顆在內心生長的種子，好好培養它：「你已成為一小塊土地，落在其中的一切——即便是毀傷和破損的事物，被憎厭而扔棄的事物——皆必將脫胎換骨，變成食糧，滋養埋在土裡的種子……它們全都會轉化成沃壤，變成你。」他應該像扒手那樣接近病弱垂死之人，搜刮其苦難以化煉成詩材。

里爾克努力聽從她的建議，認同那抽搐的男人，而不摒拒他。他已學會「觀入」動物和花朵，現在更可以精益求精，像藝術家從靜物寫生進展到人體寫真。也許那抽搐男子時斷時續的步伐與詩人並無大異，他想，他們都只是以異於常人的方式在人間行走罷了。

其後數月，他開始將這些陸續寫給莎樂美看的感知碎片重新聚集起來。漸漸地，一個影像浮現：不僅有巴黎的景觀和聲響，也有可能經歷它們的人物，里爾克為他取名馬爾泰．勞利茲．布里格（Malte Laurids Brigge）。作為里爾克唯一一部小說的主人翁，馬爾泰是個年輕的丹麥詩人，和里爾克一樣去了巴黎，必須抵禦各種刺激的侵襲。他也因為目睹一名男子貌似妥瑞氏症的面部抽搐而心神不寧。這些記述於《馬爾泰手記》（*The Notebooks of Malte Laurids Brigge*）的情節，與里爾克在信裡描寫的幾無二致。隨著里爾克在未來的歲月與親友漸行漸遠，馬爾泰也將成為他最親近的同伴。

里爾克夫婦與沃普斯韋德社群的重聚並不是一次快樂的返鄉。沃格勒去年花了一年栽植出一座花園、翻修了宅院，目前正期待第二個孩子降臨。身為羅丹的新門徒，里爾克以刻苦禁欲自許，看見老友把家居生活而非藝術當成主要創作活動，不禁倍感失望。其享受常俗安逸的心態與羅丹的教誨相牴觸，使得里爾克斷言沃村藝術家們「人微志小，只關注瑣碎之事」。

相對地，他們也不怎麼欣賞里爾克和維絲陀芙，尤其當這對夫妻要求分房而居，更引人非議。里爾克為沃村藝術家撰寫的專論於那年稍早問世，在聚落裡不太受到歡迎。當初他只是為了賺錢而接這份工作，除了奧托．莫德索恩之外，未必十分看重村裡的畫家成員。但他也不想貶低他們，只好完全不做評斷，轉而刻劃年輕藝術家「在養成過程」的樣貌，如同他在序中解釋的。他描寫他們的童年與在藝術村的生活。貝克讀後認為言辭浮誇，寫成像神話似的內容也無關緊要：「這本書有許多談論和美麗的詞句，卻是個無核的空殼。」雪上加霜的是，對於藝術村最優秀的畫家貝克，里爾克居然能在書裡隻字不提。

入夏後里爾克夫婦去探望璐得，又經歷一次不愉快的重聚。搖搖學步的璐得與外公外婆同住在鄰近的舊農舍，像野孩子一樣光著身子在戶外亂跑。她有雙憂鬱的藍眼睛，起先並沒認出爸媽。她怯生生地走向里爾克，幾天後，開始稱呼他「男士」和「好男士」。她一定很想得到他的關注，但他自覺無能應付她的需求。要與這謎樣的小生命建立情感的壓力讓他焦躁不安。為了照顧她，他被迫走出孤獨，幾乎確信會令她失望。到了八月底，他已迫不及待想離開沃普斯韋德。

幸好此時維絲陀芙聽從羅丹的建議，像他當年一樣去羅馬學雕塑。里爾克決定跟她一起度過「羅馬之冬」，同時鑽研他新發現的興趣：哥德式建築。里爾克比較想住偏遠的鄉間，但他們仍在城外租了幾個月的別墅。春天來臨，德語遊客的話聲也隨之出現，像圍攻丘頂的士兵從四面八方逼近里爾克。他受不了再待上一季，於是讓維絲陀芙獨自留在羅馬。

他再度啟程漫遊歐陸，從羅馬到瑞典和丹麥。之前在義大利，他已開始撰寫《馬爾泰手記》，但因年輕的主角是丹麥人，里爾克覺得實在該去哥本哈根一趟，畢竟那是「雅各布森的城市」。那段期間「很難聯繫里爾克，」他的朋友及同輩作家褚威格回憶：「他沒有房子，沒有能讓人找到的地址，沒有家，沒有固定住所，也沒有辦公室。他總是在穿過這世界的路上，而沒有人，甚至他自己也無從預知那條路朝向何方。」

維絲陀芙將里爾克的郵件轉寄到斯堪地那維亞，包括七月時一封來自法蘭茲・卡卜斯的信，距發信日期已過兩個月[13]。里爾克很感激她把信寄來，解釋這名年輕人當時「很不好過」。卡卜斯似乎一直擔心艱困的童年已耗盡他面對成年的力量。這封信想必格外焦躁，因為里爾克稱讚他「對於生活的憂慮如此優美動人」。里爾克同意「『性』的確很難」，並說自己原想等到有了周詳的建議再作回覆。他在沃普斯韋德度過的悲慘夏日終於帶來值得分享的見解。

他告訴卡卜斯，當你因智識超越同儕而失去友伴，這種剝奪將使你掙脫束縛而成長。隨著你周圍的世界逐漸淨空，其他人可能會畏懼你所擁有的孤獨。但我們必須「在他們面前保持鎮定自若，不要拿你的懷疑折磨他們，也不要用你的欣喜自信驚嚇他們，這是他們無法了解的」。我們必須在那片空虛裡尋求滋養，換個角度想，空虛其實是一種廣闊；當我們逐漸深入其中，務必寬

13 編按：下文引述的信件內容應是《給青年詩人的信》的第四封，為一九〇三年七月十六日由沃普斯韋德發出，但里爾克是在一九〇四年六月離開羅馬前往丹麥與瑞典，故第四封信應早於他的北歐行。資料顯示，里爾克於一九〇四年七月二十七日寫信給維絲陀芙，提到卡卜斯的信與他很不好過等語，因此轉寄來的信件應是後來書中的第八封信（一九〇四年八月十二日由瑞典寄出）所回覆者，此處作者可能誤將兩封信連結在一起。

待那些落後的人。

里爾克曾在第一封信裡勸年輕詩人放棄追究大而無當的浪漫問題。他說：「不要寫情詩。」正如羅丹教導過里爾克的：簡單先於重要，小東西經常會長成龐然大物，就像細胞或種子終究會萌芽生長。因此，卡卜斯現在應該把焦點放在日常「事物」上，那些「幾乎沒人注意到的事物，它們可能在你從未預料到的時候變大，直至無法衡量的程度」。

里爾克旅行到哪裡，病痛就跟著延燒到哪裡：牙疼磨人、眼睛刺痛、喉嚨發炎、「心理性反胃」。更糟的是，他缺乏寫作的意志，也沒有謀生的本領。不像其他同類型作家，里爾克拒絕讓教書或新聞報導等職業稀釋他的寫作。他尤其對新聞報導懷有「莫名的恐懼」，因為記者的運作必須因應時代潮流，而他總覺得自己與時代徹底脫節。里爾克聲稱這些青黃不接的時期都是為「研究」而存在。

他考慮回學校念書，又覺得自己或許已念過太多書。讀了那麼多「講解文字的文字」和「探討概念的概念」，他究竟學到什麼？即使他曾在國家圖書館啃食一批又一批的法國文學，從書本中抬起頭時，卻只發現自己製造了一疊筆記，而沒寫出自己的東西。

一九〇四年五月，里爾克決定為自己設計獨立研究的課程大綱。這項計畫雄心勃勃、涉獵寬廣，包括學丹麥文，讀格林兄弟（Grimm Brothers）編纂的德語辭典，閱讀生物學書籍，撰寫雅各布森和蘇洛阿加的專論，閱讀朱爾．米榭列（Jules Michelet）的法國史，翻譯俄國與法國文學，參加科學講座和實驗，並寫他的新書：一部「堅實而結構緊密的散文」作品，亦即日後出版的《馬爾泰手記》。

他幾乎沒規劃藝術史或哲學方面的功課，而打算讓自己植基於「真實的」事物。研究大自然就像蒐集岩石和樹葉，會讓他沉入土地。他當時說：「天上繁星閃爍，而我不曉得人類對它們所知多少，我甚至不知星座如何排列。」這種教育豈不會「使我更有信心地戮力工作並堅持不懈；它難道不也是一種手段，讓人達到『不斷工作』（toujours travailler）的目標，而那正是一切的關鍵？」

對里爾克來說，生活全都變成教育。每座城市、每種情感都是必須精研的課題。他一面構想自己的新課程，一面寫信告訴卡卜斯，即使是「愛」，也應該被當成課題來探究，甚至該說是基礎課程。「愛也很好」，因為愛「十分艱難。要一個人去愛另一個人，這或許是我們所有任務中最艱難的，它是終極任務，最後的試煉與考驗，其他一切工作不過是準備。基於這個理由，各方面都才剛起步的年輕人尚未能懂得愛：他們必須學習」。

此番邏輯為里爾克製造出終生的弔詭：如果學習需要孤獨，那麼學習去愛也必須在沒有他人的情況下進行。他告訴卡卜斯：「愛的要義並不是同化、交出自我、與另一人結合。」兩人必須維持各自清晰的形廓，倘若他們能忍受愛「是承擔重負與見習苦學的歷程，而不在任何膚淺輕薄的遊戲中迷失自我〔略〕，那麼這些跟隨我們前行的人，或許將能感覺到些微的進步與緩解，這就已經難能可貴了」。

里爾克的課程大綱還列有第二項任務：「找到願意幫助我的特定人士，使整個教育過程變成兩人之間的事。」為此他想要一個「學養深厚的老師」，同時還要有耐心。此人會願意一對一指導他，並忍受他的許多「問題和願望，連同我最豐富的資產——不諳世故，」他寫道。

里爾克認為齊美爾可能是擔此重任的好人選，他曾透過莎樂美結識這位德國社會學家。齊美爾是備受歡迎的講者，前一年才因發表〈大都會與精神生活〉（*The Metropolis and Mental Life*）而廣受讚譽。在論文中，他拿自己的家鄉柏林做個案研究，藉以檢視現代城市居民的神經心理狀態。

齊美爾論稱，都市人正逐漸發展出「保護性器官」以抵禦城市的感官超載。但這些器官也會反過來使他們的情緒受器變得遲鈍，導致人群較缺乏感性、更偏重智識，且更冷漠。齊美爾寫道：「也許沒有任何心靈現象會像無動於衷的面貌（blasé outlook）一般，如此無條件地保留給城市。」

里爾克發現齊美爾所描述的氛圍，恰可用來當作《馬爾泰手記》的背景。小說裡的丹麥主人翁將如里爾克一般，經歷「各種變換景象之快速套疊」與「情緒生活之愈趨濃烈」——這正是齊美爾所見的大都會特色。漸漸地，里爾克轉而接受莎樂美的看法，同意這些情緒高燒也有其好處。如同他在十一月寫給卡卜斯的信：「每一次的濃烈化都是有益的，只要它遍及你全身的血液，既非迷醉、亦不渾濁，而是你可以透視、清澈見底的欣悅。」

一九〇五年初，里爾克寫信給齊美爾，詢問教授下學期是否會在柏林授課。

齊美爾回答不會；他計畫寫一篇論文探討現代焦慮的各種藝術展現，故將暫停教學以便做研究。事實上，他一直想請里爾克幫忙：可否請里爾克將他引介給羅丹？齊美爾相信羅丹的作品為焦躁不安的現代精神賦予了形式。日後他將寫道：「羅丹為關節發明了新的靈活度，給予各種表面新的調性與起伏，使兩個軀體或同一軀體的兩個部位以新的方式接觸，並透過讓平面互相碰撞、衝突或對應來運用光線的新分布；藉由這些技巧，他賦予人的形體一種新的活動性，從而揭示人類的內在生命……。」在齊美爾看來，羅丹標誌著一個由文藝復興起始的藝術連續體的終端。四百年前，米開朗基羅的《大衛像》（*David*）擺出對立式平衡（contrapposto）的舒適姿態，其女性雕像則慵懶地倚靠在躺椅上；相對地，羅丹的作品充滿緊張和不穩定，凝滯於「永遠都在轉化、形成」（eternal becoming）的狀態裡。

能為兩位偉大的思想家穿針引線，里爾克十分自豪，迅速達成引介的任務。齊美爾提筆撰寫〈表現現代精神的羅丹作品〉（*Rodin's Work as an Expression of the Modern Spirit*）——在研究羅丹的眾多論著中，這是頗具分量的一篇論文；同時，莎樂美也給里爾克一個不可錯失的機會：到哥廷根拜訪她。他剛修訂完《時禱書》的手稿，將於四月由聲譽卓著的島嶼出版社刊行。為了這次期待已久的重聚，他興高采烈地動身赴約。

莎樂美的屋宅叫作「露弗利德」（Loufried），在那裡，里爾克度過他夢寐以求的時光。這對老友在花園裡為彼此朗讀，她烹煮他最愛的素食餐點。當她的愛犬施密爾（Schimmel）突然罹病死去，里爾克陪著她一同哀悼。看著莎樂美悲泣，使他更堅信「我們不該把不必要的關懷和責任帶進自己的生命，記得小時候，當我養的兔子死掉時，我就是這麼覺得」。他離去前，莎樂美信誓旦旦：露弗利德的房間將隨時為他開放，綠色的皮製拖鞋永遠擺在門口等候他。

對於丈夫與她未曾謀面的舊情人重逢一事，維絲陀芙作何感想？我們無從得知，只能揣想。

里爾克試圖解釋，由於莎樂美在他的「內在歷史」扮演如此重要的形塑角色，她對維絲陀芙來說理當也是「不可或缺的核心支柱」。或許維絲陀芙根本不需要任何寬慰。當時她已離開羅馬，在沃普斯韋德開設自己的工作室，一面教授藝術課程，一面照顧璐得。

寶拉．貝克聽說里爾克再度踏上「研究這個或那個」的旅程，十分興奮。自從摯友回到沃普斯韋德後，她們幾乎形影不離。四歲的璐得已長成「人見人愛的胖娃兒」，當她在近旁的地板上玩耍時，貝克開始為老友繪製一幅身穿白衣、表情淡漠的肖像。維絲陀芙手持一支紅玫瑰，輕倚在鎖骨前，她的下唇緊緊抿入上唇，視線避向一側，看不出對焦於任何事物。雙眼在此刻似乎毫無用處，彷彿她完全存在於自己內心，貝克簡直無法在畫中賦予她外在的形體。

她們經常談到獨立——維絲陀芙不見得在意與丈夫聚少離多，貝克則渴望離丈夫遠一點。當里爾克告知妻子齊美爾已自巴黎返回柏林，而詩人打算從哥廷根直赴柏林時，維絲陀芙似乎認為里爾克「開始會見歐洲的知識分子」是件好事，貝克寫道。

一個寒冷的日子裡，貝克一面將泥炭舀進工作室的火爐，一面告訴維絲陀芙她好想離開沃普斯韋德。維絲陀芙頭一次看出好友的悲傷有多沉重。她說話時，「淚珠一顆接一顆滾下臉頰，她向我解釋為何她必須走出去，再度『置身於世界』，再度回到巴黎」。對她來說，巴黎就是「世界」。

莫德索恩也明顯感受到貝克的抑鬱，卻將妻子對農村生活的不滿歸咎於她的野心。他第一次輕貶她的畫，在日記裡寫道：「寶拉的創作不再像以往那樣令我歡喜。她不接受任何建議——真是愚蠢又可惜。」她的那些大頭裸體人像與巴黎流行的原始畫風相似。他認為她應當觀摩更具「藝術性」的畫作才是。

他斷定女藝術家大抵太過固執。莫德索恩寫道，維絲陀芙就是個好例子：「她眼裡只有一物，叫作羅丹；她盲目地事事都仿效他。」貝克也同意好友仍「深受（羅丹的）性格及其偉大而簡單的格言所影響」。

也因此，那年秋天，當里爾克突然寄來一封信給維絲陀芙，轉述來自羅丹、令人難以置信的好消息時，兩人的興奮溢於言表。詩人花了將近三星期在柏林參加齊美爾的講座，然後在預計離開的前一天，他收到羅丹來信。雕塑家問到里爾克在柏林的地址，要告訴他自己終於讀了那本專論的法譯本。雖然羅丹並未就此書提出任何具體印象，但他想必很高興，因為他告訴里爾克：「我最親愛的朋友，謹以此信致上最誠摯的友誼與仰慕——身為男人與作家，您的著作已透過努力與才華產生普遍的影響。」

里爾克親手抄寫這封信給維絲陀芙，好讓她自行玩味每個字。羅丹出人意料的溫暖訊息令里爾克精神振奮，也再度點燃他拜訪大師的願望。他在回信裡寫道：「令我興奮的是這樣的需求：我需要見到你，我的導師，並體驗你美妙作品的生命熊熊燃燒的瞬間。」他告訴羅丹，他和維絲陀芙計畫秋天到法國一趟。羅丹九月初是否有空，讓他們前往拜望？

藝術家不僅答應見這對夫妻，還邀請他們到默東小住。他的秘書在信紙背面加上一條附記，強調羅丹其實是要求詩人住在他家，「這樣你們才能盡興暢談」。

當維絲陀芙開始跟著里爾克一起幻想前往默東的別墅，「它的花園望向遼闊的景致」，貝克靜立在旁。維絲陀芙對她說：「學學我的榜樣。」而貝克也決心這麼做。她還不知如何辦到，但從今起，她會盡力把每個銅板都存起來。不管付出什麼代價，她向自己保證，總有一天要重回巴黎。

里爾克初次住在沃普斯韋德時曾經寫道：「毫無疑問地，每個人都會在某處找到適合他的老師。而對每個自認是教師的人來說，某處也一定會有他的門生。」當時他在尋覓可以取代莎樂美的導師，如今他則把齊美爾看成可能取代羅丹的人選。

同時，羅丹也正四處尋找下一位門生。一九〇五年二月，他認為艾德嘉・瓦雷茲（Edgard Varèse）是可造之材——這名二十一歲的音樂系學生有義大利人的黑髮和黑眼珠，當時受雇為羅丹的模特兒。交談時，羅丹頗欣賞這名年輕人意欲將音樂重新想像成聲音的雕塑。瓦雷茲年少時住在杜林（Turin），深為羅馬式大教堂著迷，而今想將那種建築風格轉化成「音塊」（blocks of sound），令其如花崗岩般堅固。羅丹請他到默東擔任秘書，承諾會幫助他建立人脈作為回報。雕塑家在音樂界有知名的朋友，如瓦雷茲所仰慕的德布西（Claude Debussy）。

但羅丹根本沒時間履行自己在這樁交易裡的義務。他六月離家，與蘇洛阿加一同周遊西班牙，瓦雷茲留下為藝術家回覆信件。旅途中，三十三歲的蘇洛阿加介紹羅丹觀賞鬥牛，雕塑家認為那是「令人作嘔的屠殺」。接著他帶雕塑家去看哥雅（Francisco Goya）和葛雷柯的畫，結果羅丹討厭它們更甚於鬥牛。他一遍又一遍嘀咕葛雷柯根本「不懂得怎麼畫畫」。當畫商勸蘇洛阿加買一幅葛雷柯所繪的施洗者聖約翰祭壇畫，僅出價一千比塞塔（peseta），羅丹說只有瘋子才會買它。幸好蘇洛阿加沒聽他的，還是買下那幅畫。

羅丹滿懷失望地從西班牙回來，卻得不到瓦雷茲同情。這年輕人個性本就火爆，現在更加惱怒，因為羅丹並未採取任何有效的手段提拔他。老頭子只是不斷「用各種蠢話說教，彷彿他是全能的上帝」。瓦雷茲認定羅丹「對音樂一無所知」，九月時，他罵他「un con（混蛋）」，衝出了工作室。

十年後，瓦雷茲移居紐約，幾乎單槍匹馬地開創了電子音樂領域。他曾寫道：「在音樂中，我們其實有三個維度：水平維度、垂直維度，以及動態的增強或減弱。」他想要發明新樂器，以加上第四個維度：「聲音的投射——感覺聲音逐漸離開我們，而不帶被反射回來的希望……一趟深入空間的旅程。」

幸而瓦雷茲離去不到一週，火車便將里爾克送來法國。自從詩人初至巴黎，迄今已近三年。當他循往日的路線散步，從盧森堡公園經塞納河走到羅浮宮時，感覺景物依舊。他喜愛的素食飯館還在，於是他走進去點了過去常吃的餐點：無花果、甜瓜、朝鮮薊和番茄配米飯。

里爾克打算在默東待十天。抵達時，他發現羅丹的生活已改變許多。莊園經過大幅翻修，如今的功能設備遠較齊全，甚至相當現代化。藝術家加裝了電力，並為不斷壯大的助手團隊建造新工作室和住屋。他也買下相鄰的土地，用以還原從伊希堡（Château d'Issy）舊址搶救回來的新古典主義立面和數根石柱；該城堡於一八七一年遭轟炸後，就被棄置任其傾圮。「他周圍的世界愈來愈豐富了，」里爾克寫道：「羅丹過生活的方式真是精采。」

他敲敲門，羅丹「像條大狗般地」歡迎他，「以熱切探索的雙眼認出了我」，里爾克回憶。羅丹問起維絲陀芙，她父親在八月猝逝，因而她必須留在德國陪伴母親。然後，隨著老友陸續來訪，里爾克很快便開始明瞭，自他們三年前相遇至今，雕塑家的人生歷經了多麼戲劇化的轉變。

一九○○年世界博覽會後，羅丹聲名遠播，東至波西米亞，西至美國。一九○三年，他在美國舉行首次個展，同年又在家鄉獲頒榮譽軍團司令勳章（commander of the Legion of Honor）。如今他是世上收入最高的藝術家，貴族們拿著空白支票排隊，希望自己的面容能透過他的胸像永垂不朽。現在他可以自由挑選雕塑對象，通常偏好卓越的文化人士，包括普立茲（Joseph Pulitzer）、馬勒（Gustav Mahler）和雨果。有些收藏家藉由邀請他參加豪奢的晚宴，試圖說服他合作，但羅丹很少樂在其中。他通常會不斷抱怨疲累，並以九點就寢為由提早告退。若宴會在國外舉行，而只會講法語的羅丹被問到聽不懂的問題，他就僅僅頷首或低頭，以這種奇怪的拘謹令主人莞爾。

雖然羅丹很高興多年的無酬勞動終能獲得一些金錢補償，但是他說這遲來的肯定永遠無法「彌補……我所受到的冤屈——即使再活兩百年也沒有用」。對羅丹而言，功名來得太晚，他已無法享受。他從未培養出對於昂貴美食的品味，除了藝術收藏外，對物質財產亦無所動心。

他也不知如何應付愈來愈多想攀附其名氣出風頭的人。羅丹開始懷疑朋友貪圖他的錢財和人脈而利用他，並指控員工偷竊。每當他試圖幫助某人，好像都會產生反效果。

里爾克漸漸看出羅丹變得多麼孤立。他告訴里爾克：「我的學生認為必須超越我、勝過我。他們全都跟我作對。沒有一個來幫我。」這就是為何大師再見到里爾克時，會如此興奮，因為他最忠誠的門徒回來了。

羅丹邀請里爾克住下來，想待多久都可以。他立刻將里爾克迎入自己的核心圈子，帶他去跟歐仁．卡里耶爾和評論家夏爾．莫利斯（Charles Morice）共進午餐。里爾克參加羅丹巴黎工作室的聚會。藝術家甚至徵求里爾克的建議為雕像命名，這是羅丹始終不擅長的工作。

里爾克歸期將屆時，羅丹有個主意。他仍須找到可靠的人來填補瓦雷茲的職缺。他曾短暫試用自己的兒子，但年輕的奧古斯特跟不上羅丹的通訊步調。誰能比里爾克這樣忠實的作家更勝任此角色呢？羅丹聘請他來工作。

在那個年代，秘書的職務照例由男人擔任，包括管理名流富紳的日常信件往來。羅丹每月支付里爾克兩百法郎，並在默東莊園撥出一幢小屋供其住宿，工作是幫他拆閱郵件和回信。他保證這差事不會太繁重，每天早上大約花兩小時即可，里爾克將有充裕的時間從事自己的工作。

大師竟會把重要業務交予他處理，令詩人感到萬分榮幸，以致為此提議「頭暈目眩」。但他的法文不會太差嗎？他問。羅丹聳聳肩；詩人似乎學得很快。

里爾克欣喜若狂。這「實現了他最深摯的願望：與羅丹住在一起，徹底屬於他」，莎樂美日後回想。

即便在當時，里爾克也會同意這番見解。他在給友人的信中描寫這份工作：「我將親炙這位偉人，我愛重如父親的，我的師尊。他要我與他同住，而我恭敬不如從命；於是，我將得以分享他所有白天的時光，而夜晚環繞著我的事物也與他相同。」里爾克以近乎相同的詞句寫接受函給羅丹，告訴藝術家，「若蒙您屈尊對我說話」，日夜聆聽他的話語將是自己的榮幸。

於是，一九〇五年九月，里爾克不再只是羅丹的狂熱門徒，也成為他所信賴的日常夥伴。里爾克搬進他的個人住處——可以眺覽瑟福谷地的三房農舍。當他望向窗外，連結塞納河兩岸的橋樑「已變成一節詩。而我的生活就在其中」。他以前所未有的方式，重新感受「生命的喜悅」（joie de vivre）湧貫全身。

第九章

每天早晨，里爾克跟著羅丹七點起床。有時他望向窗外，看見藝術家還沒換上涼鞋、軟貝雷帽等鄉村裝束，披著晨袍在花園裡走來走去。一起用過清淡的早餐（水果和咖啡）之後，詩人就得面對成堆的郵件了。

羅丹的一位助手回憶：「里爾克立刻投入工作。有史以來頭一次，羅丹的信件能準時往返，文件檔案井然有序。」這實非易事。羅丹很少透過經銷商進行交易，因此所有的文書都必須自行處理。他鉅細靡遺地指揮並監督秘書在信裡的遣詞用字，也會迅速改變心意，反覆修訂文句。而且，不管他腦中閃過什麼念頭、隨口說出什麼評語，都要秘書記下，說不定在日後哪篇演說或文章會派上用場。

接下來幾個月，除了維絲陀芙十月來訪，里爾克幾乎只見得到羅丹，並覺得這樣挺好。他們「無話不談」，也經常並肩默坐。有時里爾克會等羅丹從巴黎回來，一同觀賞池上的夕陽餘暉，那景緻因羅丹的小天鵝而增色不少；他非常喜愛這些鳥兒，當最初幾隻野生的灰羽幼禽出現時，還雇人捕殺樹林裡所有的青蛙和蟾蜍來餵食天鵝。

太陽下山後，羅丹對里爾克道晚安，說「Bon courage（加油）」。起先里爾克不明白他的用意，後來覺得自己想通了：羅丹一定是希望他堅強，因為他知道「當人年輕時，堅強有多必要，日日皆然」。

由於工作室雇了許多幫手，羅丹現在比較有空旅行。這些當日往返、到大教堂或鄉間的行程，里爾克都盡可能陪羅丹去。他決定善用重新親近羅丹的機會，為第二篇論文蒐集材料，它將附在未來所有版本的《羅丹論》上，成為第二部分。里爾克寫下一切，就像年輕的柏拉圖把從未執筆作論的大師——蘇格拉底所講的話都記錄下來。

接連三天，這對師徒清晨五點起床，趕上火車，再換乘馬車到凡爾賽宮，在園裡走好幾小時。「他樣樣都指給你看：遠方的景色、某處的動靜、一朵花，他所召喚的每件事物都如此美麗、如此熟稔、如此毫無防備而年輕，」里爾克告訴維絲陀芙：「最細微的東西也會來到他面前，對他敞開。」

里爾克指出有趣的景象，羅丹則從中得出結論。某個冬日，當羅丹被動物園裡的一籠中國雉雞給迷住，里爾克則快筆記下病態的猴子如何睜著跟結核病患者一樣空洞的大眼；他見火鶴鮮亮的粉紅羽毛「在冷冽的空氣中綻放」，那畫面幾乎令人痛苦。他接著指給雕塑家看那些「猛力朝牆撞去」的狒狒。他說，彷彿孕育萬物的大自然母親太過忙碌，以致無暇矯正其「難以形容的醜惡」，而她的殘酷使牠們陷入瘋狂。

羅丹推論：嗯，她想必經過許多次實驗，才能以人類的形式讓生命臻至完美。我們至少應該為此對狒狒心存感激。

蘿絲．波雷有時也同他們一道去郊遊，里爾克開始明白羅丹為何會跟她相守這麼多年。她能夠辨認林中所有的鳥、樹品種，也跟羅丹一樣，看見紫番紅花盛開，或喜鵲在樹梢靈巧地保持平衡，便歡喜不已。有次她發現一隻受傷的鵪鴣，為了照料牠，他們不得不提前返家。里爾克斷定她是「心地善良而忠誠的人」。

羅丹與波雷之間有一種沉靜的柔情。十二月的某個午後，他們三人一起參加兩點在聖母院舉行的降臨節主日禮拜。波雷為男士準備了兩張座椅——她總是比老伴更早考慮到他的需求。藝術家坐下，帽子擱在腿上，闔起雙眼。他就這樣垂首坐了近兩小時，長鬚攤展胸前，聆聽管風琴和女高音；她的歌聲旋升於大教堂，宛若「白鳥」，里爾克想。羅丹臉上時而浮現淡淡的微笑。當音樂結束，他起身走向耐心等候的波雷，相偕離開教堂，整個下午都沒說一句話。

里爾克、蘿絲・波雷和羅丹在默東。

他們三人在默東組成了一個小家庭。十一月，詩人與波雷共同為雕塑家慶生，蛋糕上插著六十五支蠟燭。次月，他們再度歡啖糕點，幫里爾克過三十歲生日。

幾星期後里爾克回到德國，與維絲陀芙和璐得共度耶誕。現在他的妻子已將女兒遷出外婆家，搬進自己的住所。里爾克返家時，她正為璐得塑胸像，這可不容易，因為對象是活潑好動的四歲小孩。這家三口已經好久沒團聚，因此他們同意放下工作，好好享受幾天假期。

里爾克不在時，信件在默東堆積成山。當他一月回來，工作量比之前更沉重許多。那個月他其實沒時間接受羅丹邀請，同去造訪夏特（Chartres）大教堂。但羅丹說它是「法國的衛城」，堅持沒什麼課程「像我們法國大教堂這麼有用而值得研究，尤其是這座！」羅丹常說，但願能把當初在美術學校虛度的光陰全都挪到夏特大教堂前俯首就教。他認為大教堂是最有智慧的導師，作為光與影之傑作，即使林布蘭也能從它身上學到他所知道的一切明暗對比法（chiaroscuro）。

羅丹明瞭一開始要欣賞哥德式建築可能很難。迷宮似的裝飾極易令外行人眼花撩亂。但他相信人們應該重新學習看大教堂，回想那種學童的驚奇，如他曾在博韋教堂前感受的。他寫道：「主要是讓自己謙卑，變成小孩，滿足於不立刻掌握一切，服從大自然所能教我們的，而且耐心度過歲歲年年。」

於是，一月裡某個灰暗的早晨，里爾克和羅丹搭了一小時火車，穿過連緜的麥田，於九點半抵達夏特。教堂獨踞鎮中心，如一頭古老的石滴水獸。從它的巨牆四周開展出一簇簇屋舍，像立體模型村莊一般。建於一一九四至一二三五年間的夏特聖母院是法國最大的主教座堂之一，中殿幾乎有巴黎聖母院兩倍寬。

里爾克和羅丹敬穆地站在一段距離以外，引頸仰望，以便將教堂雙塔的完整規模納入眼簾；由於遭遇過火災又重建的緣故，兩座尖塔並不對稱。五十英尺高的扶壁在歲月洗禮下，從基部的金黃色逐漸變成頂端飽經風霜的黑色。石雕的藤蔓花紋舒展在每一寸表面上。羅丹通常會一寸寸仔細觀看，不發一語，但那天他不斷打破靜默，抱怨修復手法粗劣，毀傷了表面。右邊門失去原有的「柔軟度」，窗戶也缺了部分彩繪玻璃。這裡的損壞程度甚至比巴黎聖母院還嚴重。

一陣強風灌入里爾克，力道好比推擠過人群的壯漢，凍僵的麻木感也讓他分心。里爾克瞥了羅丹一眼，看他是否也感受到，但羅丹渾然不覺地站在那裡，堅穩如塔。接著又一陣勁風從東邊襲來，狂暴地抽打著教堂南角一尊天使纖細的石軀。它手捧日晷，露出智慧而安詳的微笑，就像蒙娜麗莎，里爾克想。

在充滿至福的石像面前，被風鞭笞的詩人感覺生命更加短暫脆弱，彷彿他和羅丹是「兩個受詛咒的靈魂」。

終於，里爾克說：「暴風雨要來了。」

「但你不明白，」羅丹反駁：「大教堂的周圍總是颳著這種風。它們總是籠罩在被自己的宏偉壯麗所激擾而翻騰的風裡。」

嚴寒的天氣迫使兩人提早返回巴黎。然而，陣陣刺骨的寒風已剝開里爾克，將石雕天使的形象牢牢嵌入他心中。

萬神殿的地下墓室躺著法國史上一流思想家的遺體。伏爾泰、左拉、盧梭和雨果安息的這座圓頂陵墓，正面檐壁上鐫刻「獻給偉人，祖國感謝你們」的銘文。萬神殿不僅是一塊墓地，也在法國大革命後的歲月裡，成為法國民族記憶的輝煌場景。

因此，巴黎市同意一九〇六年春將《沉思者》豎立於萬神殿的大階前，是迄今對羅丹藝術生涯最高的肯定。知道自己的雕像將紀念著殿內所有的思想家，成為總結一切紀念碑的終極紀念碑，令羅丹備感驕傲。

藝術史學者艾黎．福爾（Élie Faure）認為，此計畫是法國在「長久以來令其飽受凌辱」之後，試圖修正錯誤，給予羅丹應得的禮遇。自從年少時申請「大學院」被拒，羅丹吃了半世紀的閉門羹，而今終於能登堂入室。身為這座公民聖殿的新成員，羅丹開始享受他所謂的「解放」時期。

然而，大師的解放卻意味著門徒的奴役，里爾克就是如此形容那年冬天的工作量。羅丹花了兩年與官僚體系周旋，並為《沉思者》的青銅澆鑄費用募款，在在皆帶給秘書更多的文書工作。待回信件的箱子已堆滿兩個房間，里爾克只能拚命追趕進度。比起德文，他寫法文要花兩倍時間，又講究文法、力求完美。光是應付羅丹和他自己的通訊，里爾克每天就得寫數百封信。

這份工作愈拖愈長，遠超過原先說好的兩小時，還大幅占用他個人的寫作時間。有時他感覺「那團未經轉化的材料」在內心膨脹得好大，不禁幻想自己躍上第一班出城的火車，奔赴地中海。他在那兒完成的《時禱書》方於十一月問世，已引來遠超過任何人預期的讚譽。

據說里爾克從不讀書評，他說那就像聽別的男人讚慕自己心愛的女子，讓人不是滋味。但評論家仍普遍稱揚《時禱書》的企圖心——它竭力探究「抒情詩所能企及的最崇高主題：靈魂追尋上帝之主題」，如德國贊助人卡爾．馮．德爾．海德特（Karl von der Heydt）在一篇早期書評所言。首刷五百本於兩年內售罄，再刷時將印行兩倍以上的數量。

里爾克一面應付前所未有的關注，同時還得為一部較早的詩集《圖像書》（*Book of Pictures*）再版作修訂。他告訴莎樂美：「但我需要的『只是時間』，它在哪裡？」他想不出來。當幾所德國大學邀請他冬天去講學，這似乎是請假的合理時機，尤其因巡講的主題將是羅丹。

羅丹不情願地准了假，詩人於是在二月啟程赴德。他在杜塞道夫附近的第一站受到皇室般的接待，但才剛抵達目的地便傳來父親病重的消息。里爾克並未立即趕赴布拉格，反而在繼續前往柏林之前，發表了一場激勵人心的演說。他渴望在柏林見到莎樂美和維絲陀芙，並介紹她們認識。兩位女士的初次會面顯然十分美好，之後里爾克還向莎樂美道謝，感謝她待他妻子如此親切。

里爾克與貴族往來酬酢之際，父親在布拉格奄奄一息。兩星期後，他得知父親過世，遺體無人照管。羅丹聞訊立刻發電報向詩人致哀，表示願意提供必要的資助。詩人終於回到布拉格，他將面對父親以枕頭支撐的慘白屍體，並安排葬禮。下葬時，他沒邀請母親到場。

臨終時，儘管心懷憂傷，約瑟夫．里爾克已經接受了兒子的職業。但詩人仍堅信父親基本上「缺少愛的能力」，也許他自己也遺傳了這項缺陷。然而，他之所以遲遲不回應父親的死訊，可能不是因為缺乏愛，而是意欲逃避痛苦的童年回憶。他勉強在布拉格待了幾天，隨即搭火車返回巴黎。

回到默東的大師家，他走進另一個令人沮喪的場景。羅丹躺在桃花心木大床上，埋在層層毛毯下，發著可怕的高燒。老先生很少生病，一病就勢如山倒。他也正為失去摯友而哀悼——這個月才因喉癌辭世的卡里耶爾不僅是羅丹最早的藝術擁護者，也是決定在萬神殿立起《沉思者》的委員會主席。

但現在，距離預定的日子只有幾週，揭幕式卻突然喊停。里爾克二月才剛離開，對《沉思者》的詆毀已愈演愈烈，幾乎阻滯了整項計畫。反對者認為這雕像的姿勢「帶有下流的意味」——小說家佩拉當（Joséphin Péladan）如此形容——不配擺在地位崇高的萬神殿。沙可博士的門生諾赫多醫師曾著書討論頹廢藝術（degenerate art），他揶揄這座雕像「面容凶殘如野獸，頂著浮腫又皺縮的額頭，像午夜般險惡地瞪視」。

甚至有破壞者攀越萬神殿的圍籬，拿斧頭劈砍標誌雕像位置的石膏座。警察聽見那男人喊：「我替自己報仇——我來為自己報仇！」他們拖走他時，才知道他有精神病，以為《沉思者》以拳抵嘴的姿勢，是在嘲仿這可憐人吃甘藍菜的模樣。即便最後發現這次攻擊不是針對個人，羅丹仍為此暴力事件深受驚嚇。

對於還會爆發其他公共醜聞的擔憂，幾乎使羅丹失去理智。那段時間他變得疑神疑鬼，有次收到來歷不明的郵遞包裹，便堅持內有炸彈，將它埋在院裡。過些時候朋友來信探問，羅丹是否喜歡他寄送的那罐希臘蜂蜜。

里爾克不得不擱下自己的事，對羅丹伸出援手。他不敢在最脆弱的時刻離棄被圍困的大師，深信羅丹「比任何時候都需要我的支持，儘管那實在微不足道」。另一方面，羅丹渾然不知里爾克在國外聲譽漸隆，對其作品的需求與日俱增。

里爾克設法維持了一陣子岌岌可危的平衡，卻抵不住四月的一場騷亂——愛爾蘭劇作家蕭伯納（George Bernard Shaw）聘請羅丹製作胸像。當時四十九歲的作家急欲在「離開盛年太遠」之前看到自己的肖像完成。蕭伯納在《星期六評論》（*Saturday Review*）擔任劇評家的聲望，正逐漸為他的劇場作品所超越。當時他的諷刺道德劇固定在倫敦皇家宮廷劇院（Royal Court Theatre）首演，包括新近的幽默喜劇《巴巴拉少校》（*Major Barbara*）。身為社會主義與素食者，蕭伯納常在劇中注入以機智風趣調和的激越政治訊息。

羅丹既不熱衷政治也缺乏幽默感，又不諳英語，當他們見面時，他對蕭伯納的作品一無所知。由於感冒尚未痊癒，他要求作家來默東當模特兒，而不是去交通較方便的巴黎工作室，前後共十二次。蕭伯納同意，並為青銅鑄像預付了兩萬法郎。他說只有「天字第一號蠢蛋」才會去找其他任何藝術家塑製胸像。

但蕭伯納完全沒料到接下來幾星期會有多折騰人。頭幾次，羅丹拿一支金屬大圓規比劃蕭伯納的頭，從紅髮頂部一直量到分岔的鬍鬚尖端。然後，羅丹依據十六種側寫輪廓模塑他的臉。當蕭伯納確信自己已從每個可能的角度被檢視過，羅丹還要他躺在沙發上，以便捕捉從額頭後方及下巴底部看到的樣貌。最後，等羅丹認可了基本形式，才開始雕鑿五官特徵。

劇作家為羅丹一絲不苟的塑製過程目眩神迷，日後在一九一二年的一篇精采文章裡談到：

開頭十五分鐘，他只是讓那團黏土稍具人形，便做出一個簡略的胸像——它如此活潑生動，讓我當下就想帶走，免除他進一步的勞動……經過最初十五分鐘後，它變得更沉靜而嚴肅，依照真實的尺寸比例精細地再現我的五官容貌。接著，這塑像神秘地回到基督教藝術的搖籃，此刻我再度想說：「看在老天份上，停手吧，把它交給我：這可是拜占庭藝術的傑作。」然後，它開始看起來像貝尼尼（Bernini）也插手過。接下來我驚駭地發現，它愈來愈平滑，變成一件足以亂真、頗為優雅的十八世紀作品……然後，一整個世紀在一夜間流逝；胸像變成羅丹的胸像，它是活生生的頭顱，我肩上扛著的則是它的模型。這是胚胎學家要研究的過程，而非美學家。羅丹的手並不像雕塑家那樣運作，而像是生命力在運作。

也許是這些長時間凝定不動、為羅丹擺姿勢的經驗，使蕭伯納對藝術家的模特兒產生同情。幾年後，他改寫希臘神話中畢馬龍（Pygmalion）的故事——畢馬龍是一位藝術家，愛上了自己塑造的雕像——但是從模特兒的觀點來講述。蕭伯納為其女主角取名為伊萊莎・杜立德（Eliza Doolittle）。[14]

儘管蕭伯納欽慕羅丹的創作，兩人的性格卻是天南地北。蕭伯納能說善道、妙語如珠，羅丹則不苟言笑，尤其在那段日子裡。他們相處了無數個小時，蕭伯納記得只見過雕塑家笑一次——他看著蕭伯納把一半的甜點都餵給羅丹的狗兒卡普（Kap），輕笑了一聲。

但因蕭伯納玩世不恭的態度，羅丹的嚴肅在他眼中顯得更好笑。當羅丹把水噴吐到黏土捏塑的頭像，沒注意後面擺姿勢的男人也連帶被濺溼，蕭伯納坐在孩童椅上強忍住笑。看著羅丹用抹刀削平皺褶，還有一回鐵絲不慎劃過頸項，羅丹隨手就把斷頭扔到一旁，蕭伯納覺得「難以言喻地有趣」。

蕭伯納試圖用蹩腳的法文開玩笑，卻徒勞無功。有人問羅丹，他們塑像時都談些什麼，他回答：「蕭先生法文不流利，但他表達自己的方式很激烈，令人印象深刻。」羅丹的英文比蕭伯納的法文還差，把模特兒的名字說成「薛伯乃」（Bernarre Chuv），每個人聽到都一頭霧水。

里爾克對於英國文學跟羅丹一樣無知，但遠比羅丹欣賞這位客人的趣味。他認為蕭伯納的聰明才智毫不遜於王爾德，卻沒有後者矯揉做作。隨著擺姿勢的次數從原先的計畫延長至三星期，身為模特兒的蕭伯納也令里爾克愈感佩服。他不僅是站立不動，還展現出目的與決心，宛如一根柱子支撐著超過自己的重量。沒多久，當蕭伯納下午來默東工作時，聊天的對象便從羅丹轉成里爾克。

里爾克開始忖度，或許該以蕭伯納為下一個研究主題。他寫信給劇作家的出版商，讚美蕭伯納是活力充沛的優秀模特兒：「很少有肖像如這座一般，在製作過程中獲得主角如此多的助益。」接著詢問對方可否寄一些蕭伯納的書給他，好讓他評估是否撰述評論。

終於，羅丹在春天接到讓他心情好轉的消息。一個由藝術名家、政界顯要、以及作家協會主席（該會之前曾拒收羅丹的《巴爾札克像》）所組成的委員會，聯合支持在萬神殿放置《沉思者》。委員會的聲勢壓過羅丹的批評者，雕像於四月二十一日正式揭幕。

里爾克在慶祝典禮上與蕭伯納夫婦同席。他們看著巴黎市的藝術事務次長[15]亨利．杜賈丹—勃梅茲（Henri Dujardin-Beaumetz）以崇高的字眼發表歡迎《沉思者》和羅丹的演說。他說，經過多年的誤會，「這位真正有創造力的藝術家，其作品如此深刻地體現人性與信念，終能在普世仰慕的光輝中平靜地工作」。

一同參加慶祝活動的還有蕭伯納的朋友艾文．朗敦．科本（Alvin Langdon Coburn），這位藝術家專程從倫敦來為羅丹拍照。身為業餘攝影師，蕭伯納去默東時也帶著一台箱式相機，羅丹

14 此劇《賣花女》（*Pygmalion*）後來改編成音樂劇《窈窕淑女》（*My Fair Lady*）。

15 編註：杜賈丹—勃梅茲的職稱應是「sous-secrétariat d'État aux Beaux-Arts」，為當時中央主管文化事務的首長，隸屬於大眾教育部（ministère de l'Instruction Publique）。他在一九〇五年至一二年間擔任此職位。

注意到它，表示歡迎他盡量拍攝。蕭伯納拍了一張里爾克倚著石欄、眼皮沉重、看起來疲憊憔悴的照片。但若要捕捉羅丹的神采，蕭伯納勸科本當仁不讓：「至今尚未有照片觸及他的真髓：史泰欽很明智——放棄細節，僅呈現剪影。他絕對是你所見過最偉大的人物；你其他的模特兒全都只適合做成明膠，給拍攝他的底片當乳化劑用。」

科本把握良機，接下來幾天拍了數十張照片，有羅丹、他的創作，以及一張雕塑家與蕭伯納的合照，中間站著尚待完成的胸像。科本認為蕭伯納對羅丹的形容並不誇張：「他看起來像古代的長老，或是先知。」

在巴黎的最後一天，蕭伯納準備沐浴時突發奇想，一踏出浴缸便要科本拍攝他赤身裸體擺出《沉思者》的姿勢。兩人一面拍照一面大笑，隨後一道登上火車返回英格蘭。

後來此照在那年的倫敦沙龍展出，評論者紛表反感，難以相信蕭伯納竟會參與如此不堪的寫真。他試圖為自己辯護，說胸像只傳達一個人的聲望，而全身肖像僅顯出「主角的整套服裝，上面伸出一顆頭顱；這樣究竟有何用？」這張照片呈現出蕭伯納的真貌。也或許它只是個開過火的玩笑。

當蕭伯納親眼見到三尊完成的胸像——石膏、青銅和「熠熠生輝的」大理石——不禁目瞪口呆。「他看見我。還沒有別人做到過，」蕭伯納這樣說羅丹。他的妻子說它看起來與丈夫如此相像，簡直嚇著了她。額上兩綹中分的頭髮宛若紅魔鬼的犄角；面無表情的臉龐隱含似笑非笑的神情。

多年後蕭伯納說，有朝一日辭典會這樣定義他：「蕭伯納，羅丹所塑胸像的主角；除此之外不為人知。」

第十章

到了一九〇五年，羅丹的巴黎工作室看起來愈來愈像妓院，而非工坊。相對於許多窮藝術家只能將就著以妻子為模特兒，羅丹如今有錢雇女人來隨時擺姿勢，無論他是否用得上她們。任何時間，某個模特兒可能在檯座上伸展肢體，另一個在屏風後褪下衣衫，其他人則百無聊賴地閒晃。

羅丹從不知道哪個模特兒何時會做出什麼有趣的動作，所以他擺出葡萄酒和食物，任她們隨意走動。如果某人吸引了他的目光，他會看著她，若無其事地轉弄手中的鑿子。然後：停住！他可能會突然大喊，伸手摸索適當的工具，眼睛始終緊盯著那名模特兒：別動。

一般說來，他偏好這種自發的形態甚於僵硬做作的姿勢。但偶爾一個念頭冒出，他也會建議某種姿勢，把模特兒的身體當成黏土擺弄。對羅丹來說，她們已變成不折不扣的物體，以至於聽到某個他很喜愛的模特兒必須切除盲腸時，竟大發雷霆，怒斥醫師拿她做「絞肉」。他抱怨：「為了拿出一小截腸子，他們剖開了他們應該崇拜的年輕軀體。」他時常將模特兒比作動物，曾用獵狐　來形容一名沒有「一盎司肥油」的日裔女子，並認為英國女性有著馬一般的腿。他喜歡各種身材的模特兒，包括孕婦。

羅丹熬夜到很晚，就著燭光速寫人體。同棟樓的鄰居有時會看見他穿工作服、手持兩支蠟燭在漆黑的門廳來回踱步，像個巫師。短短幾年間，他畫出數百幅女體素描，通常是雙腿張開、距離極近的特寫，間或描繪她們彼此愛撫或自慰。在某些人眼中，這批露骨的作品顯示出徹底的變態。當愛爾蘭詩人葉慈（W. B. Yeats）帶著情人茉德・岡（Maud Gonne）和另一位詩人艾拉・楊（Ella Young）來訪，女士們拒絕進入羅丹的畫室。藝術家堅持這些是他最好的作品，葉慈出於恭敬而從命，但無法說服岡和楊一道進去。楊說：「他瘋了，殘忍又肉慾地瘋了。」

但羅丹遠非當時唯一深入探索性領域的歐洲思想家。佛洛伊德在同年出版《性學三論》（*Three Essays on the Theory of Sexuality*），主張性是人類一切行為的動力，它從嬰兒期開始發展，其正常與否取決於一個人的生活環境。自從這位精神分析學家在《夢的解析》（*The Interpretation of Dreams*）提出潛意識法則，至今已有六年。現在他認為性是潛意識慾望、挫折和愉悅的主要驅力。對羅丹及克林姆與埃貢・席勒（Egon Schiele）等多位維也納藝術家來說，再現這些人類心靈最深層的面向是令人難以抗拒的挑戰。

儘管評論家稱羅丹此時期的風格純屬色情有失公允，但說他全然未受誘惑亦非實情。那年春天，齊美爾來研究他的時候，羅丹告訴社會學家：「我當然是個喜愛官能享受的人類。」他的感官經常受到模特兒激挑，但這並非「性愛的官能享受」。羅丹偏好描繪裸體的男女，但表示較受女性吸引，因為她們「比男人更了解我。她們比較注意聆聽。男人太聽信朋友的話」。

然而，他所觸摸和讚美的卻不是女人的耳朵。隨著羅丹工作室的淫猥情事風聲外洩，謠言開始流傳，說他變成一個走火入魔的「色情狂」。齊美爾說：「整個巴黎都在談論他不甚體面的情慾冒險細節。」他獲得了「默東蘇丹」的綽號。

有些女性拒絕為惡名昭彰的好色藝術家擺姿勢，另一些則做得戰戰兢兢。羅丹曾對助手表示不解：「最好笑的是，有個模特兒第一次來，她脫衣服時怕得直發抖，彷彿從別的工作室感染了什麼羞怯病。我的名聲真有那麼糟嗎？」

的確很糟，而且有時並不冤枉。單單是羅丹的注視就讓一些人覺得具掠奪性。當某位女性的生理特徵引起他的興趣，他凝視的專注程度近乎侵犯。任何人都可能成為他虎視眈眈的獵物——包括畫商的女兒或贊助人的妻子。其效果對模特兒尤為顯著，她們必須忍受為他的輪廓速寫擺姿勢。用這種方法畫畫時，他總是緊盯著對象，從不低頭瞥一眼畫紙，鉛筆也始終不離紙面。與其說他在看模特兒的曲線，不如說他以指尖感受她們——那是視覺的愛撫，顯然令某些模特兒感覺像真的被觸摸而緊張不安。

除了陽具似的筆所帶來的象徵性威脅，藝術家也對模特兒逾越現實的界線。美國舞蹈家露絲．聖丹尼斯（Ruth St. Denis）年輕時曾站在羅丹的工作室裡，渾身赤裸而僵硬，他跪在她面前親吻她的手臂，從手肘親到手腕。直到一名記者走進來，羅丹才放開聖丹尼斯，驚恐的她立刻跑走。

有些人原諒羅丹的行徑，認為那是藝術家的怪癖，還有些人甚至被它誘惑。奧地利作曲家馬勒曾來為胸像擺姿勢，其妻艾爾瑪（Alma）注意到，總是有年輕女子在隔壁房間等待羅丹做完工作。她在回憶錄記述：「總會有某個紅唇女孩在那裡一待幾小時而毫無斬獲，因為他很少注意人家，即便休息時間也不跟她說話。他的魅力想必很強大，足以誘使這些女孩——而且是所謂『上流社會』的女孩——不怕難為情地忍受此等待遇。」

其中一個流連不去的女子是年輕的威爾斯藝術學生葛雯．約翰（Gwen John），她成為羅丹

伊莎朵拉．鄧肯。

固定的「黃昏情婦」[16]，即下班後返家前的幽會對象。這種關係維持了好幾年，直到約翰陷入無法自拔的癡迷，致使藝術家不得不跟她分手。

羅丹對年輕女性的吸引力，也許與里爾克最初感受到的相近。許多人都視他為畢馬龍式的人物——其偉大的雙手能夠模鑄並重新塑造他們。伊莎朵拉．鄧肯便如此描述她二十多歲在巴黎創作舞蹈時被羅丹吸引的情形。厭倦了芭蕾舞矯揉造作的感覺，鄧肯發展出完全屬於自己的獨特風格。編舞時，她開始融入自發、自然的動作，對她來說，那意味著運用整個身體、從頭頂到腳跟來跳舞。她經常赤足演出。「細節對她根本不重要，」她的作家朋友考克多說：「她想要活得淋漓盡致、超越美醜，要把握生命，面對面、眼對眼地體驗人生。她屬於羅丹學派。」

16 原文為 *cinq-à-sept* mistress，字面意義為五到七點鐘的情婦。

鄧肯跟羅丹一樣從古希臘藝術尋求靈感，模仿塔納格拉小陶俑[17]中的婦女跪姿、她們寬鬆的束腰連衣裙，以及希臘花瓶的剪影。他們會面時，羅丹單獨為她導覽工作室的雕像。多年後，她在自傳裡以一段情慾盈漾的文字回顧其邂逅：

> 他的手拂過它們、愛撫它們。記得我當時想：在他的撫觸下，大理石彷彿熔鉛似地流動著。終於他拿起一小塊黏土，在雙掌間揉搓；同時，他的呼吸愈漸沉重，像輻射爐般散發著熱氣。才一會兒工夫，他便捏出一個女人的胸脯，在他的指腹下怦然悸動。

接著鄧肯帶羅丹回到她的工作室，向他展示她的藝術。這場舞顯然給羅丹留下深刻印象：

> 他低垂著眼皮注視我，眼裡燃著熊熊慾火，然後，帶著面對作品時的表情，他走向我。他的雙手拂過我的頸項、胸乳，撫摸我的手臂，滑掠過我的臀、我赤裸的腿和腳。他開始把我整個身體當成黏土揉捏，同時從他身上散發出灼燒並熔化我的熱氣。我所有的渴望就是讓自己完全屈從於他……

但那晚鄧肯的膽怯戰勝了慾念。她掙脫羅丹的掌握，披上衣服，在可能發生任何進展之前趕走了他。

她後來寫道：「多麼遺憾！我經常後悔當時孩子氣地誤判情勢，未能將童貞獻給偉大的牧神潘（Pan）本人：強大的羅丹。若沒錯失這天賜良機，我的藝術和整個人生肯定會因此而更豐富！」

羅丹所有的風流韻事都比不上他對卡蜜兒・克勞岱的濃情烈愛，直到一九〇四年遇見克萊兒・德・舒瓦瑟（Claire de Choiseul）公爵夫人。儘管她的姓看起來很像，但舒瓦瑟並不是法國人——此乃法國社會急欲昭告天下之事實；而就許多標準衡量，她也不是公爵夫人。她本名克萊兒・庫德（Coudert），是富有的紐約人，十三年前嫁給法國侯爵夏爾—奧古斯特・德・舒瓦瑟（Charles-Auguste de Choiseul）。他因賭博而傾家蕩產，但仍於某年夏天讓自己在社交名流錄裡從「侯爵」升為「公爵」，夫人也隨之晉級。身為紐約名律師之女及《時尚》（*Vogue*）雜誌發行人康泰・納仕（Condé Nast）的小姨子，「公爵夫人」重視的是頭銜而非金錢。

舒瓦瑟與羅丹相識，起因於丈夫繼承了一座胸像，大概想出售，故寫信問雕塑家能否提供一點對它的看法。不知從何時起，他的妻子開始與羅丹通信，幾年內便以羅丹的「小妻子」自稱。對羅丹的眾多朋友來說，這是第一個跡象，預示未來將展開的長期權力鬥爭。在他們眼中，「公爵夫人」是其所能想像美國人最不堪的丑化形象：她渾身散發草藥酒（Chartreuse）和白蘭地的

17 從希臘中部塔納格拉村（Tanagra）古墳出土的赤陶小雕像，其人物多為從事日常活動的婦女。

臭氣，為自己的惡作劇放聲狂笑，在隔夜的妝容上覆蓋更多脂粉，並將頭髮染成棕紅色以搭配唇膏。最糟的是，她對藝術一竅不通。

然而，比羅丹小二十四歲的舒瓦瑟，卻使年已六十四的藝術家充滿生氣。他不在乎舒瓦瑟是否粗魯無禮——很多人也這麼說過克勞岱——他這輩子從未笑得如此開懷。羅丹很少讓肖像面帶微笑，他為舒瓦瑟雕塑的胸像即其中之一。

大多數人認為她完全控制了羅丹。初識時，她發現他「衣著邋遢，舉止笨拙，意志消沉，幾乎筋疲力竭」，決定將他改頭換面。她開始指導他穿什麼、吃什麼、如何梳理髮型。在她堅持下，他雇用理髮師每天早上來為他修剪鬍鬚、噴灑香水。他將寬鬆的罩袍換成昂貴的訂製西服與大禮帽；這副裝束在他身上，就如同海象穿套頭毛衣般地彆扭。

舒瓦瑟自認是羅丹駐現代世界的大使。當《紐約時報》記者問她，羅丹是否真的花許多時間跟一個美國人在一起，她回應：「是的，我以身兼二者為豪——世界最偉大雕塑家的繆思與世界最偉大國家的女兒……」

然而，舒瓦瑟並不滿足於僅僅當羅丹的繆思。她打算當他的經紀人、會計師、妻子，最後成為其資產執行者。她很快便收緊工作室的開放政策，要求朋友必須先從門房取得通行證，有時完全拒絕他們進入。有志成為雕塑家的女繼承人葛楚・范德伯特・惠特尼（Gertrude Vanderbilt Whitney）向羅丹學藝時——她祖父在附近街區擁有一間公寓，當時租給美國作家伊迪絲・華頓（Edith Wharton）——驚異地發現公爵夫人竟不准他的訪客入內。據稱舒瓦瑟說：「既然我在這裡，就不用打擾他。我處理所有的事。我就是羅丹！」她專斷跋扈的把關作風使一位記者謔稱她

羅丹與舒瓦瑟公爵夫人在工作室。

為羅丹工作室的地獄守門犬（Cerberus）。其他人則給她取了「流行性感冒」（The Influenza）的綽號。

在默東，里爾克並未注意到巴黎瘋傳的各種羅丹花邊新聞。詩人耗費太多心力應付藝術家的信件與蕭伯納造訪，根本沒時間待在巴黎。

四月二十三日，蕭伯納回倫敦後兩天，里爾克在處理羅丹的郵件時意外收到一封信。寄件者是羅丹在倫敦的主要贊助人威廉．羅森斯坦。羅森斯坦的朋友、英國畫家羅傑．弗萊（Roger Fry）剛接任紐約大都會博物館的繪畫部策展人，正考慮購入一些作品。羅森斯坦受好友請託，到巴黎對這些作品提供意見，並趁此期間拜會羅丹，後者則介紹他認識里爾克。

詩人很喜歡這位新結識的朋友，會面後即寄了封短簡給他，表示自己和羅丹衷心期待他有天能來默東看他們。里爾克接著描述萬神殿的慶祝活動很成功，並重複對蕭伯納的讚揚，說新完成的胸像散發著主人翁「驚人的力度」。

四月寄達默東的信是羅森斯坦誠摯的回覆。他回應里爾克的問候，並感謝其美言。儘管信中所云均屬尋常，羅丹仍勃然大怒。他並未允許里爾克私下寫信給他的朋友。內容無害對羅丹並不重要，他認為這行為本身即是背信而不可饒恕。

羅丹翻遍檔案，很快就挖出第二封未經授權的信，這是另一位重要收藏家兼作家海因里希．提森—博內米薩男爵（Heinrich Thyssen-Bornemisza）以德文寫給里爾克的。羅丹手執證據質問雇員，一向畏懼衝突的里爾克結結巴巴地解釋，雖然男爵的信確實是寫給他，但那只是因為他是羅丹的秘書。他提醒羅丹，早先寄給男爵的信曾經羅丹批准，也許大師忘記了？

更嚴重的違規行為則是和羅森斯坦往來，里爾克對此辯稱：羅丹將他介紹給英國人時，稱他為朋友而非雇員。因此里爾克以為，寫一封單純的短簡給新朋友並不會造成傷害。

羅丹拒絕聽里爾克的藉口。他的頑固令里爾克驚訝，但其他熟識藝術家的人早就習以為常。他的作家好友茱蒂特．克拉黛（Judith Cladel）寫道：「羅丹的性情開始轉變；他不耐煩又專橫，命令像利刃般落在無辜的頸項上。連最溫暖的朋友也黯然離去。」

羅丹立刻開除里爾克，做法「殘忍且不公平」，克拉黛聽到消息時想。里爾克覺得自己「像個偷竊的僕人」被趕出去。九個月的竭誠效勞後，因投機之罪遭驅逐，這懲罰著實嚴厲。羅森斯坦說，多年後他才驚聞那天寄給「可憐的里爾克」的信，竟「引起羅丹嚴重不滿」。但他也明白羅丹是出名的「難纏之人」。

這絕非羅丹首次對員工大發脾氣。對於任何過失，他的反應就像雄獅從睡夢中驚醒，暴跳如雷，事後才承認自己過度反應。他不斷開除又重新雇用助手；對一名十分器重的助手，他在兩年內就重複了這個循環五次。

藝術家的破壞能量衝著作品而來時，能造就許多令人讚嘆的截肢與斷片；但作用在人身上，它就只是破壞而已。當一名年輕模特兒——後來成為默片明星的路・特勒根（Lou Tellegen）——帶自己做的第一個黏土塑像來請羅丹批評，藝術家瞥了一眼，掄起工具便動手砍它。

「等他砍完，原本的塑像幾乎面目全非。剩下的部分，他也整塊摧毀，說『重新來過』，就走掉了。」特勒根在回憶錄裡寫道，羅丹「總是實話實說——除非他想得出更粗鄙的詞語」。

里爾克到默東時，羅丹的名氣已使他對於任何背叛的蛛絲馬跡更加敏感。而《沉思者》於萬神殿揭幕前的那幾星期，他飽受煎熬、亟需支持，卻見一向忠心耿耿的門徒向蕭伯納搖尾示好，更令他難忍疑忌。里爾克收拾好行李，夜幕降臨時，默東小屋已人去樓空。

羅丹沒時間面試里爾克的繼任人選，因此，當出身著名繪畫家族的熟人艾伯特・盧多維奇（Albert Ludovici）建議兒子來應徵，羅丹便當場錄用了。

二十五歲的英國作家安東尼．盧多維奇（Anthony Ludovici）自從在一九〇〇年世界博覽會初見羅丹的作品，便一直傾心仰慕。但他到默東履職時，用「失望」形容其心情仍太輕描淡寫。雕塑家看起來老邁、冷硬，被工作室川流不息的訪客折騰得筋疲力竭。委製的胸像幾乎占據了他所有時間與心力，但其餘的生產仍馬不停蹄地進行。羅丹如今經營著一座名副其實的工廠，大量製造各種尺寸和材質的舊作複製品。羅丹每雕塑出一件蠟像或黏土作品，助手便將它翻製成十幾個石膏版本，其中有些會澆鑄成青銅像，或送到石坊去鑿刻成大理石像。

羅丹粗野的村夫舉止嚇壞了老成世故的青年。盧多維奇發現他「沒受過教育、粗魯無禮，在家庭生活中與一個地位遠低於他的女人過從甚密」，也就是蘿絲。不像里爾克，盧多維奇不認為同羅丹交談能學到什麼，所以決定獨自吃早餐。

盧多維奇也認為羅丹有時極不公平，他要求員工完全放下自我，以「毫無保留的同情、寬容與忠誠」待他，卻很少回報其善意。當一名女僕告訴盧多維奇，前任秘書的離職正應驗了「陶鍋遇到鐵鍋」的俗諺，他並不訝異。伊索寓言裡，每當細緻的陶鍋試圖與強硬的鐵鍋玩耍，總落得破裂的下場。

如同里爾克，盧多維奇也撰書記敘與羅丹相處的時光。他的《私憶羅丹》（*Personal Reminiscences of Auguste Rodin*）少了盲目的敬畏，而以冷靜客觀取勝。盧多維奇在書中指出羅丹對兒子十分殘酷，他一次也沒聽過藝術家說出奧古斯特．波雷的名字。盧多維奇親眼目睹奧古斯特寫給父親的信，通常稱呼他「羅丹先生，雕塑大師，榮譽軍團司令」，內容卑微得令人心碎。奧古斯特會在報紙上看到父親的名字，於是寫信恭賀他得獎或展出成功、登上頭版新聞。盧多維奇也知道這些信通常都石沉大海。

奧古斯特令父親感到難堪——羅丹始終認為這男孩智力遲鈍而不屑一顧。他是否真患有某種殘疾，抑或羅丹的評斷太嚴苛，我們不得而知。有些傳記作家說奧古斯特幼年曾自窗戶摔落，但此事從未經確認，也不見任何腦傷診斷。無論如何，羅丹從一開始即視此男孩為負擔，還把他送去跟姨媽同住多年。

成年後，奧古斯特在父親眼中仍舊不成材。盧多維奇十分不忍地得知，儘管羅丹已十分富有，這年輕人卻一貧如洗，靠著販售二手衣物勉強維生。

六個月後，盧多維奇覺得不堪勞累又不受重視，辭去了羅丹秘書的職位。他後來寫道，任期結束的方式與里爾克大同小異：「為了微不足道的誤會爆發激烈爭吵，過程中羅丹粗暴得令人無法忍受。」

盧多維奇後來成為保守的基督教作家及小有名氣的尼采學者，但因早期曾支持希特勒與優生運動，很快就被知識界打入冷宮。二戰結束一年後，盧多維奇暫停其對於女權及黑人入侵英國的撰述，評論里爾克《羅丹論》的新英譯本。他寫道自己原本預期詩人會藉機以文字報復羅丹開除他。

事實上，里爾克曾短暫考慮過這麼做。預備發表此書的第二篇論文時，詩人內心交戰，考慮應否用更批判的語氣來寫。他開始擔心早先對藝術家的熱切推崇，其實已受到「羅丹教我們提出的要求」所影響，而不見得植基於其實際成就。但他最後仍決定，目前的時機並不適合「說出對羅丹的新看法」。引入前後矛盾的意見只會令讀者困惑，並破壞原書的讚頌精神。

盧多維奇敬佩里爾克著書的信念與原創性，在書評中論斷：「里爾克秉性寬厚，善於體諒，對人性理解至深，是以在面對過度勞作且被大肆吹捧的藝術家時，不會僅因其暴躁失控，而影響自己對其畢生志業的詮釋。」

聖經〈路加福音〉裡有一則浪子回頭的寓言，講述一個恣意妄為的兒子返家投靠父親的故事。兩兄弟中的弟弟提前分走家產，遊蕩四方，揮霍無度；哥哥則留守家園為父親工作。最後，浪子耗盡錢財，疲憊、飢餓、身無分文，不得不回家。

父親一望見久違的小兒子，便急急趨前擁抱，吩咐長子備宴慶祝。大兒子十分驚愕：為什麼要褒揚任性自私的弟弟？更何況自己盡忠職守多年，卻未曾獲得此等榮耀。父親回應：重要的不是那浪子過去做了什麼，而是他迷途知返。

里爾克在巴黎尋找新家時，心裡想著這則寬恕的寓言。令他意外的是，救生索竟來自另一名在城市漂流的浪子：老友寶拉．貝克。三個月前，貝克趁丈夫熟睡，於深夜離開了沃普斯韋德。她寫信告訴里爾克自己打算來巴黎，宣稱：「我不是莫德索恩，也不再是寶拉．貝克。我就是我。」她說很想再見到他，想見羅丹，而最重要的，想要工作。

里爾克沒料到貝克能獨自撐這麼久，但她頗滿足於身無長物，只有畫架、松木椅和工作檯相伴的生活。她搬進習慣住的旅館，位於卡塞特路（Rue Cassette）二十九號，盧森堡公園北邊的幾個街區外。地方雖然窄仄，卻很便宜，且允許按週租賃。當里爾克五月來找她探詢住處，她便幫他在樓上租了個房間。

他立刻入住，房間俯視一座教堂中殿，里爾克覺得它像一艘沉船沒入天際。坐在新書桌前，他提筆告知維絲陀芙自己遭開除的消息，試圖以通情達理的風度承受此羞辱，對她說羅丹也許察覺到他的痛苦，出於憐憫才將他解雇。這個安排遲早總得結束，他推想，或許這其實是個「快樂的」結局。

但在次日給羅丹的信裡，里爾克透露了內心真正的痛楚：「我深受傷害。」羅丹的任意解雇讓他覺得自己只不過是員工，但他一直以為自己「私人秘書的身分只是表面」，「實則為自願付出、互助互惠的朋友」，如莎樂美後來所言。

里爾克繼續寫道：「倘若是祕書，您不會讓我住在與您如此親近的地方。」他再度為自己的舉動辯護，聲稱那些違規只是誤解，而非背信。但無論羅丹最終相信與否，里爾克矢言忠誠不渝：「我了解您明智的生命組織，對於任何看似不利於維持其功能完好無損的事物必會立即排拒……我將不再見您——但是，正如那些始終孤單而悲嘆的使徒，生命於我重新開始了，這生命將頌揚您偉大的楷模，並在您身上尋得撫慰、誠實與力量。」

對里爾克來說，從羅丹身邊流放不僅是情感受傷而已，也截斷了他作為藝術家所取得的重要進展。他覺得自己像葡萄藤在不當的時機被修剪，「本應是嘴巴的地方變成了傷口」。他於該月寫的〈一九〇六年自畫像〉（*Self-Portrait from the Year 1906*）生動地描繪了自己脆弱的狀態：

眼神猶帶童年的恐懼與憂鬱
不時顯出謙恭，但非奴顏卑屈，
而是樂於效勞，有如婦女。
嘴就像嘴的樣子，大而分明，
不甚具說服力，然於表達正義時
直率堅定。

In the glance still childhood's fear and blue
and humility here and there, not of a servile sort,
yet of one who serves and of a woman.
The mouth made as a mouth, large and defined,
not persuasive, but in a just behalf
affirmative.

寫下這些詩句的同時，里爾克也成為另一幅肖像的主角。貝克在居禮安學院修課，需要練習畫人像，卻請不起模特兒。里爾克答應在晨間為她擺姿勢。但某次畫像時，敲門聲響起，貝克從窗簾間窺看街道，旋即猛力將其拉緊，轉身對里爾克悄聲說：「是莫德索恩。」

她丈夫不斷來信責怪她自私又殘忍，她則堅持自己絕非冷酷無情，因為藝術本身即是一種愛的形式。他求她回來；她求他放手。

到目前為止，里爾克設法避開了他們的衝突，但現在他覺得左右為難，擔心若對貝克的作畫提供太多支援，會讓自己看起來像站在她這邊。那天他擺完姿勢離開，貝克與莫德索恩談過，但仍決意留在巴黎，並即寫信給丈夫：「求求你讓我們倆都早日脫離苦海。放我走，奧托。我不想要你當丈夫。我不想要丈夫。接受這個事實。接受這個事實。別再折磨你自己了。」

貝克的姊姊很氣她，老友卡爾·霍普特曼[18]說她無知又軟弱。里爾克並未直接表態，但不再回來為她擺姿勢，藉此暗示立場。貝克放棄肖像而轉向靜物畫。

寶拉·莫德索恩—貝克所繪的里爾克像，一九〇六年。

某種意義上，這幅未完成的畫卻更精準地呈現了它的主角——他本身仍只是一個男人的輪廓，不具確切內涵。貝克任其雙眼成為無特徵的黑圓圈，而未填入淡藍色的瞳眸和困倦的眼皮。這就是詩人的眼睛：門戶洞開，毫無戒備地將景象盡收眼底。嘴巴朝兩側伸展，像詩裡那樣「大而分明」；但在貝克的畫像裡，它微微開啟，如里爾

18 參見第五章。

克所描寫剛修剪的葡萄藤。兩件作品都是描寫轉變的肖像，但貝克的畫更具先見之明地呈現出一個瀕臨邊緣的詩人。

里爾克疏遠貝克，接下來一個月都關在旅館，像個僧侶。他告訴妻子，他「每天獨自在房裡跪下、起身，而我將把自己在其中的遭遇都視為神聖：即使冀盼落空、即使失望、即使被遺棄」。

倘若詩是里爾克信仰的神，天使便是引導他通往詩的文字。果然，夏特的石雕天使此時帶著詩句回到他身邊。在〈日晷天使〉（*The Angel with the Sundial*）中，里爾克接受了將他的世界與天使區隔的距離。他回想那天幾乎將他吹倒的狂風，對石雕卻毫無影響。他質問日夜捧持日晷的天使對他的境域有多了解，在最後一節寫道：「石質的存在啊，對於我們的生命，你知道多少？」（What do you know, O stone one, of our life?）

過去九個月在里爾克腦中不斷累積的想法，終於一口氣傾洩而出，成為日後兩冊《新詩集》的前半部。雖然他至少開始寫作了，但仍貧困而迷惘。這並非他人生中首度感覺像被拋棄的浪子。

直到自己滿腹無奈地被逐出「父親的」房子，他才對這個故事有了新的認識。也許浪子邁入未知地域的旅程並非自私，而是勇敢。事實上，我們說不定會可憐長子留下來，因為他相信人的命運取決於出生的地方，其人生將一成不變地蹣跚前行。浪子會繼續探險，品嘗自由，甚或發現上帝。

羅丹的青銅男孩跪在地上，雙臂甩向天空，其所描繪的便是這種浪子。這件作品起初命名為《浪子》（*The Prodigal Son*），後來改為《祈禱》（*Prayer*），里爾克認為兩種標題都不對，在專論中寫道：「這絕不是一個跪在父親面前的兒子。這種姿態必然是向著上帝，而所有需要祂的人都體現在如此跪著的人像中。一切空間都屬於這塊大理石；它在世上孑然獨立。」

在〈浪子離家〉（*The Departure of the Prodigal Son*）裡，里爾克如此顛覆了這則寓言：

是的，繼續遠行，手掙脫手的牽連。
遠行向何處？至不可知處，
到一個與我們無所干係的國度

Yes, to go forth, hand pulling away from hand.
Go forth to what? To uncertainty,
to a country with no connections to us

他用這首詩的最後幾行來稱許人子的出走，而非歸來：

放手——
即使你必須孤獨地死去。
這就是新生命的起始嗎？

To let go—
even if you have to die alone.
Is this the start of a new life?

對里爾克來說，這至少是新篇章的起始。他已正式離開羅丹家，並將於七月底再度上路，先去比利時海岸小住，再前往柏林。他的贊助人卡爾・馮・德爾・海德特匯來兩千馬克，支助他度過變動不居的時期。里爾克曾告訴他：「最近這段日子很混亂，告別巴黎十分困難，令人百感交集。」九月，詩人一心想去希臘，寫了封情辭並茂的長信，請求馮・德爾・海德特也為此行出資。他說自己需要完成第二篇羅丹專論，而最適合此工作的環境莫過於雕塑家的精神故鄉：希臘。

然而，當某男爵夫人邀請里爾克到卡布里島（Capri）作客過冬，上述計畫又煙消雲散。此時馮・德爾・海德特已開始失去耐性，責備里爾克需索無度，認為詩人也許在起步時需要資助，但終究應努力爭取經濟獨立。

里爾克對這番指控的回應，一如往常地強詞奪理，聲稱正因他非常重視獨立，所以才無法養活自己。羅丹的聘雇已將他囚錮太久、迫使他犧牲自己的工作，因此他拒絕再為賺錢而放棄自由。最後，馮・德爾・海德特匯了款，里爾克出發，在三十一歲生日那天抵達卡布里島。

詩人隨興所至的昂貴旅行並不只惹惱贊助人而已。在柏林，維絲陀芙也向新朋友莎樂美抱怨里爾克的長期缺席。他們所謂的「內在婚姻」以通信和距離為基礎，已使她必須獨力撫養璐得，而其教學收入往往連餬口都很勉強。

莎樂美非常震驚，勸維絲陀芙通知警方——如果里爾克再不快開始履行父親的義務。維絲陀芙想必知道，單單是採取法律行動的建議，尤其這建議來自他親愛的露，便足以羞辱里爾克，最好能令他因此就範。她寫信對丈夫轉述了他朋友的話。

如其所料，這封信將里爾克的義大利假期炸得天翻地覆。他回了封情緒激昂的辯護書給妻子，也等於迂迴地寫給莎樂美，知道她會聽說信的內容。他指控老友虛偽，提醒她們：莎樂美一向敦促他將創作提高到所有外在需求之上。做父親是光榮的任務，但詩人的天職是刻不容緩的使命——他慷慨陳詞，卻罔顧莎樂美曾勸他根本不要成家的事實。

里爾克懇求妻子諒解，接著又稱讚她，但仍堅持追求浪子之路的決心：「直到那最後的、終極的、究竟的聲音對我說話之前，我都不會放棄這充滿風險、經常不負責任的立場，拿它交換某個更好解釋、更認命順服的職位。」

里爾克並非不重視愛，只是偏好它作為不及物動詞：沒有受詞，像個散發光熱的圓。否則愛便是占有，被愛則是被占有。他在《馬爾泰手記》裡說得更明確：「被愛是化為灰燼，愛則是永夜不熄的燈。被愛瞬即消失，愛則長久持續。」對里爾克來說，家的壁爐是最明亮熾烈的火焰，他寧可跳窗逃生，也不要冒著被活活燒灼的危險；如果摔死，至少那傷痕累累的面孔仍強過一張看起來像別人的臉。在里爾克心目中，家庭是自我之終極毀滅。

他沒看出妻子至少部分同意他——只不過想實現天職的人是她。因此當里爾克在卡布里島過耶誕，維絲陀芙去了埃及，那兒有些朋友委託她塑像，並提供工作期間的住所。里爾克很多年沒見她如此堅決：「自從第一次接觸羅丹後，她便不曾像現在這樣，懷著極大的需求與真切的渴望，去爭取任何事物。」

隨著自己進入創作生涯的休耕期，或許他也有點羨慕妻子的勤奮。義大利之行證明是徹底錯誤，太多事讓人分心：醉醺醺的德國觀光客在鎮上四處喧鬧，女主人的朋友們熱中社交而疏於工作。義大利雖不難找到僻靜的角落，巴黎卻是他唯一真正能工作的地方。這座城市對待他的方式有點像軍校：迫使他在恐懼中寫作，從而克服恐懼。只不過這次他尚未有機會完成教育，就被羅丹驅逐了。

他在二月寫道：「我再度積貯了大量對於全然孤獨的渴望，渴望巴黎的孤獨。當我認為孤獨是接下來必要的處境時，這判斷多麼正確；而當我違背自己的所有理解，半是錯過、半是浪費了這個機會，對自己的傷害又多麼深重。它會再來嗎？依我看，一切都取決於此。」

他等待時機，直到春天維絲陀芙從埃及回來。他們在義大利共處了兩星期，但任何殘留的蜜意情絲如今皆蕩然無存。里爾克一直很想聽她講非洲的事，維絲陀芙卻無可奉告。她帶著失望的表情走來走去，令他想起波雷終年不變的苦臉，那曾讓一位熟人驚呼：「我的天，她非得讓自己看起來這麼惹人嫌嗎？」維絲陀芙和里爾克再度分道揚鑣；這回她赴德國，他則獨自去法國。雖然這對夫妻在未來幾年仍保持密切聯繫，但婚姻的形象已不再是他們試圖維護的東西了。

里爾克知道這次巴黎將有所不同。他不再是任何人的兒子或秘書。他甚至稱不上是父親和丈夫。他思忖著，讓那些戀人把彼此當葡萄酒暢飲吧，他終於從那些藤蔓的糾纏脫身了。卡卜斯曾抱怨生命中所愛的人漸行漸遠，當時里爾克告訴他，應該轉而看看「你周圍的空間正開始擴大」。這就是他目前身處的空虛之地，弦外行間的某處，他終於能夠自由呼吸。

第十一章

隨著二十世紀脫離十九世紀奔向未來，新世代的藝術家們頭也不回地闖入未知領域。許多西歐藝術家擁抱殖民地的探索精神，在作品中挪用「原始」非洲藝術並玩弄各種性禁忌。短短幾年間，棉絮似的印象派筆觸已硬化成尖釘般的立體派線條；莫內以陽傘妝點的仕女褪下層層衣衫，僅剩圖魯斯—羅特列克的羽毛和吊襪帶。

法國朝向立體派，義大利朝向未來派，德國朝向表現主義，這些同時邁出的步伐共同為新的抽象藝術鋪路，它勢必會解放繪畫，或摧毀之，端看你問誰的意見。若有什麼稱得上是代表時代思潮的文學宣言，那就是德國藝術史學家威廉・沃林格一九〇八年出版的著作：《抽象與共感：風格心理學》（*Abstraction and Empathy: A Psychology of Style*）。

年方二十六的博士候選人原本只是要寫博士論文，完全沒料到甫發表即廣獲熱烈回應。此書之發想出自偶然，如作者在較晚版本的序文解釋：他一直在尋找研究主題，經年累月卻茫無端緒，直到一九〇五年某天造訪卓卡黛羅宮（Trocadéro），亦即巴黎民族學博物館，才突然有了靈感。

巴黎人多半會避開這棟遺留自一八七八年世博會、如今破敗而霉味瀰漫的建築。沃林格後來回憶，那個春日除了他自己和兩位年長的紳士，博物館內空無一人。他認出其中一位正是曾在柏林教過他的教授齊美爾本人。社會學家當時在里爾克幫忙安排下，到巴黎會晤羅丹。

教授顯然沒看見之前的學生，兩人從頭到尾都沒交談。然而，正是在那幾小時裡，當他們同處博物館，「置身於某種聯繫——某種只因教授在場所創造的氛圍才成立的聯繫」，沃林格「在某種突然的、爆發性的誕生行動中」，體驗到「理念的世界；之後，該世界成為我的論文內容，並將我的名字首度帶到公眾面前」。

沃林格回家後，便著手進行一場龐雜的理論探究，調查藝術運動何以在歷史的各個時間點發生。他從未解釋那天齊美爾的在場究竟發揮了什麼作用，但他顯然因此想起這位社會學家關於社會動盪及其所孕育的各種創造性運動的研究。現在，沃林格將這些觀念與另一位教授的理論融會貫通，亦即之前也教過他的西奧多．李普斯。李普斯對共感的研究影響了沃林格目前的信念：一切藝術都涵蓋在「抽象」與「共感」兩範疇裡。他認為整個藝術史的連續體在此二極間展開。任一藝術運動出現在此光譜上的時間點，都與產生運動之社會的心理健康有關。

共感的藝術通常是具象的，蓬勃發展於繁榮興盛的時代。這些時期的藝術家研發出各種傳達向度、深度和其他繪畫幻象的技巧，以便讓自己環繞在幸福現實的映像裡。沃林格論稱，舉起鏡子照向外在世界，讓那些古希臘或義大利文藝復興時期的藝術家得以認同它的美。

另一方面，抽象興起於動亂。忍受戰爭和飢荒的藝術家，透過使用井然有序的數學形式，如拜占庭帝國的幾何馬賽克或古埃及金字塔，力求組織其混亂的生活。沃林格認為重複具有撫慰的效果，尖角的形狀則與人體的柔和圓潤相悖，而藝術家試圖藉此與悲慘的現實保持距離。

完成手稿後，沃林格將副本寄給所有他覺得可能願意翻閱的人。其中一位是評論家保羅．恩斯特（Paul Ernst）。他並不知道這是尚未發表的學生論文，決定在頗受歡迎的德國藝術雜誌《藝術與藝術家》寫篇書評，讚揚它切合時代精神且具先見之明。

沃林格的二元架構或許過於簡化，然其縱論古今的氣魄卻立即引來眾人好奇。該期雜誌才在書報攤上架，書店就開始接到訂單，要買這本甚至尚未有出版計畫的書。慕尼黑出版商萊因哈德．匹柏（Reinhard Piper）也來詢問如何取得一本。當他發現書其實還不存在，便由自己的公司在一九〇八年出版《抽象與共感》。此書迄今已再刷二十次，有九種譯本，其發行版本之多，據藝術史學者烏蘇拉．赫格（Ursula Helg）說，超過「其他任何德國現代主義的理論著作」。

齊美爾率先恭賀沃林格寫成此書。原來《藝術與藝術家》的書評人是齊美爾的朋友，很早就寄了一份副本給教授。當齊美爾寫信告訴年輕作者他是如何欣賞這本書，沃林格說，該信「的效果有如搭建了一道饒富意義的神祕橋樑」，通往他「最快樂的構思時刻」。

幾年後，莎樂美寄了一本給里爾克。他大概並不知道，由於自己安排齊美爾待在巴黎的期間恰巧與沃林格重疊，因此間接促成此書之創生。他回信說自己「深表贊同」。（莎樂美並沒有那麼欣賞這本書，她告訴里爾克，既然他那麼喜歡，書就送他好了。）

沃林格主張藝術的作用在於表述自我，此書因而為德國表現主義運動及康丁斯基、奧古斯特．馬克（August Macke）和法蘭茲．馬爾克（Franz Marc）等藝術家做了見證；這三位組成了唯靈論（spiritualism）的藝術團體「藍騎士」（Der Blaue Reiter）。馬克的妻子伊莉莎白．埃德曼—馬克（Elisabeth Erdmann-Macke）寫道：「終於，就這麼一次，出現了願意接受並理解這些新想法的學界人士，也許他會挺身而出，在眾多保守傾向的藝術史學者面前為它們辯護；那些學者從一開始便拒絕任何不尋常的新事物，甚至根本懶得理會。」

在這樣一個因緣際會的文化時刻問世，此書賦予了沃林格近乎先知的地位。他撰寫前現代抽象藝術運動的這兩年間，喬治．布拉克（Georges Braque）和畢卡索（Pablo Picasso）也藉著把時間與動作壓扁在奇異的平面上，在工作室裡創發出一場新的抽象藝術運動。《抽象與共感》刊行那年，馬諦斯（Henri Matisse）抱怨布拉克在一九〇八年巴黎秋季藝術沙龍（Salon d'Automne）展出的作品只不過是一堆「小方塊」。

前一年，畢卡索畫了《亞維農的少女》（*Les Demoiselles d'Avignon*），這幅天啟式的傑作定義了一個時代之終結與另一時代之起始。如同塞尚的浴女，畢卡索一九〇七年的畫裡扁平的裸體妓女拒絕了古典透視法則。缺乏深度感的左邊三名女子似乎前進到畫布前方，彷彿在招引觀者。右邊兩人則戴著非洲面具。畢卡索比塞尚走上更粗暴的極端：他毫不留情地切割人像，再拼接成新的幾何圖形。

如同沃林格的博士論文，畢卡索也是在造訪卓卡黛羅博物館時萌生《亞維農的少女》的靈感。在那裡，他初次見到剛果人的面具，它們含有某種他和沃林格試圖解釋的藝術邏輯。在沃林格看來，這面具是促成抽象的觸媒，因為它掩藏了佩戴者，並將他從駭人的社會抽離。對畢卡索來說，面具是「武器」，用以保護部落藝術家對抗邪靈。他們相信藉由賦予恐懼形式，可驅逐內心的害怕。當下在卓卡黛羅宮，畢卡索「領悟了為何我是畫家」，他說：「《亞維農的少女》肯定是在那天降臨我心中，但絕非因為那些形式；因為它是我的第一幅驅魔畫——絕對是的！」

約莫此時，畢卡索在朋友蘇洛阿加的工作室牆上看見一幅葛雷柯的畫，更堅定他創作《亞維農的少女》的雄心。他一再回來看它：畫中的聖人有著拉長的身軀，朝向風雨如晦的天國高舉雙臂。這幅《聖約翰所見異象》（*The Vision of St. John*）正是羅丹兩年前與蘇洛阿加同遊西班牙時，力勸他不要買的祭壇畫。因為這幅如今懸掛在大都會博物館的畫，畢卡索推斷立體派起於艾爾．葛雷柯，因而「源自西班牙」。

長久以來為羅丹所厭惡的艾爾．葛雷柯，於二十世紀重新成為流行，意味著雕塑家與新世代日益疏離。他認為立體派是刻意斧鑿的運動，「年輕人太急著想在藝術上求進步」，他們「追求創意，或他們自以為的創意，而趕緊模仿它」。

隨著歐洲藝術家愈來愈從遙遠的殖民地汲取靈感，羅丹標舉法國文化的英雄式紀念像開始顯得與現實脫節。一九〇八年，即畢卡索非洲時期最投入的那年，羅丹完成《大教堂》（*The Cathedral*）：指尖相觸如 A 形的兩隻大理石手，構成狀似教堂拱頂的內部空間。新藝術擁護者（the new guard）視其為羅丹典型的煽情之作，大翻白眼。雕塑家漸漸成為藝術最陳腐傳統的象徵。藝術史學者埃爾森（Albert Elsen）寫道：「對大多數想發展自己認同的年輕藝術家來說，問題就是羅丹。」

馬約爾說：「我開始從事雕塑時，一點都不了解〔羅丹〕，他的作品完全無法打動我。我覺得它們很糟，就是這樣。」

相對於羅丹的作品表現動態和情感強度，年輕藝術家如今追求靜態、數學的漠然。馬約爾和莫迪里安尼（Amedeo Modigliani）都認為羅丹的創作過於具象，他複製每個線條和皺紋的精確手法，使作品顯得死板而侷促。他們想要剝除所有細節，將各種形式化約至其精髓。

一九〇四年，二十八歲的羅馬尼亞雕塑家康斯坦丁・布朗庫西移居巴黎，在羅丹門下當學徒，但幾星期後就辭職了。他發現自己一直下意識地模仿大師之作，因而斷定「大樹下長不出東西」。原則上他同意羅丹的觀點，即藝術家應努力傳達其主題的本質，但論及執行時，他的看法卻與羅丹大相逕庭：「任何人都不可能藉由模仿外表來表達任何本質上真實的事物。」

布朗庫西辭職三年後製作出自己的塑像，題為《吻》（*The Kiss*）。他以最簡潔的形式概括羅丹讓戀人相擁的姿勢：一塊石灰岩立方體，中央由一條線劃分為二。布朗庫西在一側蝕刻出長髮和乳房，除此之外，他親手雕鑿的原始形式中，看不出一絲羅丹的原初自然主義（arch-naturalism）或情緒特質。

馬諦斯亦於一九〇〇年收到雕塑家無甚助益的評論後，宣布將獨立發展。當時三十歲的馬諦斯帶著幾幅素描來找羅丹，羅丹在工作室親切地接待他，但對作品本身興趣缺缺。馬諦斯回憶：「他說我的手很靈巧，而那並非事實。」羅丹勸青年藝術家「仔細琢磨，仔細琢磨。仔細琢磨兩星期後，再拿來給我看」。

馬諦斯沒有再回來。他對講究細節的素描沒興趣，也不滿羅丹敷衍的態度。多年後馬諦斯回憶，那天羅丹「僅展現他器量褊狹的一面」。「他也只能這樣。因為這些老派大師所擁有的精髓，即其存在的理由，乃超乎他們所能掌握。他們完全不了解它，也就無法傳授。」他聲稱反正羅丹的回應對他已毫不重要。他的實踐正迅速變成「逆轉」羅丹之道。馬諦斯領會到，相對於羅丹能砍下《施洗者聖約翰》（*St. John the Baptist*）的手，在別的房間處理好再把它裝回去，他自己只能就作品的整體架構看待它。其實踐的基礎在於「以生動而具暗示性的綜合體取代解釋性的細節」。

在工作室不愉快的會面後，馬諦斯於同年以羅丹《行走的人》重塑一新版本。他雇用同一位義大利模特兒，雕塑出近乎一模一樣的姿態：沒有手臂，正邁出步伐。但馬諦斯題為《苦役》（*The Serf*）的人像較臃腫、粗糙，身材輪廓也較不分明。他操作羅丹表情豐富的雕塑語彙，以創造出更統一且接近繪畫的形式。

每一句不經意的侮辱似乎都將羅丹更牢固地釘在過去，而他也愈發剛愎地堅守此立場。他完全拒絕接受未來，漸漸變成「一個中世紀人物」，如塞尚所描述。他開始蒐羅大批希臘、埃及、東方與羅馬的古物，書房裡擺滿研究古文物的書籍。他買下陪葬的雕塑、還願燭杯、浮雕、花瓶、塔納格拉小陶俑、各種胸像和軀幹雕像，樣樣他都覺得「Que c'est beau !（好美啊！）」。這種不分青紅皂白的熱情使骨董商趁機哄抬價格，或賣贗品給他。羅丹過世後，《鑑賞家》（*Connoisseur*）雜誌懷疑他所擁有的假骨董可能多於真品。但他從收藏獲得的樂趣似乎從未因此稍減。他曾說：「在家裡，我有各種神祇的碎片作為日常享受。」這些作品「比活生生的東西更響亮地對我說話，也更感動我」。

骨董商並非唯一注意到羅丹算帳粗心的投機者。無論是想利用他或幫助他，舒瓦瑟公爵夫人確實是精明的生意人。她以靈活的手腕，將羅丹推銷給之前並不為其「淫穢」裸像心動的美國收藏家。一九〇八年，當藝術家史泰欽和斯蒂格里茨（Alfred Stieglitz）將羅丹的情色素描帶到紐約一間畫廊展覽時，美國評論家紛紛發出譴責。《紐約報》（*New York Press*）宣稱：「剝去所有的『藝術』氛圍後，它們就只是裸女畫像，其姿勢可能吸引描畫她們的藝術家，卻不適合公開展出。」

但舒瓦瑟卻看到絕佳機會，可好好利用美國的資本主義民族心理。她知道那裡的收藏家買藝術品，多半為了展示財富而非品味。因此舒瓦瑟針對美國收藏家提高羅丹作品價格，然後便坐觀需求增長。她特別向他們推銷羅丹的胸像，預測肖像將吸引其虛榮心。此法果然奏效：羅丹初識舒瓦瑟時，她說他每年賺不到一萬二千美元；一旦她親自經手他所有的巴黎買賣，即誇稱年收入增至八萬。

美國鐵路暨菸草鉅子湯瑪斯・福圖・萊恩（Thomas Fortune Ryan）來為胸像擺姿勢時，舒瓦瑟將其策略發揮得淋漓盡致。首先，她以些許同胞愛國情操鼓動其豪氣，吹噓他倆的國家是世上最偉大的，比其他任何地方孕育出更多有才華和潛力的人。但她感嘆，美國的精英階層並不像法國那樣支持藝術創作。然而，萊恩卻處於獨特的地位，能夠改變這一切，她說。把財富都揮霍在此生此世，豈不可惜？她問。何不開始思索他的遺澤？何不考慮購買更多羅丹的作品，捐贈給大都會博物館？難道他不想名垂青史，成為啟發美國人民認識偉大藝術的慈善家？

她的激將法成功了。實業家很快便買下數件羅丹的作品贈予大都會博物館，並捐出二萬五千美元，作為將來收購之用。舒瓦瑟希望此舉能給大都會博物館一些動力，有朝一日專為羅丹設立一間永久展覽室。

一九一〇年，她和羅丹在畢宏府邸（Hôtel Biron）招待大都會博物館的雕塑委員會主席丹尼爾．契斯特．法蘭區（Daniel Chester French）及其家人。法蘭區的妻子非常喜愛這座「美妙的宮殿」，談到羅丹時，她說：「我和女兒受寵若驚，因為他似乎很高興我們喜歡他的作品，彷彿我們的意見真的很重要。」不久後，法蘭區和同事投票通過將博物館北廊的一間展室闢為羅丹專用，兩年後開放，收藏四十件雕塑。

美國人終究會成為羅丹的最大支持者。藝術家去世後不久，美國影劇大亨馬斯特鮑姆（Jules Mastbaum）買下一百多件羅丹的作品，於一九二九年在費城創建羅丹博物館。至今它仍是巴黎以外收藏其作品最豐富之處。

然而，美國人對羅丹的熱情接納，並未能讓他更受歐洲同胞賞識。對於羅丹新塑的青年金融家胸像，丹麥藝評人喬治．布蘭德斯（Georg Brandes）形容它是「一個年輕的美國人，如同我們司空見慣的，不愚笨也不聰明，不沉悶也不有趣——就是件委製品罷了」。贊助人哈里．凱斯勒伯爵（Harry Kessler）初次見到舒瓦瑟時，不由得驚異「這老人竟有耐力跟這一堆美國人周旋」。

由於供不應求，有些人相信羅丹和舒瓦瑟開始利用美國人的無知賣出次級品。一名助手聲稱，送到大都會博物館的《畢馬龍與嘉拉蝶》（*Pygmalion and Galatea*）「並非他最佳之作」，連羅丹自己都將它收於別處，避免在工作室看到它。

他也可能只是記不清庫存。由於產量過於龐大，他已無法再監督每一件以其名義製作和販售的作品。他幾乎將所有的石雕外包，又授權太多的鑄造廠代表他生產作品。單單《吻》這件雕塑，他在世時就鑄了三百個青銅版本。雖然多產為他帶來巨富，羅丹卻也明白必須付出代價。他曾告訴一位作家：「如今全世界看到的都是複製品，而複製品總是會失去靈感乍現時的清新。」

忿然告別羅丹後又過了八年，馬諦斯儼然成為前衛陣營的大將。他與畢卡索並肩領導藝術革命，時而意見相左——對於現代藝術應呈現的樣貌，畢卡索自有其想法。這個西班牙人曾抱怨「馬諦斯的畫裡沒有一條垂直線」，馬諦斯則斷言立體派太刻板而死守教條。但他們一直維持友好的競爭關係，直到馬諦斯得知畢卡索把他的一幅畫拿來當飛鏢靶。

年長十二歲、自尊心強的馬諦斯無法容忍這種幼稚的惡作劇，深深受傷。就讀巴黎美術學院時，同學戲稱他「教授」；一九〇八年一月，常穿斜紋軟呢的畫家實現此預言，在巴黎創辦小型藝術學院。同世代的現代大師中，他是少數兼顧創作與教學者。因此當他宣布免費授課，立即有數百位學生報名。

學生們期待在「野獸派畫家」（fauvist）本尊指導下，體驗奔放不羈、油彩四濺的課程，卻備感失望。馬諦斯傳授人體寫真與靜物寫生等傳統技巧。即使他打破自己所受的一切訓練規則，卻仍鼓勵學生精熟各種古典技法，並常引述另一位畫家庫爾貝（Gustave Courbet）的話來解釋：「我只是想在對於傳統的全面認識下，維護出於自己個性之合理而獨立的感受。」但繼續留下來上課的學生，包括作家葛楚・史坦（Gertrude Stein）的兄嫂[19]及美國畫家麥克斯・韋波（Max Weber），則找到了極為深思熟慮的導師。最後，馬諦斯要求他們只臨摹自然，為的是能夠辨識圖像的基本組成，拆解它，終而表現出他們個別的藝術風格。

一九〇八年五月，馬諦斯擴大學校規模，移到傷兵院大道（Boulevard des Invalides）路口、瓦雷納路（Rue de Varenne）七十七號一處更大的空間。它本是坐落在僻靜街區的私邸，周圍環繞著十八世紀貴族所建的豪宅，許多後來都變成政府機關。

馬諦斯來到這裡時，曾經富麗堂皇的宅院已年久失修。它興建於十八世紀初，大門寬闊得足以容馬車長驅直入，門鈴裝設在騎士的高度。這棟建築後來被稱為畢宏府邸，畢宏公爵（Duc de Biron, 1700-1788）在此居住的期間雖短暫，但十分鍾愛它，不僅裝修內部，還將花園面積擴增為兩倍。

公爵去世後，俄國皇帝曾短期占用此處。之後三名修女於一八二〇年將它買下，創立聖心女校（Couvent du Sacré Cœur）。修女剝除內部的法式洛可可（rocaille）裝飾，賣掉鏡子和鑲板，任花園荒蕪。她們卸下弧形樓梯的鍛鐵扶手。前階生出苔蘚，幾乎要爬上客廳的方格地板。

一九〇四年，當政府首度採取措施要修女遷出時，房舍已歷經一世紀的蹂躪與改造，看起來隨時都會崩塌。法國那年通過政教分離法，加強教會和國家的分立，聖心女校亦遭關閉。最後一名修女於一九〇七年搬走，清算人接管宅邸，以賤價出租給任何敢住進危樓者，直到最後拆除為止。

但房東顯然太低估畢宏府邸的頹廢魅力，消息傳出後，藝術家趨之若鶩，彷如蒼蠅被腐爛的水果吸引。藝評家古斯塔夫・柯吉歐（Gustave Coquiot）寫道：「一大群喧鬧的人湧入，不久，每個縫隙和角落都爬滿他們的蝨子。」

單憑低房租這個誘因，就足以讓馬諦斯搬進其中一間套房，並租下工作室，以簾幕隔間，與學生共用。雖然那年的秋季藝術沙龍由馬諦斯掛頭牌，但令人遺憾的是，他在法國的聲譽仍遠不及美國和俄國對他的重視。畢宏府邸是他能夠負擔的最佳選擇。

至少花園給了他兒子玩耍的空間，庭院裡的亭閣則可供他上課。馬諦斯的早期仰慕者多半住在國外，許多學生亦然。這些來自挪威、俄國、羅馬尼亞和美國——幾乎什麼地方都有，只除了法國——的年輕遊子，有些便睡在閣樓。

當《可怕的孩子》（*Les Enfants Terribles*）的作者尚・考克多自己還是個可怕的孩子，有天下

畢宏府邸。

19 即麥可・史坦（Michael Stein）與莎拉・史坦（Sarah Stein）。

午逃學，誤打誤撞發現這座神祕的宅院。他在花園裡躡手躡腳地走著，想像虯結的樹木和玫瑰花叢必定藏著多年的祕密。這庭園似乎「標誌著尋寶的終點——巴黎就像小地方的跳蚤市場，藏著各種寶貝，等人來將它翻遍」。彷彿已預見自己在那兒舉行月光派對和化妝舞會的情景，他推開沉重的大門，問門房能否到處看看。

泛黃的牆面令他想起波特萊爾與其「大麻俱樂部」（Club des Haschischins）聚會的旅館，他們在那裡吸食鴉片和大麻，相信能藉此消解創造力的障礙。考克多得知畢宏府邸整年的租金等於廉價旅館的月租，當下就拿出母親給的零用錢租了間房。那晚他拖來一架鋼琴、沙發和火爐，放在新承租的二樓備用寓所。

不久後，徐娘半老、以豐滿自詡的夜總會歌手珍妮·布洛赫（Jeanne Bloch）搬進馬諦斯隔壁的房間，神氣活現的羅馬尼亞演員愛德華·德·麥克斯（Édouard de Max）——當時與法國名伶莎拉·伯恩哈特（Sarah Bernhardt）同台演出——則搬進禮拜堂。伊莎朵拉·鄧肯租下俯臨花園的長廊，作為排練舞蹈之用。如同那時候的許多藝術家，鄧肯希望作品能融入其他各種藝術形式，而畢宏府邸正是完美的所在，讓她置身各式各樣充滿創意的雕塑家、詩人、劇作家或至少有趣的人物當中。

緊接著馬諦斯之後，雕塑家克拉拉·維絲陀芙也加入這形色斑雜的一群。她將璐得留在德國，再次到接近羅丹的地方創作，希望得到他指教。她已習慣在沒有里爾克的情況下自覓住處。這回她詢問一些相熟的藝術家，是否知道城裡有便宜的住房。一位朋友告知，某個前修道院有租金低廉的角間工作室；那建築命運未卜，但趁著市府尚未決定如何處置，一些藝術家正善加利用。

維絲陀芙推開通往庭院的鐵柵門，褪舊的灰色大宅佇立在荒煙漫草中，彷彿某個鬼故事的場景。但當她走進室內，望見光線穿透巨窗湧入，以及所有供她鋪展的空間，便再無一絲猶疑，立即到辦公室租下房間。

第十二章

與羅丹決裂整整一年後，詩人於一九〇七年五月回到巴黎。在義大利時他祈求孤獨，即便一個鐘頭也好；如今孤獨與他形影不離。既為羅丹所逐，又疏遠了貝克和維絲陀芙，他別無選擇，只能擁抱與世隔絕的生活。

起初，為了慶祝回歸，他住進最喜歡的客棧：臨眺塞納河風光的伏爾泰堤道酒店（Hôtel du Quai Voltaire）。華格納和王爾德曾住過這裡，而且，波特萊爾五十年前即於此完成《惡之華》。里爾克把握時間四處遊覽。他享受過土耳其浴場一日遊，造訪聖母院，也到巴葛蒂爾宮（Bagatelle Palace）看馬奈（Édouard Manet）的《草地上的午餐》：畫中，一名裸女與身著全套西裝的男伴閒坐在公園。里爾克心想：這才是畫家。在博翰珍畫廊（Galerie Bernheim-Jeune），他看到梵谷所繪的「夜間咖啡館，深夜、陰鬱……」。里爾克覺得藝術家將燈暈畫成同心圓的風格「極具震撼力：在它面前，人頓時變得老耄、萎蔫、睏倦地哀傷」。

他也回到鍾愛的動物博物館：巴黎植物園。當初曾為黑豹著迷，如今則是三隻瞪羚攫住他的想像力。牠們在草叢裡休息、伸懶腰的模樣很像女人倚臥在躺椅上，遒勁的後腿則讓他想到步槍。他寫道：「我根本沒辦法走開，牠們實在太美了。」

但是，住了幾天酒店後，他必須降級至更便宜的住處。他回到卡塞特路上、之前與貝克待過的旅館。那地方看起來都沒變，只有一個無法抹滅的差別：貝克走了。數月前她告訴維絲陀芙她改變了對巴黎的想法，並回到沃普斯韋德的丈夫身邊。她說她不再「充滿幻想」，不該以為自己是「那種可以獨立生活的女人」。

她曾咬緊牙關試圖在巴黎自力更生，但她的顧客開始相繼取消交易和約會，推說太忙而無法跟單身女性往來。朋友若非理直氣壯地站在莫德索恩那邊，就是像里爾克一樣惶然退避。走投無路時她曾問里爾克，可否加入他和維絲陀芙計畫中的旅行，一起去比利時海岸？但也被他拒絕了。

這種處境延續數月，貝克的決心愈漸薄弱。她寫信向莫德索恩道歉，承認自己或許沒想清楚：「我這可憐的小東西，分辨不出哪條才是該走的路。」她邀他來巴黎住幾個月。兩人並肩工作，同床共眠，直到她發現自己懷孕。冬日將盡時，他說服她一起回到沃普斯韋德。

貝克告知里爾克其決定的信，令詩人滿懷內疚。她沒說太多，只說自己要回家了，希望這決定是對的，以及她欣聞維絲陀芙的埃及行收獲豐富——「但願我們都能到天堂就好了，」她說。里爾克在回信中承認他也許對她太嚴厲，也太「不體貼，多年的情誼，我不該在這種時刻如此粗心」。他向她保證：她現在表現得很勇敢，而且她的自由存乎內心，亦將在沃普斯韋德與她相伴。

貝克學到苦澀的教訓：自由並不總是令人感覺自由——尤其對女人來說；另一方面，里爾克也開始明瞭：自由並不完全如他所設想。自從他初次敲羅丹的門，至今已五年，而他在巴黎卻感到比從前更迷惘。他告訴維絲陀芙，當初他覺得這城市「乍見之下奇怪又嚇人，卻充滿期待和希望，連最小的細節都有其必要」。但他當時感受的希望有其來源：羅丹。如今那希望已逝，他只看見失落。

巴黎的藝術圈處處可見羅丹身影，這使里爾克無法參加許多活動，也不斷提醒他與羅丹疏遠的事實。六月時，他意外收到邀請，那是為挪威畫家愛德華・迪里克斯（Edvard Diriks）舉辦的榮譽軍團授勳宴會。里爾克還不及享受這驚喜，便想起羅丹一定會到場。他不敢在公開場合面對他。他寫道，過去「讓我非去不可的原因」，如今卻「在現實情況下變成同樣斬釘截鐵的理由，令我必須迴避。真是奇怪」。

隨著夏日流逝，寂寞而漫無目標的里爾克陷入熟悉的抑鬱。他在旅館無法專注，因為隔壁的學生患了某種疾病，念書時一隻眼皮會不由自主地闔上。這讓年輕人暴跳如雷，把書朝牆上扔。某種意義上，里爾克頗同情他，寫道：「我立刻便掌握到那瘋狂中的節奏，憤怒中的疲憊，待完成的工作，你所能想像的絕望。」儘管如此，他也想搬走。

不幸的是，里爾克負擔不起其他任何旅館。他甚至無法省下錢來買書或茶葉，或搭乘馬車。現實明顯得教人難堪：有天他搭車回家，付錢給車伕時，那人瞥了里爾克掌中的零錢一眼，就把他從前座趕到二等車位。一路上，里爾克屈坐在行李下方，「雙腿緊緊縮起，正是我該有的姿態。我很清楚那是什麼意思，而且銘記在心」。

在地中海時，他渴望巴黎；而今身在巴黎，他又一心思念德國的草地。維絲陀芙從沃普斯韋德寄來幾枝石楠，那大地的氣息勾起里爾克滿腹鄉愁。其香氣似「焦油、松脂和錫蘭茶，嚴肅而寒酸，像托缽修士的味道，可又如樹脂般濃厚飽滿，像貴重的乳香」。時序入秋，冷冽的空氣讓里爾克想起，唯一比炎夏巴黎更糟的，就只有寒冬的巴黎了，於是他愈發渴望離開。他寫道：「早晨和黃昏已經開始霧濛濛的，太陽還在原處，只是失去了光熱。」天竺葵「對著塵霧吶喊它們紅色的頂撞，讓我感到悲傷」。正當里爾克準備乘陰鬱的烏雲離城返鄉，他驀然想起為何這座城市儘管充滿艱難，仍一次又一次繼續引誘著他。

十月巴黎秋季沙龍開幕時，大批民眾已聚集在大皇宮的台階等待進場。它在一九〇三年首度推出時，還是個東拼西湊、由藝術家領導的展覽，企圖在官方沙龍之外另闢蹊徑，而今邁入第四個年頭，場面已大有進展。塞尚曾謔稱主流藝展為「布格羅沙龍」，影射無所不在的畫家威廉—阿道夫·布格羅（William-Adolphe Bouguereau），其光滑而煽情的裸像頗受印象派畫家鄙視。（布格羅沙龍的藝術家對印象派亦無好感。）

秋季沙龍迅速引起公憤，尤其是一九〇五年，馬諦斯、莫里斯·德·弗拉芒克（Maurice de Vlaminck）和安德列·德朗（André Derain）等藝術家展示的畫布閃耀著粉紅的樹、藍綠的鬍鬚、青碧的面孔，以及其他明目張膽的謬誤。這些自稱野獸派的藝術家，視色彩為表現而非描繪的工具。但在許多觀者眼中，他們只不過是「色醉」（color-drunk）罷了。

到了一九〇七年，民眾不僅來看藝術，也來開眼界、聊八卦並嘲弄沙龍。起初，里爾克對看熱鬧的興趣亦大過展出的作品，但一踏進由上到下掛滿塞尚畫作的展覽室，他便完全改變了心態。為了紀念前一年過世的藝術家，沙龍為塞尚專設了兩間展室。

里爾克很晚才接觸到這位畫家。長久以來，許多評論者都因其視角傾斜、色彩陰沉、構圖看似粗淺，而對塞尚不屑一顧。僅僅兩年前，在同樣的沙龍展，收藏家李奧·史坦（Leo Stein）還看到訪客在塞尚的畫前「笑得歇斯底里」。

塞尚大半輩子都在社會邊緣度過，這也使他很難贏得認可。他是普羅旺斯人，出身艾克斯（Aix），留居家鄉，大部分時間都把自己關在畫室。當地孩童看見滿臉落腮鬍的男人踩著及膝軍靴穿過小鎮，都朝他扔石頭，「好似趕一隻喪家犬」，里爾克後來寫道。但塞尚可能根本沒注意到；他全副心思都在繪畫上，連母親的喪禮都缺席，寧可待在畫室。他也鮮少參加自己的開幕式，這倒也好，因為他完全欠缺待人處世的能耐。塞尚不愛洗澡，而且眾所周知：他吃飯時會舔完最後一滴湯汁，把骨頭啃得一乾二淨。

但是，到了一九〇七年的秋季沙龍，評論家卻對塞尚的扁平畫風愈來愈感興趣。他以幾何形式構圖，將圓錐、立方和圓柱拼組成像，相信這些形狀是大自然的積木，因而也是人眼最易看見的。這種建築式的取向自然吸引了立體派的布拉克和畢卡索——他們那年在巴黎相識，並確立塞尚作為深具遠見的畫家之地位。

里爾克的目光在沙龍展出的五十六幅畫之間來回梭巡，其中有工人玩牌、裸女從池中起身，以及一幅自畫像。里爾克認為，塞尚畫自己的態度，就像一隻狗在鏡裡看到自己，懷著不加質疑、就事論事的興趣，想著：那兒還有一隻狗。詩人當下斷定，就塞尚而論：「所有現實都站在他那邊。」

里爾克次日又返回沙龍，之後幾乎每天都去，直到月底。有一幅畫像是塞尚的妻子坐在紅色扶手椅上，他凝視很久，以致其顏色似乎在他體內流動，宛如他血管中的血液。這把扶手椅——「那是畫史上首見、也是終極的紅色扶手椅」——感覺就跟他一樣是活生生的。他寫道：「圖畫的內部顫動著，漲起並落回其自身，沒有一個部分不在動。」看過這幅畫後，他質疑作品掛在羅浮宮的那些藝術家究竟明不明白「繪畫乃由色彩構成」。

每次去看展，他都會有新的洞見與感受，然後便趕回家，將它們記錄在給維絲陀芙的信裡。有一回他對她描述塞尚的一種「灰色」背景，隨即又寫一封信道歉，因為他通俗的選字不足以傳達塞尚豐富而細膩的色彩：「我應該說：一種特別的金屬白，或近似鋁的顏色。」

畫家處理色彩的方式有如考古學家，自深處著手，再將其內含的微妙色調帶到表面。因此灰色經常化為層疊的紫羅蘭色或憂鬱的藍色，如塞尚所繪的普羅旺斯聖維克多山（Mont Sainte-Victoire）。里爾克寫道：「自摩西之後，從未有人以如此了不起的方式觀看一座山。」

詩人深為塞尚作品中的各種藍色所吸引，覺得可寫一本關於此色彩的專著。由於塞尚從不將就用簡單明瞭的藍色，里爾克的形容也跟著變化曲折：不是「雷雨藍」、「薄雲般的淡藍」、「布爾喬亞棉布藍」就是「溼漉漉的深藍」。

詩人始終沒寫出藍色專書，但他確實曾以藍色信箋寫下一首十四行詩：〈藍繡球花〉（*Blue Hydrangea*）。詩中，他將繡球花斑駁的綠葉比作調色板上漸乾的顏料。一片花瓣令他想起女學生的背心裙；另一片顏色較淺，則像多年後被洗褪色的同一件藍衣裙，而女孩也已長大。從這些微小的花瓣，里爾克看到童年倏忽而逝的隱喻。

僅僅一個月內，塞尚便繼托爾斯泰與羅丹之後，成為第三位里爾克所稱「地位可比荷馬的前輩」（Homeric elders）。他開始護衛沙龍展出的藝術，彷彿那是自家收藏。聽到訪客抱怨展覽乏味，或看見婦女虛榮地將自己的美貌與畫像中的仕女容顏相比，都會讓他義憤填膺。巴黎某畫廊展出塞尚、雷諾瓦和波納爾（Pierre Bonnard）等人的畫作，他和友人凱斯勒伯爵同往觀賞時，凱斯勒注意到里爾克「完全沉迷於塞尚，對其他一切視若無睹」。

里爾克在塞尚的作品中看到羅丹哲學之延續。兩位藝術家都對無生命的物體產生共感，例如塞尚描繪水果、瓶罐和桌布等日常景象，彷彿它們擁有內在生命。畫家曾揚言「要用一顆蘋果震撼巴黎」。他們也都相信生命的本質展現於動態。一幅橘園景象裡，塞尚以明亮的顏料潑灑表面，鮮豔的斑紋似在畫布上閃爍跳躍。

有些人認為，如果羅丹教導了里爾克形式，塞尚則讓他明白如何在形式中填入色彩。至少，雕塑家給了里爾克欣賞塞尚所需的架構。他寫信給維絲陀芙：「我認出的是這些畫裡的轉捩點，因為我自己的創作也正來到某個轉捩點。」在哲學家馬丁・海德格（Martin Heidegger）力促下，維絲陀芙於一九五二年將此系列信件出版成冊，題為《論塞尚的書信集》（*Letters on Cézanne*）。從前經過這些畫時，他只會不經意地一瞥，如今卻能專注端詳數小時。里爾克突然有了「慧眼」。

里爾克研究塞尚時，發現他們都喜歡波特萊爾。他在《書信集》的其中一封寫道：「你可以想像，當我讀到塞尚晚年依然將波特萊爾的整首〈腐屍〉熟記於心，能夠逐字背誦，心裡有多感動。」

就在此刻，他將畫家和自己的創作連結起來。里爾克一直在讀波特萊爾《惡之華》裡的〈腐屍〉（*A Carcass*）；詩中，敘事者和戀人偶然發現一具女屍，屍體已開始腐爛，爬滿蛆蟲，波特萊爾卻以醫療檢驗者的冷酷精確來描寫它。里爾克明白，這正是馬爾泰努力想做到的。他仍不確知小說的年輕主角會有什麼遭遇，但里爾克告訴維絲陀芙：「我現在更了解他了。」

在《馬爾泰手記》裡，對於波特萊爾，馬爾泰得到與里爾克相同的結論。馬爾泰說：「他的任務就是去看。」他的目光必須越過自己對屍體的嫌惡以及與它的關聯，以辨認出「構成一切個別存在（being）之基礎的存有（Being）」。這種交融意謂著終極的考驗：「你是否能讓自己躺在痲瘋病人旁邊，用心頭的暖熱來溫暖他？」

里爾克認為，一個能完全掌控自己目光的作者，也將成為其情感的主人。當藝術家試圖美化主題或以煽情的手法呈現，不免犧牲某些感知上的真相；波特萊爾對觀察的堅持，使他終究能像視覺藝術家那樣書寫，所塑造的「詩句宛若浮雕可觸摸，十四行詩則如同石柱」，里爾克寫道。

里爾克認為，對塞尚這樣的藝術家來說，波特萊爾的挑戰不會太艱鉅。里爾克寫道：「透過他自己對於物體的體驗」，塞尚洞悉事物內部最深的現實。但令詩人十分難過的是，秋季沙龍將在月底閉幕。最後那幾天，里爾克在畫家的作品前度過每一刻，吸收他貪婪的雙眼所能容納的所有色彩，直到畫都被運走，場地由汽車展進駐。

除了秋季沙龍的塞尚展，一九〇七年秋的另一場展覽也給詩人留下長久印象。博翰珍畫廊舉辦第一場大型羅丹畫展，內容與藝術家之前展出的任何作品都不同。

前一年，就在羅丹解雇里爾克幾週後，柬埔寨國王邀請雕塑家去觀賞柬埔寨皇家芭蕾舞團在法國的特別演出。羅丹對舞蹈所知不多，但他覺得那些削短髮、體型精實、雌雄莫辨的芭蕾舞伶非常迷人。他們以他從未見過的方式蹲踞、抖顫、比劃手指。他們的骨骼結構看起來像是用花崗岩鑿成。

這些舞者令他想起古老的事物，彷彿是從某座寺廟的淺浮雕躍上舞台，抑或來自大教堂的側壁：他們完美的平衡和古雅的姿態，令人想起兩年前羅丹和里爾克在夏特讚慕的石雕天使。但直到現在看過了柬埔寨舞者，他才明瞭天使的美。他回到夏特再看一次雕像，感覺現代與古典、宗教與藝術儀式都在他內心融合。如今他說：「這天使的形象來自柬埔寨。」

演出後隔天，羅丹到他們客居的別墅拜訪舞團，在花園觀察並描繪他們。當他們出發到下一站，繼續前往馬賽巡迴演出，他也跟去了。一週內，羅丹畫出整整一百五十幅的舞者水彩像。

里爾克那年秋天參觀博翰珍看到的兩百多幅羅丹畫作中，這類作品便占了四十幅。舞者沒有臉孔，只有用狂野粗放的線條勾勒的四肢，覆以大筆揮灑的濃豔色彩。圖畫的輕盈和神祕令里爾克「處於一種幸福的驚異狀態」，他寫道。他一再重返畫廊。幾天後，詩人再也無法隱藏內心的興奮，寫信告訴羅丹他花了多少早晨看這些畫。接下來那星期，里爾克又寫了封信，說它們對他的影響依然縈繞不去。「你深入柬埔寨舞蹈之謎的程度，遠超過你所明瞭，」他說：「在我看來，這些圖畫揭示了至極的奧秘。」

里爾克隨後登上火車東行，開始巡迴朗讀的旅程，並避開巴黎的冬天。第一站是他所畏懼的布拉格。十一月的夜晚，康克迪亞（Concordia）文學俱樂部的觀眾看起來又老又遲鈍，他的母親及其友人也是成員。他說：「恐怖的老太太，我小時候總是搞不懂她們。」菲亞．里爾克緊跟著剛成名的兒子，逢人便吹噓。她依舊是里爾克記憶中「尋歡作樂的可憐蟲」，仍然頑固地虔誠，否認年華老去。他曾說每次見到她都「像是宿疾復發」。

他從《馬爾泰手記》和《新詩集》選讀幾段尚在修訂的文字，然後去參加一位老師長主持的茶會。他很沮喪地看到，出現在宴會上的面孔，與他十年前離開布拉格時殊無二致。他真想立刻離城，但仍不得不再花四天拜訪故舊。

好不容易捱到可以退房的時候，門房告訴他有封來自巴黎的信。里爾克認出那熟悉的封緘。是羅丹寄來的。他小心翼翼地拆開信封，終於打破了與往昔的導師間長達一年半的沉默。

羅丹來信詢問詩人對某位維也納書商胡戈．海勒（Hugo Heller）的看法。海勒想在其書店展出幾幅羅丹的柬埔寨畫作，以配合里爾克即將在那裡發表、以羅丹為題的演講。里爾克正動身前往海勒的維也納書店，很樂意為此人做擔保。

這封信由秘書執筆，羅丹只是簽名，並不特別慎重，但已讓里爾克興高采烈。他逐字分析，向妻子指出羅丹用了親暱的稱呼：Cher Monsieur Rilke（親愛的里爾克先生）。藝術家也告訴詩人，他打算請人將里爾克談他的第二篇文章——此文那年收入《羅丹論》，並重刊於《藝術與藝術家》雜誌——譯成法文，以便閱讀。

里爾克試圖按捺興奮之情，但仍忍不住立即回信。他告訴妻子自己的回應「純粹就事論事，但談到所有累積的問題」。最起碼里爾克知道，重啟與羅丹的溝通管道，將使他生活中的許多實務變得遠較為容易。要建立起「羅丹專家」的聲譽，卻無法與藝術家聯繫，委實造成不少困擾。例如他不得不對《藝術與藝術家》承認，自己無法向羅丹索取圖像以搭配文章刊登。

里爾克抵達維也納時，發現另一封來自羅丹的信。這封信較長，和解的語氣也更明顯。此時羅丹已讀過雜誌上的文章，認為它「非常美」。出乎里爾克意料，他進而邀請詩人下次到巴黎順道拜訪他。羅丹說：「我們需要真理，需要詩，我倆皆然，還需要友誼。」有「好多好多事」要討論：十九世紀的藝術如何從理想化的形式轉變至自然化的形式，以及羅丹現在如何解釋自己的作品何以經過這麼久才流行起來。他告訴里爾克，隨時可以來；默東的老家（petite maison）總是有個房間等著他。

「我難以置信，一讀再讀。」里爾克寫信跟維絲陀芙說：「這個親愛的、正直的人，如此誠實地由其創作向外體驗事物！這正直的人。我始終知道他是那樣，而你也知道。」

這次回信給羅丹時，里爾克讓他的歡欣喜悅盡情流露：「對於你和你的友誼，我的需求永無止盡。」他也明白自決裂後，他已獨力在專業上取得長足的進步，如今可與之前的導師站在更平等的地位。他寫道：「我很自豪在工作上有足夠的進展，可以分享你對於真理光榮而單純的渴望。」

當時，里爾克的出版商正為已售罄的《時禱書》做二刷，此詩集將成為他在世時最廣為閱讀的著作。儘管只是漸成氣候，里爾克已開始展現文學名家的派頭：他穿時髦的黑斗篷去朗讀會，充滿自信地走上講台，慢條斯理脫下手套，緩緩舉目與觀眾視線交會。在維也納目睹他演說的作家魯道夫·卡斯納（Rudolf Kassner）回憶，他講話「嗓音飽滿渾厚，完全不帶稚氣或不成熟的感覺」。活動結束後，詩人會與圍上前來致意的來賓握手。

近幾個月，里爾克甚至贏得對他最嚴厲的評論者——寶拉·貝克的認可。她十月來信告訴他，她也十分喜歡這篇羅丹新論。她在日記寫道：「依我看，情感豐沛而脆弱的小夥子正逐漸消失，言簡意賅的成年人開始現身。」

當貝克告訴里爾克她將離開巴黎、回到沃普斯韋德的丈夫身邊時，並未提及自己懷孕。如今距產期只剩一個月，她幾乎整天待在家裡，讀書，體力好些時也畫畫，以及一如往常地幻想著巴黎。

她聽說了秋季沙龍和「五十六幅塞尚在那裡展出！」的消息，如她給母親的信所言。約莫只有三位藝術家曾「像雷雨般」震撼過她，而塞尚仍是其中之一。自從里爾克在巴黎刻意疏遠後，他們便不再保持密切聯繫，但她知道他寫長信給維絲陀芙談塞尚，故詢問好友能否將這些信寄給她看。她在十月告訴維絲陀芙：「若不是我現在非得待在這裡，沒什麼能阻止我去巴黎。」維絲陀芙不僅同意，還承諾做得更多：她會親自來讀信給她聽。

貝克在十一月二日產下女兒瑪蒂爾德（Mathilde）。幾天後，維絲陀芙帶著里爾克談塞尚的信來到好友床邊。貝克很虛弱，因為分娩過程漫長而痛苦，醫生最後用氯仿麻醉她，以產鉗夾出嬰兒。但貝克對摯友甜蜜地微笑，維絲陀芙答應幾週後回來，等她身體好些再為她讀信。

兩星期後，貝克終於從臥榻起身。她穿著睡袍坐在鏡前，將金髮編成長辮，再把辮子盤在頭頂，從床頭的花瓶折下玫瑰，別上髮冠。房間擺滿親友送的蠟燭和花朵。她覺得這一切美得像耶誕節。

她喚人抱來瑪蒂爾德。當嬰兒被抱進臥室、放入她臂彎，她突然感覺腳上一沉。如鐵似地沉重。她躺下、抬起腳，喘著氣說：「好可惜。」片刻後即過世。

醫生判斷死因為栓塞，她享年三十一歲。維絲陀芙正在柏林旅行，未聽到消息。一星期後，她依約返回沃普斯韋德，探望貝克並讀信給她聽——她在清晨抵達，沿著兩人「並肩同行過無數次」的樺木小徑走來，途中還採了一束秋花要給貝克。她走到屋前，卻發現裡面空無一人。莫德索恩已離去，貝克的姊姊帶走嬰兒，「寶拉也不在了」。

第十三章

貝克的死訊傳到里爾克耳中時，他正結束巡迴朗讀，在義大利度假並拜訪新的曖昧對象：咪咪・羅曼內利（Mimi Romanelli）。旅行不過十天，他便打包行李回德國，與家人共度耶誕，之後又待了近兩個月。流行性感冒讓他臥病一個月，維絲陀芙不得不照顧他，儘管兩人的婚姻已名存實亡。里爾克甚至在屋裡擺了一張羅曼內利的照片，顯然維絲陀芙也同意她長得很美。

里爾克一覺得恢復得差不多了，便回到義大利，但那時他對羅曼內利的慾望已消褪，取而代之的是對巴黎的渴望。他在義大利南來北往旅行了兩個月，其間絕口不提貝克之死。要等一整年後，他才能找到表達內疚的方式。

詩人在一九〇八年五月一日重返巴黎，這次他沒回到與貝克習慣住的卡塞特路旅館，而是從朋友處分租了一間蒙帕納斯首役路（Rue Campagne-Première）的小套房。「簡直沒三步寬、三步長」，完全比不上維絲陀芙在畢宏府邸的寬敞公寓，但目前這樣就行了。

羅丹又邀了里爾克兩次到默東小住，但隨時間過去，詩人卻愈發遲疑。他一度鍾愛的小屋如今一聽就令人想到籠子。即使不再怨懟羅丹過去的惡待，他的內心也已產生變化。他漸漸為自己從屬於羅丹的地位感到難堪，後來甚至徹底否認曾擔任其秘書。當文學史學者阿佛列・沙爾（Alfred Schaer）問起他早年受到的影響，里爾克堅稱關於其舊職的「謠言」「只不過是愚頑不散的傳說」，源自他曾協助羅丹處理書信的事實，而且那是「暫時性的，為期五個月（！）」。里爾克澄清，他是以羅丹「學生」的身分，才真正認識了這位雕塑家。

里爾克婉拒羅丹邀他去默東的提議，託言工作進度落後，必須暫時把自己鎖在家裡，但期盼不久的將來能安排見面。這也不全是假話，因為出版商確實希望他在夏末前完成《新詩集》。

羅丹沒看懂暗示，當日便回覆：「如果可以，明天下午來默東。」

里爾克過了將近三個月才寫信告訴羅丹，他仍「關在屋裡，像個果核封在水果中」。羅丹又立刻回信說，很高興聽到詩人如此熱衷工作，但他難道不能盡快抽個週日來吃飯嗎？「如果能見到你，跟你談話，給你看那些骨董，我會多開心啊。」有次羅丹於詩人外出時來訪，留了一籃水果在門階上。

羅丹似乎很寂寞。搬到默東後的這些年，巴黎已逐漸為紅磨坊、脫口秀和同性妓院所占據。曾經帶給上一代印象派畫家靈感的斑駁陽光，如今在電燈二十四小時照耀下黯然失色。同時，畢卡索和其他年輕移民主導了蒙馬特的聚落發展，使得藝術圈與該區惡名昭彰的夜生活緊密糾纏。

羅丹曾試著隨梵谷、高更和圖魯斯—羅特列克同去蒙馬特的夜總會。俱樂部在地下室，煙霧繚繞，醉漢癱倒在椅上，偶爾搖頭晃腦地醒來，嗅著康康舞孃飄向觀眾的香水味。羅丹承認這群喧鬧的人令他「非常害怕」。女人袒胸露乳，濃妝豔抹，頂著層層鬈髮，狀甚粗野；男人看起來則像浪費錢和時間的邪惡人渣。

羅丹把這番下流景象留給他們當中較年輕的圖魯斯—羅特列克去捕捉。多年來，圖魯斯—羅特列克在夜總會的牆上畫畫，為墮落的顧客速寫了數百張漫畫，有次還把羅丹畫成一坨彎腰駝背的鬍鬚和外套。

相較之下，雕塑家更樂意在週六到吉維尼找莫內喝茶，或坐在默東池畔。他懷念在那裡跟里爾克說話的時光，悲嘆好景不常。

最後還是里爾克的妻子無意間促成兩人重聚。夏日近尾聲時，她決定到漢諾威（Hanover）訪友長住，讓里爾克接手畢宏府邸的工作室。他在八月底搬進挑高的橢圓形套房，又另租一間有露台俯瞰花園的房間。雖然租金比他每月真正能負擔的額度超出五百法郎，但《新詩集》即將交稿，他宣稱需要改換環境，以順利進入新的工作狀態。

只消幾處輕巧的潤飾，便讓這空間感覺像巴黎裡的小波西米亞。他把水果和花卉擺上桌，窗外吹來的微風讓甜香飄散到房間各處。他將維絲陀芙雕塑的一座胸像置於角落，室內空無陳設，僅以大片燦爛的陽光作裝潢。羅丹得知里爾克買不起書桌，便送他一張大橡木桌，詩人將它放在敞開的窗前，保證讓它成為「最肥沃的平原」，在上面完成《新詩集》。他買了一尊聖克里斯多福（Saint Christopher）木雕像給羅丹作為回報——孔武有力的殉道者曾背負孩童基督渡河。里爾克說：「這就是羅丹，承載著他的創作，無比沉重，卻涵括世界。」

置身於古雅的擺設中，里爾克在友人凱斯勒伯爵看來有點像個老小姐。蘋果香瀰漫整個房間，宛如在「老舊的村屋」，他說。但里爾克知道有個人會跟他一樣欣賞它的鄉野魅力。

「你該來看看這美麗的建築，以及我今晨才入住的房間，」里爾克遷居當天就寫信給羅丹：「從它的三面凸窗望出去，荒蕪的花園一覽無遺，偶爾可見毫無戒心的兔子跳過棚架，彷彿古老掛毯中的畫面。」

不到兩天，羅丹便登門拜訪，親自勘看這空間。久別重逢的老友聊了幾小時。他們都同意貝多芬是史上最大膽無畏的作曲家，里爾克為羅丹朗誦了自己最喜歡的一段貝多芬名言——當時作曲家正失去聽力，萌生自殺之念：「我沒有朋友，必須孤單度日；但我深知，在我的藝術裡，上帝接近我更甚於別人，祂時時與我同在，令我無所畏懼，我總是能認出並了解祂；我亦完全不為我的音樂感到害怕，它不可能招致厄運；能夠聽懂它的人，必將脫離他人所背負的一切苦難。」羅丹很高興從里爾克口中聽到這段話，不僅如此，他早就知道它。「巴爾札克事件」期間，曾有人寄這段文字來安慰他。

他們也再度討論女性在藝術家生命中的角色，並辯論是否可能存在毫無欺騙的愛。兩人在此意見相左；有史以來頭一次，里爾克主動對羅丹表示異議。雕塑家相信女人會阻礙男人的創造力，但對男人本身則是一種滋養，猶如葡萄酒。里爾克認為這邏輯根本不通。依他所見，在性慾之外與女人維持有意義的關係，這種能力始終是男子氣概的標誌。僅從歡愉與消費的角度思考女性未免太幼稚。

羅丹認為女人天性狡黠，一心只想「緊緊抓住男人」。里爾克試圖讓羅丹相信，他認識很多女性，她們所感興趣的遠不只婚姻。但他在說的時候便知道絕不可能改變老人的想法。里爾克在羅丹離去後寫信告訴維絲陀芙，羅丹被牢牢綁縛於過去，「與他心中的那些傳統儀式綁在一起，甚至包括那些並不適合我們，但在他靈魂的信仰中，對打造自我不可或缺的儀式」。

當然，里爾克的女性主義難免有偽善之嫌，畢竟他自己的妻子基本上就是被他強加在她身上的撫育重擔「緊緊抓住」。里爾克可能也意識到這種矛盾，因為他特意告訴維絲陀芙，他對羅丹強調自己認識許多歐洲北部的獨立女性——算是迂迴地讚美出身北德的妻子吧。他總是希望妻子能將其辛苦奮鬥看成她的堅強表現，而非他的軟弱所致。

儘管里爾克對女性的看法並不一致，貝克的死卻喚醒他對她們的同情，尤其是對女性藝術家。比起婦女每次生育所做的犧牲，羅丹的埋怨在里爾克看來頗為膚淺。羅丹或許選擇了藝術而捨棄「生活」——意思是某些物質享受，但他最起碼擁有選擇的自由。

里爾克懷疑羅丹永遠不會承認其邏輯之不公，但此刻詩人沉浸於滿足的情緒，因為他至少說出了自己的想法。不再只是聆聽者，他的聲音迴盪在羅丹的現實中，響亮而清晰。在給維絲陀芙的信裡，他誓言這聲音「不會再自其現實中消失」。

雖然他聲稱已原諒羅丹過去的行為，卻在下一句幻想著推翻昔日師尊。他想像若有一天，自己的藝術力量能掩蓋羅丹的光芒，使其「需要我們，就算只有我們當初需要他的千分之一」，那將多令人心滿意足。

羅丹覺得里爾克在畢宏府邸的新寓所委實太迷人，於是在一九〇八年九月租下一樓的所有空房，以及二樓的好幾間房，包括里爾克私心想據為己有的那間。羅丹久已將製造業務轉移至默東，因此把新空間變成壯觀的展示廳，用以接待收藏家和新聞界人士。他讓主會客室保持簡單的裝潢，只擺設一張木桌、一盤水果和一幅雷諾瓦的油畫，其他四個房間則布置成畫室，牆面排滿他的水彩畫，從天花板一直掛到地板。

這裡將成為他逃離默東的庇護所，如里爾克所云，這裡「沒人找得到他」。羅丹備了一間臥室，讓自己和舒瓦瑟公爵夫人在那兒過夜，花園則提供了靜坐沉思的綠洲。金合歡樹貼著工作室的窗戶糾結成林，窗格上勿忘我生得茂密，他幾乎開不了窗。花園讓這座宅院與城市的各種聲響隔絕，將它包圍在考克多所說的「沉默之池」中。

羅丹將《行走的人》和其他雕像散置在花園的蔓草間，看起來像墳地裡搖搖欲墜的舊墓碑。有時他望著美國鄰居鄧肯和洛伊．富勒（Loie Fuller）在草叢中旋轉，為年輕女孩授課教舞。羅丹經常坐在室外觀察她們，一面在筆記本上寫字。「我等待了多久，忍受多少煩惱，才能在這花園享受幾小時的孤獨，只有親切問候的樹木和同樣美麗的天空輪流作伴！我那些蟄伏的思想，原本從其居處退避，而今自然流湧。」

室內的畢宏府邸總是熱熱鬧鬧，不分晝夜隨時有活動進行。公爵夫人說服羅丹買了留聲機，常邀朋友來看她跳輕快活潑的布瑞舞（bourrée）。她以高踢腿和甩披肩的動作，把古老的土風舞變得俗麗妖豔。她在房裡衝來衝去，帽上的鴕羽隨之擺動，由於跳得太起勁，歌曲一結束便氣喘吁吁地癱倒在沙發。

羅丹用那台機器播放宏大而沉悶的葛雷果聖歌（Gregorian chants）。都是些「沒人要的」唱片，大概只有教宗會聽吧，里爾克想，但他看得出羅丹多麼沉醉其中。當初寫這些歌時，是要令其充盈於整個大教堂，因此那樂曲有種「調控靜默，如同哥德式藝術能捏塑陰影」的力量，羅丹說。閹人歌手尖拔的嗓音讓藝術家想到受詛咒的靈魂在呼喊，要告訴生者地獄的感覺。詩人看著聆聽音樂的羅丹變得沉默而封閉，「宛如大風暴來襲前」。

片刻後，舒瓦瑟或許會走進這陰鬱的場景，讓留聲機再度歡唱起美國民謠風的吉格舞曲（jig）。里爾克想，她的作風說不定對羅丹有益。「也許這正是羅丹需要的：有個像她這樣的人，陪他」從危險的心靈巔峰「小心往下走」，帶他回現實。之前「他常撐在頂端，天曉得是以何種方式、在哪裡、經歷過怎樣的黑夜終得回返」。她的存在讓羅丹變得有點像無助的小孩，但至少她讓他開心起來。

畢宏府邸的狂歡鬧飲大多因舒瓦瑟而起。高調浮誇的演員德・麥克斯來拜訪住在這裡的女性友人，她問他想不想見見樓下著名的鄰居。羅丹不在，但公爵夫人接待了他們。德・麥克斯對此建築讚不絕口，他告訴公爵夫人，這地方絕對是稀世珍寶。

「那就搬過來住啊，」她說。

「不是都住滿了嗎？」他問。

「沒錯，但禮拜堂還空著。」

就這樣，畢宏府邸最聲名狼藉的房客入住。德・麥克斯將禮拜堂翻修成私人起居室，加裝新門、大理石地板和浴缸。它也變成廉價旅館，供那些來參加他舉行的通宵花園派對、結束時回不了家的賓客住宿。

助長混亂場面的是德・麥克斯的朋友考克多。年輕作家剛獲得首次重大突破，因為德・麥克斯在香榭大道一間劇院為他籌辦了一場詩歌朗誦會[20]。考克多是個躁動不安的人，四肢修長，頭髮髒亂，以精心設計惡作劇出名。某次有朋友來畢宏府邸，考克多繫上耶誕老人的鬍鬚，等在花園裡。當朋友從屋裡出來找考克多，只見一蓄長鬚的詭異人影徘徊在雜草間。那是羅丹嗎？朋友納悶著。但他為何這麼晚還在外面遊蕩——這老頭瘋了嗎？不想知道答案的朋友趕緊轉身往另一個方向跑。

晚間，考克多會為藝術家定期舉辦沙龍。年邁的卡圖爾·曼德斯（Catulle Mendès）朗誦其詩，委內瑞拉出生的音樂家雷納多·漢恩（Reynaldo Hahn）為賓客彈奏歌曲。有時考克多會安排重演波特萊爾的聚會，接連數日不眠，坐在羊皮地氈上，以圖畫描繪文字，用文字書寫圖畫。

他的嗑藥實驗偶爾也會真的產生成效（至少沒造成反效果）。考克多發行的文學雜誌《雪赫拉莎德》（*Schéhérazade*）即出自畢宏府邸的房間。它採用時髦的新藝術風格設計，刊登的皆是當時最耀眼的創意奇才：鄧肯的圖畫，阿波利奈爾（Guillaume Apollinaire）的詩篇，愛德蒙（Edmond）與莫里斯·侯斯東（Maurice Rostand）父子的文章，以及其他許多名家。

里爾克極少參加周圍的這些社交活動。他覺得舒瓦瑟的音樂很蠢，鄧肯太吵。他不喝酒也不嗑藥，且絕不跳舞。多年後，考克多才發現里爾克竟住在同一棟建築。他常看見角間窗裡的煤氣燈亮著，但從未想過那深居簡出的住戶會是誰。

考克多並不知道，將來在人生最痛苦的某些時期，里爾克的文字會撫慰他。一九二〇年代末，他接受戒斷鴉片的治療時曾寫道，渴望身邊有一本里爾克的《馬爾泰手記》，以緩和咯吐膽汁之苦。

但在畢宏府邸那段年少輕狂的歲月，太過沉溺自我的考克多無法明瞭自己距離偉大有多近。「我自以為知道許多，活在狂妄青春的魯鈍無知裡，」他在回憶錄《巴黎集》（*Paris Album*）寫道：「成功使我走上錯誤的軌道，我不曉得有一種成功比失敗更糟，而有一種失敗值得用世上所有的成功去換取。我也不曉得萊納．瑪利亞．里爾克遙遠的友誼有一天會撫慰我，只因我曾見過他的燈火燃燒，儘管當時並不明白它正向我發出信號，要我過去將翅翼靠上它的輝焰灼烤。」

十一月標記著寶拉．貝克去世滿一周年，里爾克仍極少對任何人談起此事。但現在，關於她的記憶匯成一股內疚的激流湧回他心頭，力道之強令他別無選擇，只能跟隨它的引領到任何地方。里爾克漸漸體認到，也許貝克之死最艱難的部分不必然是失去摯友，而是一種新存在——亦即死亡的貝克——之誕生。

經過三個無眠的日夜，他譜出一首長詩：〈給朋友的安魂曲〉（*Requiem to a Friend*）。某種程度上，這首詩是由歉意延伸而成，因為他辜負了朋友，而她「只有一個願望：終生創作——卻未能做到」。他終究必須驅逐這個鬼魂，在首行宣稱：「我有我的逝者，我聽憑他們離去。」（I have my dead and I have let them go）

20 編按：這場朗誦會舉辦於一九〇八年四月四日，地點在巴黎費米娜劇院（Théâtre Femina），當時考克多才十八歲。

里爾克很少像在此詩一般，讓憤怒尖利地割裂其作品。他寫貝克生命的真正悲劇並非她的死，而是「其死亡不屬於她自己」之事實。對他來說，死亡是所有人類經驗中最為個人的。如同他在《馬爾泰手記》所言，死亡是每個人與生俱有的一顆種子，在我們體內每天都長大一點。因此，即便是一場狂暴而痛苦的死亡，也好過以如此恣意而老派的方式從貝克取走的死亡。為了她離世的不公義，里爾克譴責自己、她丈夫及一切男性：「我控訴所有的男人。」

但或許在死亡中仍有屬於她的希望，里爾克寫道。相對於男性藝術家能隨心所欲地賦予創作生命，女性的身體卻使她們注定困陷於物質領域。里爾克懇求貝克，既已不再受軀體束縛，請務必完成她的轉化，不再糾纏生者，且終能拒絕生命：「別回來。如果你能忍受，繼續／當個逝者，留在逝者之間……」（Do not return. If you can bear it, stay / dead with the dead…）

里爾克立即把手稿寄給出版商，並將此詩獻予克拉拉．維絲陀芙。由於篇幅不足以構成一本書，他們決定由他再寫一首安魂曲，收入同冊出版。里爾克選擇以一位年輕詩人——沃爾夫．馮．卡爾克羅伊德伯爵（Wolf Graf von Kalckreuth）為主題。里爾克從未親見此人，但沃普斯韋德的人都知道他年僅十九便自殺身亡。潛力被硬生生斬斷的他，同樣是藝術的截肢者，猶如貝克精神上的雙生兄弟。

里爾克在詩裡想像什麼能讓卡爾克羅伊德活下去。要是這男孩活得夠久，能看到里爾克過去幾年跟著羅丹見識到的事物就好了。但願他曾目睹勞動的喜悅，目睹工坊「裡面的男人敲敲打打，白晝正成就／簡單的真實……」（where men were hammering and day achieving / simple reality…）他可能會明白里爾克在巴黎學到的教訓：語言並不是「告訴我們哪裡疼痛」的工具，而是用來從痛苦中塑造出一些東西。

將貝克自腦中驅除後，里爾克才能回頭處理期限將至的工作：完成《新詩集》的定稿。在畢宏府邸的最初幾個月，他非常專注工作，難怪考克多沒注意到他。里爾克唯一見到的是羅丹，他有時會過來講幾句鼓勵的話。他會說：擁抱你的孤獨，那是終極的幸福。有次他告訴里爾克，在他看來，詩人以文字描繪真相的方式，令其他所有作家都顯得平庸乏味。

寫出〈安魂曲〉後不久，里爾克完成了《新詩集》。這本詩集並非其創作生涯的決定性成就，但將使他永遠脫離舊路線而轉往新方向。如標題所宣示，此書不同於里爾克寫過的任何作品。他以簡約而不帶情感的文字，為奇特古怪的非人類主角——如蠕蟲、創傷和動物——鑿刻出一幅幅畫像。就像立體派，里爾克的《新詩集》將「圖」與「地」[21]塌疊，從多重視角來檢視物體。

在《新詩集》或他所謂的「即物詩」裡，人幾乎完全消失。連作為主題的物體，也經常隱入背景，或僅以「負空間」[22]呈現。他在周圍環境畫上陰影，以形成輪廓，讓物體成為焦點。因此，表面上描寫天鵝的詩，也寫牠憩息的水，同樣也在講述死亡：「放下一切，不再感受／我們每日站立的堅實地面。」（to let go, no longer feel / the solid ground we stand on every day）

此書使里爾克的評論者意見分歧。有些早期的德國支持者感覺遭背叛，因為他背離了浪漫抒情主義。維也納的評論家則傾向欣賞其世紀末風格的情感疏離。有些人爭論該把《新詩集》作

21 從背景中浮現出來、可讓人辨認者，稱為「圖」（figure），其周圍背景為「地」（ground）。

22 negative space，指物體和物體間的影像，近似「地」的概念；與之相對的「圖」則為「正空間」（positive space）。

者歸類為德國、奧國或波希米亞作家，里爾克卻全不給面子，將詩集題獻給一個法國人：À mon grand Ami Auguste Rodin（致我偉大的友人：奧古斯特．羅丹）。

出版商建議至少將獻詞譯成德語，以配合內文，里爾克堅持仍用羅丹的母語。他聽了大師的話：工作，不斷地工作，才能有今日——這大概是他寫作生涯至今成果最豐碩的時期。無論他們之間出現什麼歧異，里爾克將永遠為此感謝羅丹。

不僅如此，羅丹的榜樣也給了他一種新寫作方式的藍圖。《新詩集》出版不久，里爾克在新年寫信給羅丹：「為文須如建大教堂；在那裡，你真的無名無姓，不懷野心，沒有幫助：置身鷹架間，你只有自己的良知；對其他任何人，我都得大費周章解釋自己。但你，我親愛且唯一的朋友，你會明白我的意思。」

——

里爾克還不及細嘗《新詩集》的成就，便於一九〇九年冬再度投入工作。他發誓要窮心竭力、燃盡這股始自〈安魂曲〉的創作狂熱，並在一月告知出版商，從今起將埋首於《馬爾泰手記》。就算這意味著把自己鎖進畢宏府邸的房間，「像囚犯透過小窗」領餐用飯，他也不在乎。他不見客也不度假，直到夏天完成此書。

話才說出口，他就不得不打破承諾。露．安德列亞斯—莎樂美、克拉拉．維絲陀芙和他的曖昧對象咪咪．羅曼內利——當時里爾克生命中最重要的三位女性——碰巧都打算五月前來巴黎。

羅曼內利和維絲陀芙的會面顯然平靜無波，里爾克沒多著墨，也許是因為莎樂美的駕臨，如往常般令其他一切變得無關緊要。他煞費苦心，希冀終於有一次是他的引介令她印象深刻，而不總是由她來讓他大開眼界。她到畢宏府邸時，他帶她下樓拜會羅丹。在雕塑家倚臨花園的套房裡，雙扇的格子玻璃門敞開，迎向春日野花盛放的草地，他們在那裡度過一個下午。

羅丹告訴莎樂美，他最近滿腦子都是工作，有時甚至把雕像誤認成真人。自他有記憶以來，便一直為幻想與真實的區別所困擾。他說因為自己「沒有完成童年」，反而逃避它，所以開始「將虛構之物擺在童年的位置上」。

里爾克也帶莎樂美去拜訪維斯陀芙，並參觀羅丹在默東的工作室。回到德國後，她寫信告訴里爾克這趟旅程對她意義重大。假如她能長時間凝視任一物體，那就是羅丹的《巴爾札克像》，像那天在默東那樣，佇立在一片苜蓿中。她也重申對維絲陀芙的衷心稱許：「我對她的愛遠超過她所知曉。」

訪客皆離去後，里爾克本可立即回去工作，但他感到一種熟悉的病痛潛進身體。那時他已經很習慣生病，「就連現在，調養期也是我狀態最好的時候了」，那年夏天他寫道。但這次感覺比平常的流感更糟。他額頭的肌肉抽緊，向下蔓延到雙頰，然後是舌頭、喉嚨和食道。

九月他前往黑森林，在礦泉中淨化自己，並浸泡松針「氣浴」。由於不見成效，他又去普羅旺斯，試圖從羊群在百里香田野覓食的景象尋求撫慰。他不知如何稱呼這神祕的病，也許它就叫馬爾泰。這角色有如腫瘤，已在里爾克體內長了七年。其他計畫來來去去，這幽暗的身影卻凌駕一切，在紙片上、信件裡、撕下的日記內頁，隨里爾克穿越歐陸。但如今面目模糊的詩人堅定地擋住里爾克去路，要求被塑造成真實。越過馬爾泰的唯一方法，就是直接穿過他。

那年秋天，里爾克終於把自己關進畢宏府邸通風的房間，閉門謝客，正如他所計畫。連羅丹為雨果雕塑的大理石紀念碑九月在皇家宮殿（Palais Royal）舉行揭幕式時，他也沒去參加。凱斯勒伯爵十月順道來探望時，發現詩人病得渾身哆嗦，「彷彿被蛛網覆蓋」。里爾克把時間全拿來拼湊他為新書所累積的想法碎片，試圖將它們組合成連貫的手稿。

創作《新詩集》時，他覺得自己有明確的任務，而「我以達成使命直截了當、清楚篤定地回應」。反觀《馬爾泰手記》卻是更艱難、雜亂的工作。他困在與自己分身（doppelgänger）的決鬥中，到目前為止是馬爾泰占上風。里爾克的虛構人物證明比他「強大無限倍」。為了進入對手腦中，里爾克得重新親近那寫出〈安魂曲〉的瘋狂。他必須體驗馬爾泰的病，必要的話甚至親歷其死亡，才能真正了解他。

眼前的任務看起來如此艱鉅，唯一帶給里爾克撫慰的想法，竟是棄絕寫作的可能性。這是里爾克頭一次認真懷疑自己能否繼續創作。但現在他連移動的力量都沒有，遑論工作。寫作順利時文思迅捷，簡直來不及筆記；但像目前這種狀況，一整天過去，一個字也寫不出來。

里爾克和「可憐的馬爾泰」（他經常這樣稱呼他）陷入僵局。由於不確定自己虛構的詩人該有什麼命運，他考慮兩種可能的結局，兩種他認為都是悲劇：殺死馬爾泰，或讓他皈依基督教。他決定不採用第一種，在結尾讓馬爾泰會見托爾斯泰，從而思索宗教的救贖——從十年前的不愉快拜訪經驗，里爾克知道作家晚年變得極為虔誠。

彷彿在執行對昔日英雄的某種復仇幻想，里爾克讓小說主角遇見托爾斯泰，發現作家的宗教信仰似乎是他作為藝術家失敗的徵象。由於無法發明自己的神，托爾斯泰只得接受基督教作為代位之神。如里爾克曾言：「宗教是非藝術者的藝術。」

但在反覆修改此結局的數種版本後，里爾克最終捨棄了它，轉而探索另一位作家所啟發的可能性。那些日子里爾克沒看太多書，但有位朋友給他一本紀德（André Gide）的最新著作《窄門》（*Strait is the Gate*），里爾克讀得欲罷不能。這個寓言故事講述愛與信仰的種種失敗，讓詩人斷定紀德與任何法國人都不同。他富原創性且精確地描寫「愛的偉大任務，那是我們都未能達成的」。

里爾克迅速翻閱紀德的其他著作，最後讀到短篇故事〈浪子回家〉（*The Return of the Prodigal Son*）。紀德重寫這則聖經寓言的結局，讓小兒子返鄉回到父親身旁時，並非出於懺悔或義務，而是因為耗盡了好奇心。紀德的浪子告訴母親：「我尋求的不是快樂。」

「你尋求什麼？」她問。

「我尋求……我是誰。」

紀德的故事幾乎正好接續著聖經寓言的斷止處，這令里爾克想到為此故事寫出自己的結局。但在他能坐下動筆前，更緊迫的問題出現：他能在哪裡寫呢？

對於夏季以來一直張貼在門上的「待售」告示，畢宏府邸的房客多半視若無睹，但十二月時，這棟建築的業主宣布了出售計畫。強制搬遷似乎迫在眉睫。

里爾克翻了一遍通訊錄，看看有沒有贊助人可給他錢，或提供海濱別墅讓他住。但他不用找太久，當月便有一位守護天使意外降臨。

瑪利亞・馮・圖恩暨塔克西公主（Marie von Thurn und Taxis）是奧匈帝國位階最高的貴族仕女之一。她根本不必為了突然寫信給里爾克而道歉，但她仍表示歉意，解釋她只在巴黎停留數日，因為非常仰慕他的作品，希望能在下週一的五點鐘跟他一起喝茶。若蒙首肯，她的詩人朋友安娜・德・諾阿伊伯爵夫人（Anna de Noailles）也將同來。

里爾克欣然答應赴約——他本來就不是會拒絕公主的人，也早已知道諾阿伊的作品，兩年前曾在一篇文章稱讚過它。里爾克當天回信，表示很遺憾無法更早回覆。他「迫切地」渴望會見馮・圖恩暨塔克西公主。

一星期後，里爾克走進利物浦飯店（Hôtel Liverpool），德・諾阿伊一看見他便隔著大廳呼喊：「里爾克先生，你對於愛的看法如何？對於死亡的看法如何？」這種招呼想必令詩人窘迫不安，他一向慎重看待這些主題，也不擅長回應當面質問或任何突兀而強烈的表達方式。儘管如此，他必定作出了令她滿意的回應，因為他們的會面持續了兩小時。

里爾克天生便懂得討貴婦歡心——從小看母親假扮貴族，更助長此本領。多年來他培養出對禮儀的極度敏感，莎樂美曾說那是他「精緻的王公氣派」。年少時他表現得像個小紳士，總是注意舉止，使用自己不了解的語詞。至今他仍鮮少用較隨便的代名詞「你」[23]來稱呼朋友，而且無論在任何情況下，他絕不說粗話。

公主首次與詩人談話便印象深刻。他非常溫柔，輕聲細語的習性使他顯得與眾不同。這番相遇終為里爾克帶來此生最持久的贊助關係。他不僅心懷感激地接受恩人的金錢與邀請，也常與他們建立真摯的情感聯繫，與公主感情尤深。

但在外人眼中，這些關係並不總是如此真誠。里爾克從一座城堡跳躍到另一座城堡的生活方式，難免引起許多同儕惱怒與羨慕。德國作家湯瑪斯・曼（Thomas Mann）抱怨：「那些纏著里爾克的痴女肯定很可怕，我所說的，也包括跟這名奧國勢利眼魚雁往返的公主和伯爵夫人們。」

對於里爾克的投機衝動，馮・圖恩暨塔克西公主並非毫無所悉。初次見面後，她寫道：「我相信他立刻便察覺到我對他深感同情，並知道可以指望它。」儘管如此，她並未改變慷慨襄助的心意。會面結束時，她邀請里爾克到她名聞遐邇的「海濱城堡」。幾世紀以來，杜伊諾城堡（Duino Castle）數度充當義大利藝術家與知識分子的精英避難所，甚至可上溯至埋葬在附近的文藝復興時期詩人佩脫拉克（Petrarch），以及但丁——傳說他被逐出佛羅倫斯後，曾在流亡期間於此寫下《神曲》的部分內容。

第二天，里爾克寄給公主幾支玫瑰和一封信，感謝她共度美好的下午及盛情邀約。他似乎已知道，這並不只是他迫切需要的假期，杜伊諾將把他從畢宏府邸的末日拯救出來。

23 德文 du，相對於 Sie（您）。

第十四章

暗地裡，里爾克期盼著迫遷的可能。他可以利用這個藉口，離開過去一年愁雲慘霧籠罩的地方。罹病、悼念貝克、與馬爾泰耗竭心力的搏鬥——就連他對羅丹的信仰，也在棲居畢宏府邸的這段時間動搖了。

凱斯勒伯爵十月造訪詩人「王子般的」居所後，寫道：「他想出讓這些房間。它們為他收藏了太多悲傷的記憶；許多他自認熟知的事物，對他露出陌生的一面，可說震撼了他整個世界。其中一項讓他完全改觀的，便是羅丹。」八年前里爾克初見藝術家時，視之為人生的榜樣。他告訴凱斯勒，當時羅丹讓他明白「年華老去的藝術家如何可能美麗。從達文西、提香等範例，我知道、或自以為知道這是可能的，但羅丹是活生生的證明。我對自己說，我也想在美麗中老去」。

但在畢宏府邸的屋頂下跟羅丹同住一年後，他看到歲月對待雕塑家何等無情。羅丹年紀愈大，在里爾克眼中便愈像個小孩，隨意亂摸他想要的東西（通常是女人），而且不停吸吮糖果，所到之處，四周空氣都充滿甜味。

對里爾克來說，羅丹沉溺女色不僅令人難堪，更是法國人的劣根性。當年如太陽神般不受誘惑的知識分子，曾幾何時淪為酒神似的享樂主義者，任身體宰制。里爾克突然體會到，那也是對衰老的一種負隅頑抗。「突然間，他發現變老是件可怕的事，就跟凡夫俗子沒兩樣，」里爾克告訴凱斯勒：「有天他被一種對死亡的無名恐懼攫住，一路跑到我這裡來。死亡，之前他根本想都沒想過死亡！」

之前，羅丹只對里爾克提過一次這話題。當時他們正眺望默東谷地，羅丹感嘆道，直到藝術創作即將告終的此刻，他才開始明白它的目的，並認為那是他人生最悲慘的諷刺。對那時的羅丹來說，死亡的意義即是停止工作。

而今令羅丹驚恐的，是對死亡本身直接且原始的畏懼。里爾克說：「那些我以為他三十年前便已和解的事物，卻於他垂垂老矣、再也沒精力掙脫它們的現在，頭一次攫擄了他。他只好指望我這個年輕人的幫助。」

由於身體不再能執行它曾勝任的體力勞動，未實現的想法使他不堪負荷。他的雕塑不斷複製而依序編號，大型作品則多由外地的工坊組裝。他無事可做，只能畫一點素描，在畢宏府邸接待賓客。依里爾克所見，這是最糟的部分——羅丹突然顯得很無聊。里爾克告訴凱斯勒：「有天他來工作室找我，跟我說：『我好無聊。』他說這話的樣子，我看到他怎麼觀察我、偷瞄我（表情近乎驚恐），想看看我對這告解會如何反應。他覺得無聊，似乎自己也無法理解。」

對過去的羅丹來說，專注從來都不是問題。意識到自己心智逐漸退化，且對此無能為力，令老人十分驚恐。旁人也都漸漸發現此事。常見他在畢宏府邸四處晃蕩，自言自語；他把重要信件忘在口袋，一放就幾星期；不記得付了哪些員工薪水，也不記得自己是否已收款。物品擺錯了地方，他會翻箱倒櫃，大喊自己被搶了，即使只是一支蠟燭或火柴盒等小東西。去花園若忘了帶他的「思想」筆記本——裡面寫滿他對每件事的沉思，從古代女神到公牛的本性，他就在袖口寫筆記。等波雷洗衣服時，他會驚呼：「你在做什麼？我的天，我的袖口啊！」

詩人再也不忍目睹大師變成如此令人憐憫的對象。當通知下來，宣布畢宏府邸將出售，「據我所聞，其他人全都悲不可抑，輪流抗爭」；但是，正如他告訴馮．圖恩暨塔克西公主的：「我很高興。」

多年來，里爾克一直將羅丹比作各種神祇，曾稱之以「至尊的東方神」，如藝術家的默東小丘上冥想的佛像。里爾克曾說「它是世界的中心」，如此孤獨而自足。

羅丹也曾讓里爾克想到〈創世紀〉的神。當他雕塑一隻手，「它在空間孑然獨立，就只是一隻手。上帝在六天內只造一隻手，以水澆灌其四周，拱起一片天空。當一切都完成，祂與它和平共處，它既是手也是個奇蹟」。

最近里爾克稱他為「古代之神」，而且有史以來第一次，這並非讚美之意。曾經，羅丹看起來就像偉大古老的藝術傳統的傳人；如今這些傳統卻囚禁了他。他是過氣的神，沒落在即，就像每個「太過偉大、出類拔萃、超凡入聖者」（里爾克語）注定的結局。

那天在畢宏府邸與羅丹重聚後，里爾克寫信給維絲陀芙，在附記裡幻想自己通往「神性」的道路將如何實現。他不能再如樹木仰望太陽一般，無所事事、只顧著崇拜羅丹。該是自己努力走向天堂的時候了。他告訴維絲陀芙，他就像採集蕈菇和藥草的人，現在要把它們調成致命的藥劑，

「帶到上帝面前，讓祂解他的渴，並感覺其光輝流過他的血管」。

這封信帶著尼采的口吻，或許並非偶然。里爾克擁有一本《查拉圖斯特拉如是說》，上面做了滿滿的標記。書中，對於那些可能淪為其師尊之模仿者的門徒，尼采提出他著名的告誡：「一個人若始終保持只是個弟子，那是對老師最糟的報答。為何不肯摘下我的花冠呢？……現在我命令你否棄我，並發掘自己。唯有當你們全都否決我，我才會回到你們之中。」

里爾克的信宣示了要完成其文學轉化的意圖：從開始寫《新詩集》的門徒，變成撰述《馬爾泰手記》的「浪子」。他現在已準備好將自己重塑成「父親」。那年春，在他拒見羅丹的數月間，里爾克寫出將啟動這場轉變的文字。

某天，不確知何時何地，里爾克遇見一尊無首斷肢、僅餘赤裸軀幹的阿波羅雕像。它可能為羅丹或米開朗基羅所塑，也可能是偶像級的《英雄軀幹》[24]。另有人相信那是來自米利都（Miletus）古城一名希臘青年的雄健胸部，於羅浮宮展出時里爾克正好在巴黎。

無論源自何處，雕像給予里爾克靈感，讓他在那年春天選擇掌管音樂和詩歌——藝術本身之

24 Belvedere Torso，參見第三章腳註7。

起源——的希臘天神阿波羅，作為一首詩的主角。從這個創造發明的象徵，里爾克寫出了關於再創造發明的著名故事：〈古老的阿波羅殘軀〉（*The Archaic Torso of Apollo*）。

里爾克明白神的決定性成就，在於創造出人的形體。一年前，他曾於〈艾瑟蒂絲〉（*Alcestis*）一詩試驗描賦人形，結果斷言自己與模特兒的關係「肯定仍是虛假的」，因而暫且繼續專注於「花朵、動物和風景」。但一年後，〈古老的阿波羅殘軀〉之於里爾克將如《青銅時代》之於羅丹，那是他第一件真人尺寸的人像作品。

對於試圖立基於形體世界的形而上詩人來說，神的身體封葬在石塊裡，會是個合適的隱喻。他為何選擇一個殘破的無頭之神？其理由或許與羅丹相近——雕塑家也時常砍掉塑像的頭，連同人體最富表情的五官。沒臉孔的人物不能再暗示或表明某種意圖。但在里爾克眼中，那些被截肢的身體卻無損其全整，他在分析雕塑家的專論裡寫道：「羅丹所有的斷臂雕像都傳達著完整性：任何必要的部位都不缺。」

無頭的軀幹有如一方白板。對於不信者來說，它只是一塊沉睡的石頭；但對信仰這種神的人來說，它就成了一面投映其內在生命的鏡子。里爾克便是這樣從一尊無名殘像的各種缺無，雕琢出〈古老的阿波羅殘軀〉：一首以格律最嚴謹的詩體寫成、幾近完美的十四行詩。[25]

我們無從見識他傳說中的頭顱
與漸熟果實般的眼眸，
然其殘軀

仍由內而外盈溢輝燦
宛若一盞燈，內含他的凝視，如今低斂
猶全力閃耀。

若非如此
彎弧的胸膛不致令你目眩，也不會有
一抹微笑穿過靜謐的腰胯與大腿
到生殖之火搖曳的黑暗中心。

若非如此，這石塊將看似毀損
在雙肩之透明落瀑下
而不會如獸皮光澤熠熠：

不會從它所有的邊界

25 里爾克原詩為四節十四行。作者並未註明英譯出處，其文字與史蒂芬·米契爾（Stephen Mitchell）譯本相同，但格式由米契爾的四節十四行改為目前的五節十六行。請參見本章末附錄。

迸發如星子：因為這裡沒有一處
看不見你。你必須改變你的生命。

We cannot know his legendary head
with eyes like ripening fruit,
And yet his torso

is still suffused with brilliance from inside,
like a lamp, in which his gaze, now turned to low,
gleams in all its power.

Otherwise
the curved breast could not dazzle you so, nor could
a smile run through the placid hips and thighs
to that dark center where procreation flared.

Otherwise this stone would seem defaced
beneath the translucent cascade of the shoulders

and would not glisten like a wild beast's fur:

would not, from all the borders of itself,
burst like a star: for here there is no place
that does not see you. You must change your life.

我們幾乎可聽見羅丹的聲音透過石塊傳出，像多年前里爾克提出大哉問「我該如何生活？」而渴望獲得的神諭。當時羅丹回答：工作，不斷地工作。在詩的起始，里爾克似乎服從這道指令。他引領我們踏上感知的旅程，走到軀幹各部位：眼睛、胸膛、腰胯，以及生殖曾發生之處。

然後，當阿波羅開始回望，此邂逅即超越了詩人單方面的觀察。雕像不需眼睛便能凝視，不用嘴巴就會說話，沒有生殖器也可繁衍後代——它蘊含自己的誕生，如同馬爾泰自備其死亡。隨著阿波羅與里爾克互相尋求，打破區隔彼此的界限，里爾克漸漸將此體驗化作一首詩，轉達給世界。

但接著他似乎突兀地斷定只有詩還不夠。這首商籟本可結束在令人驚愕的末句之前，至此里爾克仍是個盡職的管道、神的秘書。但詩人已不再滿足於「看見」。他想要一雙新的眼睛。他希望自己不僅與神同在，還要成為創造者。當阿波羅對他說話，里爾克實現了對象與觀者、作者與讀者的共感結合。這個新存在如今能夠溝通；它是完整的。里爾克肯認了藝術，賦予其神祇生命，而它改變了他。

〈古老的阿波羅殘軀〉發表的那個冬天，法蘭茲・卡卜斯打破了四年的沉默，從遙遠的軍事要塞寫信告訴里爾克，他已決定接受軍職，永遠放棄寫詩。

在給年輕詩人的第十封、也是最後一封信裡，里爾克回應：最近幾個月他常想到他，很高興再次接到他的訊息。出人意料地，里爾克說他甚至更高興聽到卡卜斯的新工作。「我很歡喜，你有這穩定、可言傳的生存方式，有職銜，有制服，有役務，在在皆是可觸知而有界限的現實。」

里爾克寫道，此一英勇的志業勝過詩人們通常屈就的新聞或評論等「半藝術」專業。那些職業只是可憐兮兮地攀附別人的藝術，而里爾克相信，任何以半吊子心態面對創作的藝術家，都應該徹底放棄。他最好把握一份具體的工作，如軍職，里爾克相信它至少會讓卡卜斯穩固地扎根於「粗暴的現實」。

里爾克若得知多年後卡卜斯當上報社編輯，可能會很失望。他先任職於《貝爾格勒新聞》（*Belgrade News*），接著到《巴納特日報》（*Banat Daily*）。第一次大戰期間，他在東線戰場作戰，之後也寫了幾部動作小說，包括一九三五年拍成電影的《紅騎士》（*The Red Rider*）。卡卜斯後來承認：「生活把我趕入的，正是詩人曾以和暖、溫柔而感人的關懷，試圖讓我遠離的境域。」

但在卡卜斯進入人生新階段的此刻，里爾克最後一次安慰他，敦促他在獨自戍守「空曠丘陵」的夜晚，要信任自己的孤獨。詩人重複一些為人熟知的智慧：若想在世上感覺自在，只需「不時站到大自然面前」。

然而在信末，里爾克令人意外地反轉了他長久以來對卡卜斯的教誨。他拒絕羅丹在藝術與生活之間擇一、無可通融的訓令，懇求年輕詩人莫因其決定放棄詩以追求更穩定的生活而懊悔，因為「藝術也只是一種生活方式」。

附錄：〈古老的阿波羅殘軀〉

Archaïscher Torso Apollos
（里爾克原詩）

Wir kannten nicht sein unerhörtes Haupt,
darin die Augenäpfel reiften. Aber
sein Torso glüht noch wie ein Kandelaber,
in dem sein Schauen, nur zurückgeschraubt,

sich hält und glänzt. Sonst könnte nicht der Bug
der Brust dich blenden, und im leisen Drehen
der Lenden könnte nicht ein Lächeln gehen
zu jener Mitte, die die Zeugung trug.

Sonst stünde dieser Stein entstellt und kurz
unter der Shultern durchsichtigem Sturz
und flimmerte nicht so wie Raubtierfelle;

und brächte nicht aus allen seinen Rändern
aus wie ein Stern: denn da ist keine Stelle,
die dich nicht sieht. Du mußt dein Leben ändern.

The Archaic Torso of Apollo

（ Stephen Mitchell 英譯 ）

We cannot know his legendary head
with eyes like ripening fruit. And yet his torso
is still suffused with brilliance from inside,
like a lamp, in which his gaze, now turned to low,

gleams in all its power. Otherwise
the curved breast could not dazzle you so, nor could
a smile run through the placid hips and thighs
to that dark center where procreation flared.

Otherwise this stone would seem defaced
beneath the translucent cascade of the shoulders
and would not glisten like a wild beast's fur:

would not, from all the borders of itself,
burst like a star: for here there is no place
that does not see you. You must change your life

第十五章

負責廉售畢宏府邸的清算人，安排在一九〇九年六月底舉行拍賣。預計將由某個房地產開發商買下破舊的宅第，將它夷平，在原址上蓋一棟更理想的現代建築。

日後開設莎士比亞書店（Shakespeare and Company bookstore）的雪維兒・畢奇（Sylvia Beach）寫到羅丹對此新聞可能的反應：「想像年邁的大師接到通知時，是多麼震驚和憤怒！他鍾愛的畢宏府邸將與巴黎其他許多古蹟步上同樣的命運，淪為商業破壞的犧牲品。」

對於政府計畫拆除他的工作室和「魔法窩」——舒瓦瑟如此稱他們的秘密巢穴，羅丹的感受遠不止震驚和憤怒。過去，國王會親自在皇宮款待偉大的藝術家，如今他的國家卻想把他趕到街上。羅丹不會束手忍受這種屈辱。一九〇九年末，他對市議員正式提案：他死後將所有作品捐贈給國家，包括「石膏、大理石、青銅塑像，石雕和繪畫，以及我收藏的古文物」，以於現址開設一座羅丹博物館。唯一的條件是：讓他有生之年皆可待在那裡。羅丹指出，他的藝術已在美國大都會博物館有個永久的家，因此，期望家鄉給予他至少同等的尊榮應不為過。

政府承諾會考慮羅丹的提議。然於此際，許多房客不願再忍受前途未卜的處境，這塊藝術家飛地開始崩解。迫在眉睫的拍賣使馬諦斯終於下定決心遷往鄉間。辨學占去太多時間，巴黎媒體對他的矛盾評價也令他漸感幻滅。一九〇八年他發表聲明〈畫家箚記〉（Notes of a Painter），試圖與評論家一清舊帳；他們有時嫌他太學究氣——安德烈・紀德稱其《戴帽子的婦人》（*Woman with a Hat*）是「各種理論的結果」；有時又說他太狂野。但此宣言產生了反效果，只招致更多攻擊。現在他渴望完全退出社交圈，在寧靜中獨自作畫。他甚至已開始實行禁慾，藉此為其藝術保留「創造性」資源。畢宏府邸狂歡鬧飲的氣氛對其努力並無助益。

就連考克多也將離去，儘管並非自願。他母親發現了他的禁忌秘窟——因為她參加的仕女俱樂部「羅浮宮之友」（Friends of the Louvre）聽說了這棟古蹟，問她能否讓兒子邀請她們去參觀。他的秘密「單身寓所」（garçonnière）顯然人盡皆知，只有考克多夫人被蒙在鼓裡。

她大為震驚：教養良好的兒子竟與這批墮落的藝術家為伍！她心裡想的大概是公開的同性戀演員愛德華・德・麥克斯，他以台上台下皆畫眼影出名。即使生活在後王爾德時代的法國民眾大多接受德・麥克斯是一方「怪傑」（monstre sacré），並非人人都這麼開明。考克多說：「德・麥克斯就像海洋，而亦正如海洋一般，他令母親們懼怕。」

她威脅兒子若不立刻遷離，便不再給他生活費。「羅浮宮之友」如願參觀了府邸。之後，考克多十分悲傷地與他的「童話王國」道別。

里爾克整個冬天都在收拾房間。出版商邀他到萊比錫完成《馬爾泰手記》初稿。在那裡，他可以對打字員口述，而無須親自謄寫全部的筆記。於是，在離開畢宏府邸前——此去可能是永遠——他禮貌性地拜訪羅丹，向他辭行。羅丹送詩人一幅畫作為耶誕禮物，並祝他順遂。一九一〇年一月八日，里爾克登上開往德國的火車，手提裝滿筆記本散頁的皮箱，準備徹底解決馬爾泰，教他自此長眠。

「所以，這就是人們為謀生而來的地方；我倒以為它是個讓人死去的城市。」由此揭開年輕的馬爾泰・勞利茲・布里格抵達巴黎的故事。通篇由印象派速寫構成的小說裡，這是第一條記載，像日記般標註了日期。開頭寫著「九月十一日，圖利耶路」，是里爾克在巴黎的第一個地址——圖利耶路十一號——的變奏。

愈深入故事，里爾克與他二十八歲的映襯者之間的相似處便愈多：馬爾泰是陰鬱的北方人，在冷酷無情的大都會裡流離失所。他也是胸懷壯志的詩人，其對於死亡與腐朽的執迷，都描繪在直接擷取自作者筆記的段落裡。儘管《馬爾泰手記》是不折不扣的虛構作品，但值得記住的是，里爾克差點將它命名為《另一自我的日記》（*The Journal of My Other Self*）。作為現代小說先驅，馬爾泰的旅程幾乎沒有情節。它讓主人翁迂迴曲折地尋求身分認同，並為里爾克反覆追問的問題——我該如何生活？——尋求答案。

馬爾泰的故事是個永遠無法實現目標的奮鬥故事。他就像一塊人形海綿，不斷吸收他人的痛苦。隨著馬爾泰開始駕馭其超強的感受性，他發現它具有擴展視野的種種可能。「我在學著看，」他在小說開始不久時說：「我不知為何如此，但每件事物都更深入我內裡，而且都不停留在它過去習慣止步的層次。」

最後，彷彿那位「浪子」，馬爾泰從巴黎返鄉。我們不曉得他是否從此不再離開，只知道他目前在那兒。但在里爾克版本的寓言裡，馬爾泰並不尋求家人原諒；「他們哪能了解他？」如今他不屬於任何人。對馬爾泰來說，浪子的寓言其實是「一個不想被愛的男人的傳說」。這不僅是他的力量，而且「終究說來，是所有離家出走的年輕人共同擁有的力量」。

里爾克在此結束故事，沒讓我們知道年輕詩人的下場。小說最後寫道：「如今，愛他已成為極難之事，他覺得只有那唯一者才能做到。但祂還不願意。」馬爾泰並非不知自己必須做什麼——他了解波特萊爾的挑戰——只是無法徹底達成。里爾克寫道：「這個考驗超過他的能耐，以致他本能地尋找它，直到它附著於他，再也不離開他。馬爾泰．勞利茲之書，當它有朝一日被寫成，將只是講述此洞識之書，而由一個不堪負載此巨大洞識的人作為例證……」他是在巴黎看見抽搐的男子而驚懼不已的人，如同昔日之里爾克，而卡卜斯大概也會有相同的反應。但馬爾泰的失敗標記著里爾克的轉變。

百年來，分身（doppelgänger）一直是德國浪漫主義的標誌，里爾克則成為二十世紀率先重振此文學手法的現代主義作者。為了解放自己，他必須摧毀傳統上作為毀滅預兆的分身。在心理學家發展出鏡像與自戀理論的同時，許多文學評論者將里爾克、卡夫卡（Kafka）和霍夫曼史塔（Hugo von Hofmannsthal）的分身視為自我分析的工具。里爾克曾問莎樂美，她能否看出馬爾泰「死去，是為了防止我在某種意義上的死去」。

她說看得出來：「馬爾泰並非一幅畫像，你其實是利用自畫像來達到讓自己與它有所區別的目的。」無論是透過馬爾泰或里爾克亡姊所未實現的潛能，詩人覺得只有當另一人的靈魂死亡，他才得以重生。

月底，里爾克於萊比錫寫下此書終句，就在出版社辦公室同事戲稱「馬爾泰·勞利茲的書桌」上。「它完成了，脫離了我，」他說。可想而知，這成就並未帶給他歡欣，隨之而來的反倒是一種空虛感；他藉著旅行來逃避它。

他去柏林，與維絲陀芙小聚；她正在回沃普斯韋德的途中——之前她在蘇台德山脈（Sudeten）附近的小村莊待了三個月，為住在那裡的作家朋友格哈特·霍普特曼（Gerhart Hauptmann）雕塑胸像。四月，他再度旅行至義大利，這次在公主的城堡住幾天。但他失望地發現自己並非主客，她兒子和奧地利作家魯道夫·卡斯納也在那裡。里爾克覺得卡斯納的智識令人生畏；言談間，始終未完成大學教育的里爾克，感覺自己好像沒通過一場他根本不該參加的考試。雖然他和卡斯納多年後成為好友，此時里爾克卻迫不及待想逃離卡斯納和杜伊諾。他答應自己，等情況更有利於工作再回返。

消息傳來，法國政府將暫止出售畢宏府邸，給官員更多時間考慮羅丹設博物館的提議。前一年的房客出走潮，在三樓留下一套獨立空房，離羅丹頗遠。裡面包含一間臥室、小廚房和辦公室，與其他住戶相隔一道長廊。延伸到天花板的落地窗俯瞰花園裡亮綠的菩提樹。里爾克想，如果非得忍受附近有人，還不如就在他最具生產力的地方。他租下那寓所，於一九一〇年五月返回巴黎，甚至帶了一些家具和書籍，好讓它感覺更像個家。

里爾克重回巴黎，標示著詩人舊日生活一連串結束的開始。不再是一株蜷縮在羅丹樹蔭下的幼苗，那年春天，他以前所未有的獨立邁入巴黎的陽光。

他已學會控制對人群的焦慮，不再任由別人的生命侵入自己的生活。自從精通「觀入」的技巧後，他不僅能以心智穿透物體和動物的內在世界，也能逆轉此策略以抵禦他人的侵透。往昔去羅浮宮，意味著戒慎防備各種肉體和面孔的襲擊，他經常無法分辨真實與畫布上的呈現。而今他學會在被感官知覺淹沒之前停下來，閉上眼，想像著加強身體的邊界，彷彿它們是城堡的外牆。

「〔我〕伸展我的輪廓，如同拉緊小提琴弦，直到感覺它們緊繃而吟唱，突然間我知道自己被完全勾勒出來，像一幅杜勒（Dürer）的圖畫。」有了強化的心靈組構，他現在能與人群一同站在《蒙娜麗莎》（*Mona Lisa*）面前，欣賞她「無與倫比」的美。

這段期間，里爾克的通訊錄列有一千兩百個名字，他也毫不猶豫地善加運用。俄羅斯芭蕾舞團（Ballets Russes）來巴黎時，里爾克和考克多、舞團創辦人達基列夫、舞者瓦斯拉夫・尼金斯基（Vaslav Nijinsky）一起在演出後參加拉魯夜總會（Larue's）的派對。他很快便與雕塑家馬約爾成為朋友，凱斯勒伯爵也終於將他引介給紀德。

紀德當時已是名望很高的作家，看起來比里爾克遠不只年長六歲。其遊歷遍及北非，一九〇二年寫出筆調輕鬆卻令人不寒而慄的小說《背德者》（*The Immoralist*），便是以北非為背景。他在一九〇九年創辦巴黎最重要的文學期刊：《新法蘭西評論》（*La Nouvelle Revue Française*）。

六月，紀德邀里爾克到他新翻修的宅邸共進午餐。他家位於巴黎西側的蒙莫朗西山莊（Villa Montmorency），雨果也住過此區。當時里爾克愈來愈以其法語能力自豪，與紀德和在座兩位比利時客人流利交談；他們是藝術家西奧・范・里斯爾伯格（Théo Van Rysselberghe）和室內設計師亨利・范・德・費爾德（Henry van de Velde），後者裝潢了凱斯勒伯爵的家和位於威瑪（Weimar）的尼采檔案館（Nietzsche Archive）。這頓午餐開啟了深具意義且對雙方皆有裨益的友誼。當里爾克的出版商島嶼出版社在該月寄來《馬爾泰手記》的校樣，里爾克也給了紀德一份副本。

這本書在七月發行，並未引起熱烈迴響。德語媒體大抵讚許里爾克對年輕藝術家的感性描繪，然其非線性的敘事也令一些人感到困惑。柏林的一篇早期評論寫道：「《馬爾泰手記》非為大眾而寫，但其所預設的少數讀者將會喜歡。」另一位評論者認為，馬爾泰對於各種刺激的超級易感，「很適合」這個以「吾人對內化之渴望」為特徵的歷史時刻。

如同紀德的許多著作，里爾克的哲學小說吸引的多為偏好邪典的知識分子，而非跟隨流行的主流觀眾。但紀德次年在《新法蘭西評論》刊載《馬爾泰手記》的摘錄，協助將它引介給更廣泛的法國讀者。兩位作家繼續互譯相近的作品：里爾克以德文重寫紀德的〈浪子回家〉，紀德則將《馬爾泰手記》譯成法文。里爾克說，竟有人能如此巧妙地將他「難以理解的散文」譯成外語，令他十分驚奇。

《給青年詩人的信》鞏固了里爾克在美國的名氣，其影響力勝於他的其他著作；在法國則是《馬爾泰手記》。當完整的法譯本於一九二〇年代初問世，其主題——異化、徒勞，以及被推到極致的意識——協同形塑了未來十年存在主義的語言。沙特（Jean-Paul Sartre）一九三八年的小說《嘔吐》（*Nausea*）大抵即模仿《馬爾泰手記》而作。里爾克的主角想要「有個屬於自己的死亡」，這欲望影響了沙特的信念：生命只不過是死亡的漫長展開。馬爾泰在書裡說：「你的身體裡含著自己的死亡，就像水果中藏著果核。孩童體內的死是小小的，成年人則是大的。你擁有它，這事實給予你某種奇特的尊嚴與靜默的驕傲。」

里爾克奮力寫《馬爾泰手記》的過程，感覺有點像這長期孕育的死亡。這本自我毀滅的書在他體內持續生長，直到最後自成一體，付梓出版，留下里爾克感到絕望地荒瘠。再多的讚譽也無法消除此痛苦。里爾克相信藝術是獨具一格的死亡，因為它會耗盡藝術家。堅持下去的唯一方法是重啟創作的歷程，但目前的里爾克似乎不可能做到。他怎堪再次忍受那自殺的週期？他甚至不知該寫些什麼。也許里爾克想說的話皆已被馬爾泰道盡。也許是該進入某種更實際的專業的時候，如醫藥，他想。除了藝術家，他相信醫師是活得最接近上帝的人。

他對莎樂美表示疑惑：這本書是否讓他「如倖存者般陷入困境，我的靈魂迷失，沒有工作，再也沒有事情占據我的心思？」迄今為止，他選擇的路徑總將他擺放到三個角落：巴黎、義大利或德國。也許他需要試試別的方向。渴望擺脫過去的生活模式。里爾克在十一月打包行李，遠赴未知的領域：非洲。

法國人對「原始」藝術及其創造者「不馴的」心智——李維史陀（Claude Lévi-Strauss）後來稱之為「野性的思維」（la pensée sauvage）——的著迷，驅使許多藝術家在二十世紀初造訪北非的法國殖民地。東方主義的神話給予羅丹繪寫柬埔寨的靈感；紀德則說，在北非荒寂的沙漠旅行五年，比其他經歷更深遠地形塑了他的寫作。一九一〇年末的此刻，里爾克追隨紀德和維絲陀芙的步履，帶著一本《天方夜譚》（*Arabian Nights*）踏上自己的非洲之旅。

第一站抵達突尼西亞，里爾克有生以來首次感覺神性遍在四周。能夠如此明顯地感受到殖民地的穆斯林氛圍，令他十分震驚。在突尼西亞的聖城開羅安（Kairouan），「先知[26]臨近如昨日，這城市屬於他，宛若王國」；在阿爾及利亞，「偉哉阿拉，空氣中僅有其神力，別無他力」。他考慮在比斯克拉（Biskra）會見紀德的某位情人，後來得知這男人可能窮得會想搶劫他，便改變了主意。

幾星期後，他開始懷疑自己在那裡做什麼。繽紛的織錦、白色的建築與充滿香料的露天市集都讓他印象深刻。但大多數的時候，這趟旅行感覺只是在揮霍時間與金錢。他很清楚這就是拖沓延宕，而且很不幸地，還是以一種昂貴的方式。離開前，他在突尼西亞被狗咬了，覺得自己真是活該。那隻狗「只不過是以他自己的方式表示，我全都錯了，一無是處」，里爾克寫道。

回歐洲數月後，人生的另一章也近尾聲。他與維絲陀芙的通訊日稀，有時是在他鼓勵下。他曾建議她「簡單寫幾句就好，我們都還有很多事要做」。她偶爾來信，內容大多與個人情感無關，像是對他作品的感想，或為他謄打的文本。因此，當維絲陀芙在一九一一年中要求離婚，也並不太令人意外。

里爾克沒反對。他同情妻子的困境，對莎樂美感慨，她「沒跟我在一起，卻又無法展開沒有我的新生活」。他相信維絲陀芙從未實現她作為個人的自我，而把人生都花在里爾克身上，以及「交替著吸納和排除我的作用上」。他支持她的決定：暫時將璐得交由父母撫養，到慕尼黑接受維克多・埃米爾・馮・葛薩托（Viktor Emil von Gebsattel）的精神分析。這位年輕醫師是莎樂美的朋友，偶兼情人。里爾克希望此番治療能成功地讓她在心理上擺脫他的存在——「（顯然我終究是傷殘她本性的害蟲）」。也許她可以回復到遇見他之前的那個少女，這次走出自己的道路。

里爾克寫信給布拉格的一位律師，解釋他們夫妻分居多年，現在申請正式文件，只是為了讓久已成現實的情況在法律上生效。但詩人很快便得知離婚實非易事，他倆的友好關係亦無助於緩解接下來的官僚主義夢魘。

由於里爾克婚後才正式脫離天主教會，因此須遵守其嚴格的離婚政策。同時，這些年來他們居住過許多國家，也讓司法裁決的問題更形複雜。里爾克花了不少律師費，最後仍未能在他過世前辦妥離婚。

26 指穆罕默德。

第十六章

一九一一年十月，法國政府命令畢宏府邸的所有租戶，包括羅丹，均須於年底前遷出。政府尚未正式拒絕羅丹設立博物館的提議，但要付諸實行卻有太多疑慮。有些官員基於原則而反對，堅信博物館絕不該為了榮耀在世的藝術家而設。另一些人認為羅丹在前修道院展示裸體畫，單憑此褻瀆之舉便足以取消其提案。國家也考慮將富麗堂皇的宅院納為己用，也許作為政府辦公室或接待外賓的會館。

那個月，里爾克雇了搬家工人打包房間；其中一人估計，光是書房裡的書就需要七個條板箱。他將所有物品放進儲藏間，再寫信詢問馮．圖恩暨塔克西公主可否再到杜伊諾拜訪。他不知自己這次是否將較能專注，但希望至少可有些安靜的時光做翻譯。

迄今為止，里爾克住在巴黎的時間已超過布拉格以外的任何城市。雖然在未來許多年，它仍會繼續引誘他以訪客的身分回來，但長期居留此城的歲月已然告終。里爾克相信，一個地方應該發揮的功能是作為觀察據點，而不是一個家。現在其他風景正等著他。他曾寫道：「巴黎本身是一件作品，一件巨大、耗費心力、讓你不知不覺完成的作品。」他終於覺得自己已能熟練地應付其群眾，精通其語言、藝術，並從中汲取他所需的一切，以寫出《新詩集》和《馬爾泰手記》。他認為「目前為止我最好的作品，皆拜它所賜」。

公主說她會派司機開車來接他，他想在杜伊諾待多久都可以。里爾克在理論上討厭汽車——對他的波希米亞品味來說，連打字機都太過現代。但他暗自為如此奢華的旅行方式而雀躍，指示司機走他喜歡的路線，穿過亞維儂（Avignon）與坎城（Cannes），再到聖雷莫（San Remo）和波隆納（Bologna）。他們花了九天才抵達杜伊諾，永遠拋下「瓦雷納路上令人難忘、厭煩而奇特的房子」。

另一方面，羅丹卻完全無意離開。他簡直無法相信巴黎居然不欣然接受他慷慨的贈與。他拒絕服從政府命令，直接找媒體發新聞，說這城市不願讓民眾擁有一座免費的博物館。有些記者比較沒那麼同情身為藝術家的羅丹，為了爭取他們支持，他發起一場將此建築列為歷史古蹟的運動。

次年初，羅丹已贏得幾位重要編輯與保護主義者支持。他和作家好友克拉黛募集到知名藝術家與贊助人的連署，抗議羅丹被迫遷出。他們散發小冊子，包括莫內和小說家法朗士擁護設博物館的聲明。德布西嚴正指出：「沒有人比他更具資格獲此殊榮。」也許最重要的是一九一二年一月，羅丹的老友雷蒙．龐加萊（Raymond Poincaré）當選法國總理。

然而，正當情勢似乎朝有利羅丹的方向發展，卻在五月硬生生地觸了礁。羅丹與《費加洛報》（*Le Figaro*）編輯爆發了一場公開爭執，起因是俄羅斯芭蕾舞團最近在巴黎的演出。達基列夫原本就擔心舞劇《牧神的午後》（*Afternoon of a Faun*）最後一幕可能會引起騷動，因為舞者瓦斯拉夫．尼金斯基將以動作演示性高潮。果然，《費加洛報》編輯加斯頓．卡默特（Gaston Calmette）寫了一篇頭版報導，譴責尼金斯基「獸慾橫流的猥褻動作與無恥至極的姿勢」。

卡默特的意見在藝術家當中只占少數，因為許多藝術家多年來皆曾與舞團合作。（馬諦斯、畢卡索和可可．香奈兒〔Coco Chanel〕都為他們設計過戲服。）里爾克也深受尼金斯基感動，曾自陳：想為他寫詩的欲望「糾纏著我，不斷呼喚我：我必須，我必須……」

羅丹同意在對立的《晨報》（*Le Matin*）撰文，為達基列夫身段如蛇的明星辯護。「帷幕升起，你看見他躺在地上，蜷起單膝，吹著牧笛，會以為那是一尊雕像；而最撼人心弦的，莫過於高潮處，他縱身撲伏在隱匿的薄紗上，熱情忘我地擁吻它。」

《費加洛報》的編輯反擊，寫道他並不訝異羅丹會為這下流的演出辯護。畢竟，羅丹可是製造出更淫穢場面的罪魁禍首：他用自己畫的裸像，玷汙修道院的牆面。只有「昏了頭的仰慕者和自鳴得意的勢利眼」才會姑息這種褻瀆。卡默特接著祭出致命一擊：「匪夷所思的是，國家——亦即法國納稅人——為畢宏府邸付出五百萬法郎，只為安置我國最富有的雕塑家。這是真正的醜聞，制止它乃政府之職責所在。」

這番挑釁很快便引領其他報社跟進，煽風點火燎燃眾怒。有份報紙刊出一幅漫畫：赤身裸體的模特兒問羅丹該把衣服放在何處。他回應：「隔壁的禮拜堂。」大宅裡尚有許多租戶，羅丹也不住在禮拜堂，而且他當然付了房租，但這些都不重要。媒體見獵心喜，隨即強調羅丹的鄰居聲名狼藉，其中愛德華．德．麥克斯還被指控將禮拜堂變成罪惡的淵藪。他安裝在牧師聖器室的浴缸，也成為天主教會攻擊這些房客的把柄。

羅丹立刻後悔破例做了這個參與公眾爭議的決定。各種嚴厲抨擊都將矛頭指向他，對其倡議造成無法彌補的傷害。五月底，他的朋友凱斯勒伯爵見羅丹身心俱創，便召集尼金斯基、達基列夫和霍夫曼史塔組成「戰鬥委員會」去見他，要制定一個代表他爭取權益的行動計畫。

來應門的是渾身顫抖的舒瓦瑟。她淚眼汪汪地告訴他們：羅丹「深受打擊」，宛如「有人蓄意摧毀他最精緻的大理石像」。要是政府強迫他遷離，她發誓將親自確保沒有一座羅丹的雕塑會留在法國。

然後羅丹出現了，鬚髮蓬亂、衣冠不整。舒瓦瑟用戴著鑽戒的手撥開他額前的一綹散髮。他告訴他們，他並不像她那麼想報復。假如要對報刊的每次攻擊都還以顏色，他的整個生涯都會浪費在戰場上，什麼作品也做不成。凱斯勒的「委員會」派不上用場，只能繼續喝茶，盡力安慰老人家。

羅丹與媒體間的對峙延續數月，直到龐加萊的內閣做出歷史性決定：接受羅丹捐贈，並答允其請求，讓他有生之年皆可留在畢宏府邸，作為唯一的住戶。

另一方面，卡默特仍繼續挑釁，直至一九一六年，法國財政大臣的妻子持槍走進《費加洛報》辦公室。她因卡默特刊登她丈夫寫給她的舊情書——當時她還是他的情婦——而極其憤怒，槍殺了編輯。

到了一九一二年，「光之城」（City of Light）漸漸墮入黑暗。街燈二十四小時無休止的閃耀並未嚇跑罪犯，只是讓暴力不分日夜愈加彰顯。無政府主義者在街頭抗議，而城市所認可的暴虐，則以斷頭台公開處決的形式進行。

竊盜猖獗。某天早上，一名竊賊挾帶《蒙娜麗莎》走出羅浮宮。警方偵辦了兩年——連詩人阿波利奈爾和畢卡索也被當成嫌犯盤查——最後在罪犯企圖把畫賣給佛羅倫斯的畫商時逮到他。同時，被稱作「阿帕奇」（Apache）的地痞流氓四處威嚇行人。他們既時髦又野蠻，得意洋洋地穿著貼身的水手褲和領巾，跟蹤、搶劫並刺傷中產階級的受害者。

犯罪潮嚇壞了舒瓦瑟公爵夫人，她決定親自負起保護年邁戀人的責任。她開始在工作室到處藏槍，並告訴友人她有次必須擊退兩名夜間侵入者。他們試圖勒索當時七十二歲的羅丹，「但幸好我在！」她說：「而且我還有手槍！」

她買了一隻德國牧羊犬來保衛他，並安排一名警察每晚陪他從巴黎通勤回默東的家。有些夜裡，那名警官甚至睡在羅丹床邊的椅上。這種情況大約維持了一個月，直到藝術家對連續不斷的陪伴漸感不耐，而將那男人解雇。

某些朋友開始警告羅丹，他該提防的是舒瓦瑟，而非歹徒。傳言四起，說公爵夫人密謀以各種方式奪取羅丹財產的控制權。有些人相信她哄騙他簽字，將死後所有作品的複製權轉讓給她。還有人聽說她試圖破壞他與蘿絲．波雷的關係，好讓他在遺囑中指定舒瓦瑟為唯一捐助人[27]。

她在波雷面前招搖，對自己丈夫也毫不遮掩。公爵一度寫信給波雷：「你容忍著我無法再忍受的狀況，這實在令人難堪。我指的是內人持續出現……在羅丹先生的工作室。」

他以為波雷聞訊會要求分居，卻低估了這女人長期以來的堅韌。里爾克曾說，波雷忍受羅丹，就像一只茶杯放在瀑布下。羅丹與卡蜜兒分手後，頭幾年偶爾提到他「美麗的」前助手，波雷便氣得發抖。即使他注意到她的反應，也只是輕聲笑說，我的貓兒，我一直都最愛妳啊，所以妳還在這裡。

舒瓦瑟和賭徒丈夫的財務惡化已非祕密。有時他們被債主催逼，羅丹總是二話不說便慷慨解囊。公爵夫人的姊妹去世時，羅丹出錢讓公爵陪她回美國奔喪。多年來，關於舒瓦瑟的各種閒話，羅丹要麼不理會，要麼假裝沒聽見。也許他無法承受她背叛的可能。也或許他相信女人的頭腦太簡單，不足以圖謀至此。

但後來有位可靠的朋友帶著一套更嚴重的指控來找羅丹。他聽說舒瓦瑟直接從羅丹的工作室竊取藝術品——而且他已報警處理。羅丹此際回想起來，也記得六月就有過一箱圖畫不見的事。羅丹拿遺失的作品質問舒瓦瑟。她否認與此事有關，反而嫁禍給秘書瑪瑟・迪萊爾（Marcelle Tirel）。

平常羅丹可能會當場開除這名助理，但迪萊爾已為他工作六年，遠比多數待過這職位的人都長久。當他問她藝術品丟失是怎麼回事，她又把箭頭指回舒瓦瑟，告訴羅丹，她曾親見公爵夫人將圖畫塞進長襪。

羅丹往後一靠，倚著烏格里諾雕像開始啜泣。他知道自己必須怎麼做。經過七年的歲月，他

---

27 原文為 benefactor，若非 beneficiary（受益人）之誤，可能指舒瓦瑟意欲透過遺囑，成為唯一有權捐贈羅丹作品之人。

一語不發地結束這段感情。他派助手去畢宏府邸取回舒瓦瑟的鑰匙，沒讓情人來得及抗議，即偕波雷出城遠行。

羅丹的朋友額手稱慶，媒體亦歡欣鼓舞。《紐約時報》頭版報導，整個巴黎社交圈除了羅丹與公爵夫人分手的消息外，「沒有其他話題」。傳聞她「對大師施展太大的影響力……獨攬雕塑家的事務」。得知舒瓦瑟離開，法國人更是高興。雜誌《巴黎呼聲》（*Le Cri de Paris*）宣告，羅丹的工作室如今「送走了地獄守門犬，為模塑出當代最美麗軀幹的大師之友重啟門戶」。

里爾克為這整個情況感到痛心。他跟羅丹的許多友人一樣，欣見「可怕的」公爵夫人離去，但他多麼希望藝術家是自己決定這個結局，而非在如此不堪的欺騙下被迫做決定。這些瑣事，過去藝術家會不加思索地將它們踢到一旁，而今卻似壓倒了他。他在里爾克眼中顯得如此「怪誕而荒謬」，彷彿這麼多年的奮鬥只落得一場空。

羅丹和波雷旅行回來，在家裡等他的是一疊乞求原諒的信。舒瓦瑟在其中一封寫道：「我再也活不下去。我的心碎了——解脫的時刻並不令我駭懼。」就連她丈夫也求他接回這可憐的女人：「要是你看得到她就好了。我無法相信你會硬下心腸不憐憫她。」

這狀況持續了兩年。有次她戴著黑面紗出現在工作室，仆倒在羅丹跟前。他擱下畫筆，召來助手，指著地板上的女人咆哮：「送夫人出去！」羅丹決意不再受舒瓦瑟蠱惑，因為他真心愛過她。分手後不久，他告訴一位朋友：「我就像走在黑暗籠罩的樹林中。」

雖然羅丹發誓不再讓女人干涉他的工作，卻馬上雇用一位模特兒來管理畢宏府邸的事務。這名年輕女子的資格顯然包含「溼潤的紅唇」和「平靜的」雙眼。但他發現她讓一連串來路不明的人進入宅院，就把她開除了。

這些壓力似乎也對羅丹的健康造成傷害。七月的某個午後，波雷看見他吃中飯時叉子掉到地上，要去撿它時，手臂卻軟綿綿地垂在身側。他的手臂持續癱瘓了一陣子，很可能是輕度中風所致。

他的手臂漸漸又能活動，但親近的人都說，他再也沒回復原來的樣子。有天下午，凱斯勒伯爵注意到好友日益消瘦的身形，問他想不想去吃中飯；羅丹不當回事地指向天空，反問：在大自然面前，誰還能有胃口呢？大自然，他聲稱，是他唯一需要的營養。

第三部

藝術與共感

第十七章

一九一三年夏末，佛洛伊德在慕尼黑與「一位年輕但已頗有名氣的詩人」和他「沉默寡言」的朋友一同散步。這位五十七歲的維也納教授來此參加第四屆精神分析會議，他們散步的地點可能是市內某個公園或市郊。佛洛伊德正面臨情勢緊繃的人生關頭——這場會議將是他最後一次見到當時三十八歲的卡爾．榮格（Carl Jung），亦即他的朋友與過去公認的接班人。

兩位精神分析學者從一九〇六年開始成為過從甚密的同事：剛闖出名號的瑞士新進醫師榮格，發現佛洛伊德的字詞聯想研究可佐證自己的潛意識壓抑理論，便寫信到維也納告訴他此事。自那時起，他們便一直進行著熱絡的思想交流。但是，佛洛伊德相信性慾構成一切人類行為的基礎，當榮格開始對此存疑，兩人之間即出現緊張關係。同時，榮格的興趣逐漸擴展到神祕主義（mysticism）和通靈學（the occult）等領域，佛洛伊德擔心這會使羽翼未豐的精神分析學科失去可信度，並為批評者提供攻擊的彈藥。榮格拒絕屈服於佛洛伊德的學說，也不願壓制自己的理論，身為前輩的佛洛伊德則將其反抗詮釋成推翻「父親」的伊底帕斯欲望。榮格聲稱他從不想被視為門徒，只希望被平等看待。就在會議召開前不久，佛洛伊德切斷了與這位舊友的一切私人聯繫。

到了九月初，精神分析學界人人皆知他倆失和，與會者分裂為二：來自蘇黎世的研究員跟榮格同坐一桌，維也納學者則與佛洛伊德另坐一隅。整間會議室都籠罩在一個問題的陰霾下：「國際精神分析學會」（International Psychoanalytical Association）是否要再度推選榮格為會長。由於榮格沒有挑戰者，擁佛洛伊德派便鼓勵大家投廢票。五十二位與會者有二十二人照做，但這並不足以讓榮格下台。他勉強保住職位，然其叛離傳統的佛洛伊德式精神分析已成定局。

在這劍拔弩張的場面下，佛洛伊德看見好友莎樂美與詩人里爾克連袂走進飯店，不禁鬆了口氣。那時她已開始認真研究精神分析；根據她的說法，部分動機是因為多年來她分享了「另一個人非凡而罕見的精神命運」——即指里爾克。她是佛洛伊德的門生，也是率先參加一九一一年開幕會議的女性之一。團體照裡，莎樂美裹著毛皮長大衣，坐在佛洛伊德和榮格前排。她在研討會期間問佛洛伊德可否收她在門下做研究，他笑而不答。當時尚未成立任何正式的精神分析訓練中心，而且他無法理解她為何想學，「因為我唯一做的，就是教人如何洗髒床單而已」。

但莎樂美鍥而不捨，自學六個月後，再赴維也納證明她投入的決心。她和佛洛伊德很快便開始通信，歷久不輟，情誼日篤；她也從一九一二年十月起在維也納接受他的訓練。是她力促他更仔細地探究母親在幼年期扮演的角色。不久，佛洛伊德便委託她治療自己的女兒安娜（Anna）。

如今莎樂美不僅是佛洛伊德的同儕，也是他最可靠的盟友。她堅定地選在他這側就座，並在日記裡寫著：研討會上「我最想坐的位子，莫過於他旁邊」。眼見佛洛伊德「因為與他曾深愛的『兒子』榮格決裂」而強抑悲傷，令她十分難過。整個研討會期間，他不斷擔心自己在演講中提出的任何問題或矛盾，都會讓他看起來更像榮格所形容的父權暴君。

藉著跟莎樂美和里爾克一起散步，佛洛伊德得以在緊張的會議中稍微放鬆。他對里爾克頗熟悉，主要是因為兒女的緣故：其子恩斯特（Ernst）和女兒安娜都在學校背過里爾克的詩。安娜聽說父親此行遇見他，還寫信問道：「你真的在慕尼黑見到詩人里爾克？為什麼？他是什麼樣子？」

佛洛伊德似乎覺得他很有意思。兩年後，佛洛伊德在〈論無常〉（On Transience）描述自己遇見「一位年輕但已頗有名氣的詩人」——學者普遍相信是里爾克，及其「沉默寡言」的朋友——同樣沒指名道姓，但被認為是莎樂美。佛洛伊德記敘詩人讚歎夏日午後的自然美景，卻自承無法因此感到愉悅。一到冬天，這些全都會枯萎、死亡，他說，就像我們在乎的一切，終有一日要逝去。佛洛伊德寫道，所有這位詩人「本來會鍾愛和欣賞的事物，似乎皆因其注定短暫無常，對他來說便失去了價值」。

佛洛伊德無法反駁這種頹廢消極的觀察；所有生物當然都必將死亡。但他不同意此必然性會削減其當下的價值。正好相反：生命只會因稀少而更形珍貴。但他詫異地發現，這些他認為無可辯駁的真理，並不能令多愁善感的同伴信服。

後來，佛洛伊德想到如何解釋里爾克的悲傷，當時他正面對自己的一連串憂愁：反猶太主義在歐洲日益興囂，精神分析的正當性屢遭威脅，世界大戰開打，而他的孩子得去服役。他在文章裡寫道，里爾克預期死亡的同時，也預期著伴隨它而至的哀悼。由於無法承受即將來臨的傷痛，他訓練自己從一開始便抗拒體驗生命之美。你無法悼念不曾愛過的事物。

佛洛伊德主張採取更具希望而療癒的觀點。他承認戰爭「奪去世界的各種美」。它破壞大自然，摧毀歷史古蹟。「它使我們的國家再度變得渺小，讓其餘的世界變得更加遙遠。它剝奪我們珍愛的種種，令我們明白，許多我們以為穩固不變的事物，其實多麼倏忽易逝。」

但不像里爾克，佛洛伊德堅持美的喜悅超過哀悼它的代價。即使美消失了，傷痛也會離去，就如它降臨一般突然。佛洛伊德說，每個結束都帶來新的開始，連同「在更穩固的基石上，比以前更持久地」重建的機會。

這篇論文有助於確立佛洛伊德對防禦機制的開創性研究：他相信人們會下意識地操控感知，以保護自己抵禦痛苦的情緒。也許更早之前，里爾克已不自覺地在《杜伊諾哀歌》（*Duino Elegies*）的第一首預見此邏輯。他在詩中抒寫自己擔憂天使的愛會將他吞沒：「……因為美無非是／我們幾乎無法忍受的 恐怖之開端。」（For beauty is nothing / but the beginning of terror which we can still barely endure）崇慕美的時間愈久，失去美的打擊便愈沉重。

里爾克於一九一一年冬抵達杜伊諾時，這座高踞峭壁、俯瞰亞得里亞海的城堡，在他眼中就像冷酷無情的龐然巨物。暗黑的海水掩藏在霧裡，是一片「面目模糊、無盡延伸的虛空」。這片岩石地帶沒一點綠色，毫無植被的跡象。鄰近斯洛維尼亞邊界的杜伊諾，與他到卡布里島沙岸度假時所認識的義大利實有天壤之別。

他搬進面海的角落房間，開窗讓鹹味的空氣流入。簡樸的環境本該令里爾克充滿紀律感，他卻覺得自己像石牆內的囚犯。打從離開畢宏府邸便不斷折磨他的焦慮，也趁勢將他包圍。

目睹羅丹的衰老使他醒悟：倘若現在不直面各種恐懼，它們可能會繼續追趕他，等到有天追上他時，他將虛弱得無力應付，如同羅丹對死亡的恐懼所導致的下場。他告訴公主：「與羅丹相處的經驗，使我對於一切改變、一切耗蝕、一切失敗都非常畏怯；因為那些不明顯的死亡，一旦你認出它們，除非你能夠以上帝賦予它們的同等力道來表達它們，才可能忍受。」有生以來頭一次，他覺得心理治療可能是辨認和挖掘這些恐懼的有效途徑。

里爾克一向有些畏懼佛洛伊德和他的新心智科學。他告訴莎樂美，這位精神病學家的文字「讀起來不舒服」、「有些地方令人毛骨悚然」。他相信精神分析是靈魂的漂白劑，一種徹底的清理。多年來，每當佛洛伊德試圖增進彼此的友誼，詩人總傾向於婉拒其邀請。佛洛伊德發表〈論無常〉一年後，當時二十三歲的恩斯特「終於見到心目中的英雄里爾克」，但並不是在佛洛伊德家：「我們無法說服里爾克再度光臨，」佛洛伊德寫道。

但在杜伊諾與世隔絕的里爾克，漸漸看出像精神分析這樣由敘事驅動的醫學支派如何對作家有益。反正里爾克筆枯思竭，心理治療似乎不可能讓情況更糟。他寫信給莎樂美，看她是否認為佛洛依德的談話治療能幫助他：「親愛的露，我現在狀況很差，我等著人來、需要別人、四處尋找人……」

收信後，她快速瞥過他對抑鬱、肌肉疼痛和食慾不振的抱怨，直到出現真正令人不安的段落——與他常見的病痛無關，而在描述他如何寫出最近的一首詩。

那是元月裡一個颳大風的日子。在杜伊諾，來自匈牙利低地的寒冷北風，有時會與撒哈拉沙漠吹來的溫暖強風衝撞，造成像艾爾．葛雷柯畫裡那種末日天啟般的暴風雨。在這樣一個下午，天色暗下時，里爾克正出門透氣。他專心想著一封必須寫的重要信件，沒注意天象。公主從城堡望見他在懸崖上踱步，雙手插進口袋，垂著頭思索。

然後他聽到風中的語聲：「誰，若我呼喊，將在天使的階列中聽見我？」（Who, if I cried out, would hear me among the angels' hierarchies?）里爾克停下腳步聆聽，在筆記本寫下這句話，成為《杜伊諾哀歌》的開章首句。回到城堡內，此詩的其餘部分即傾瀉而出。他向莎樂美形容當時靈感激湧，承認他根本不覺得自己是詩的作者，彷彿被某個更高的力量附身。後來他告訴公主：「那個使用我的聲音，比我更偉大。」

里爾克的敘述令莎樂美擔憂。依照他的說法，寫下那些文字的手彷彿根本不存在。這種脫離肉身的描寫近乎自我否定，是一種極端的表現，顯示出身體的異化——長久以來，她一直認為那是導致他反覆發病的原因。故當里爾克問她是否該去慕尼黑做精神分析，她便鼓勵他去。

他也跟維絲陀芙討論此想法。她已經在進行治療，說他至少該試試，否則便是懦夫。里爾克接著寫信給維絲陀芙的精神醫師，詢問接受治療的資格。他告訴醫師，他相信自己的創作一直「只是一種自我治療」，問題是它似乎不再有效。

但在里爾克啟程前，莎樂美發來一封緊急電報：別這麼做，她懇求。她突然轉念，認為精神分析將使他的創造力蒙受太大的風險。它很可能會把天使連同惡魔一起驅逐。

里爾克判斷她是對的。也許需要一點瘋狂來驅使他繼續完成《杜伊諾哀歌》。假使心理治療的機會是出現在與馬爾泰的長期鏖戰中，他可能會立即把握。而若有天他選擇轉入某種「非創造性」職業，如同他在完成小說後曾打算的，他也會再度考慮。但就目前而言，他決定只要自己還是詩人，就不接受精神分析。

他將赤足走上杜伊諾的寒霜，熬過悲慘的冬天，而莎樂美將繼續充當他的心理治療師，正如她十五年來一直在做的。她最近也開始分析他的夢。某個夢裡，里爾克告訴她，他站在動物園，周圍環繞著獸籠。其中一個關著一頭淺色獅子，那讓他聯想到法文裡「被記得」和「被映照」二詞。中央有個裸體男子在擺姿勢，裹覆在紫羅蘭色和灰色的重重陰影下，宛如塞尚畫裡的人體模特兒。那人並非馴獸師，而是被「擺出來跟動物一起展示」，里爾克說。

莎樂美並未記錄她對此夢的詮釋，它包含太多源自巴黎和《新詩集》的意象。但她建議，也許里爾克該回巴黎一陣子，以取代精神分析。她不喜歡《新詩集》，覺得那些詩在情感上太貧瘠，但它們至少讓他立基於物質世界。最近他盡談些杜伊諾風中的語聲，她認為他需要再服一劑嚴酷的巴黎現實了。

一九一三年春，里爾克聽從她的勸告回到他在首役路住過的公寓，並答應幫維絲陀芙最後一個忙。她仍住在慕尼黑，現在帶著璐得一起；她告訴他，她一直希望能為羅丹塑一座胸像。藝術家曾表同意，但之後便杳無音訊，因此她不確定他是否真的願意。里爾克承諾會幫她跟他談談。

信任里爾克會達成使命，維絲陀芙來到巴黎，打算四月開始工作。接下來兩個月，里爾克一再致信羅丹，請求他為她擺姿勢。他告訴羅丹，曼海姆（Mannheim）的某間博物館已委託她塑胸像，如今這攸關她的專業信譽。當此說法沒能引出回應，他轉而訴諸羅丹的自負，力陳像他這樣偉大的主題，適足以喚醒維絲陀芙潛伏的天才。他引述她在信中所云：「我從不敢冀望羅丹會坐在那裡讓我塑像。」

里爾克只收到一封禮貌的回函，信中似乎刻意避提幫忙之事。最後里爾克告訴維絲陀芙，羅丹只是「暫時不想聽到為胸像擺姿勢的事」。藝術家並未正式拒絕，但也不肯承諾。五月時，羅丹邀里爾克和維絲陀芙到默東共進早餐，那是他們最後一次懇託的機會。他們共度了美好的早晨，離去前，里爾克確認幾天後將偕出版商再次登門的計畫。他們要挑幾張羅丹作品的照片，作為新版專書的插圖。

羅丹本來已同意發布這些影像，但當里爾克依約回返，藝術家卻無緣無故改變了心意，拒絕給里爾克照片，也不肯說明理由。里爾克發誓，羅丹二度違背承諾，已超過他所能忍受的極限。維絲陀芙心知自己不可能獨力說服羅丹擺姿勢，於是回慕尼黑，退而求其次，為羅丹的朋友、捷克女男爵希多妮．納赫倫（Sidonie Nádherný）雕塑胸像。

里爾克斷定：「他再也不值得信賴了。」羅丹任性恣肆的情緒擺盪，就像八年前開除里爾克時「一樣莫名其妙」。但這次詩人明白，他們之間的嫌隙「大概已成無可挽回的致命傷」。

第十八章

隨著前衛派（avant-garde）在巴黎開疆闢土，羅丹頑拗地宣稱自己是「殿後派」（avant-dernier）的一員。一九一三年的國家美術協會沙龍，羅丹展出一尊徹底反潮流的畢維·德·夏畹大理石胸像，這位藝術家的裝飾性「壁紙」畫風，使他在過世後十五年內，地位陡落至無足輕重的地步。但羅丹堅持他是個天才，不惜賠上自己的聲譽也要為之辯護。

羅丹已經是巴黎當代藝術圈的邊緣角色，卻仍想逃離此地更遠。他開始在南部度週末，跟雷諾瓦學油畫，並教他雕塑作為回報。畫家當時已十分老邁，有嚴重的關節炎，作畫時必須把畫筆綁在手腕上。羅丹也有一些困難，但這把年紀還能學新技藝，讓他像孩子般開心。

他也去深愛的大教堂朝聖，滿懷敬畏地觀察它們，毫不厭倦，一如當初那個寄宿學校的少年。他開始素描其石柱、裝飾板條、彩色玻璃和簷篷（canopy），記下自己的印象。最近他一直在向昔日的大師致敬，因而也無法忘記這些建築——它們教給他的比任何人都多。大教堂是一切雕塑之母，幾世紀以降，她的身體表面承載著各種雕刻，直到後來那些浮雕、裝飾和雕像爬下她的牆面，成為個別獨立的藝術品。倘若沒有大教堂，羅丹無法想像我們所知道的雕塑如何可能存在。

一九一四年初，羅丹將這些沉思的內容，連同百幅自由聯想的圖畫，出版為《法國大教堂》

年邁的羅丹，一九一三年前後。

（*Cathedrals of France*）一書。書中的篇章跟隨他漫遊的腳步，從沙特到博韋，到拉昂（Laon），最後抵達漢斯——位於巴黎西北方九十英里，其十三世紀哥德式鉅作是所有大教堂中他最鍾愛的一座。

羅丹將最長的一章獻給漢斯大教堂，他曾接連幾天「既驚怖又迷醉」地站在它面前。它具有某種近乎「亞述人的性格」，他寫道，而其影響甚至比金字塔還深刻。他以三十六頁的篇幅記錄各種技術性觀察：從正面和斜側面的不同角度、從旅館窗戶、從空洞的中殿內部，包含白天與黑夜。有一晚他待在中殿，感覺像置身於一個阿波羅隨時可能復活的石窟。他想像《沉思者》若坐在這些石室裡，看起來會多麼合適。地下墓室的「巨大陰影將使那件作品更強固有力」。

他寫鐘聲，其迴響的韻律似與飄過的雲朵相彷，還有弓身蹲伏的石滴水獸，從牆緣撲進他的噩夢。直至章末，羅丹仍覺這座大教堂的眾多神奇魅力，自己連一小部分都沒能傳達。「誰敢誇言看過它們全部？我提供的只是幾則筆記而已。」

漢斯大教堂是他的宗教，羅丹說：「建造這座大教堂的藝術家，帶給世界神性的映象。」正因如此，他認為它五十年來歷經的粗陋修復措施，簡直無異於褻瀆。他說那些野蠻的古蹟保存者用在哥德式大教堂上的廉價合成材料，意味著「一個生病的法國……被私利蹂躪……充斥著夸夸其談而不知如何做事的學派」。

在羅丹眼中，哥德式大教堂體現了法國的精髓，就像帕特農神廟（Parthenon）之於希臘。然而對他來說，大教堂已成為一門失傳藝術的象徵，它們被世人遺忘，正標誌著法國天才的終結。但民眾似乎毫不在意。羅丹相信大教堂亟需祈禱，與他合著此書的象徵主義詩人夏爾．莫利斯（Charles Morice）甚至形容雕塑家是「帶領子民至應許之地的先知」。

此書部分是痛苦的心靈吶喊，部分則在呼籲採取行動。羅丹乞求讀者為法國的孩子拯救大教堂，並懇請民眾親自造訪。照片是行不通的；相機的鏡頭沒有觸覺，眼睛卻能夠撫摸。他也請求參訪者在大教堂面前保持耐性與謙卑，像學徒追隨師傅般虔心研習。

羅丹主要的不滿是沒有人再為老舊者辯護了；就此觀之，藝術家的宣道不僅在為大教堂抱屈，也是為自己悲嘆。他問道：「誰能相信進步呢？假使無限進步的理論為真，我們早就應該是神了。」當羅丹回默東去完成此書，共同執筆的莫利斯感覺自己肩負著巨大的工作壓力。他手忙腳亂地解讀羅丹寫在衣袖上的許多筆記，並曾說藝術家「想盡辦法找我麻煩」。

這本書於一九一四年五月問世，羅丹和莫利斯在畢宏府邸舉行一場朗讀會，結果褒貶互見。有些評論家相信整本書皆由莫利斯代筆。他當然扮演了重要角色，但我們很難想像有人能如此精準地模仿羅丹格外誇張的散文風格。他的美學論斷相當強勢，常令讀者感覺是無可置疑的事實。藝術史學家埃米爾．馬樂（Émile Mâle）說這本書提供了「生動的札記、高尚的思想、美麗的隱喻」，但他和其他人都強調它不該被誤認為嚴謹的學術研究。有些評論者更進一步指控羅丹刻意欺騙讀者，使他們以為身為藝術家的顯赫地位也讓他成為哥德式建築的專家。

羅丹還沒來得及為自己辯護，整個世界便已將注意力轉向正在全球舞台展開的危機，迅速忘記羅丹的小書。歐洲顫顫巍巍地走在戰爭邊緣，轉瞬間，羅丹為保存法國象徵而做的祈禱，變成了祈求法國本身的存續。

里爾克沒參加畢宏府邸的朗讀會，也不曾再於默東見過羅丹。一九一四年初，他曾經應朋友瑪格達．馮．哈廷博格（Magda von Hattingberg）請托去了一趟，在她造訪巴黎之際引介給羅丹。但他們到默東的那個下午羅丹剛好不在，他去找雷諾瓦畫畫了。

不過，里爾克還是陪馮．哈廷博格在庭院逛了一圈，四周的鄉村景致就跟她想像的一樣迷人。但她告訴里爾克，那屋舍看起來好冷，一點都不吸引人。他向她解釋，這就是羅丹的生活方式：住在破舊的家，沒有暖氣，被急於利用他的朋友包圍。她覺得整幅景象「如此絕望：人類的軟弱和天才結合於一個充滿創造力的偉大人格，而它在寂寞與痛苦中逐漸衰老」。她在日記裡寫道：「真希望我們沒去默東。」

里爾克在藝術家晚年對他敬而遠之，不僅是因為羅丹拒絕為維絲陀芙擺姿勢，或答應為新書提供照片而又反悔。令他反感的是目睹羅丹粗鄙不堪的老化，且屈服於慾望和世俗纏結。羅丹曾在詩人最徬徨無依時收容他。里爾克在一九〇三年寫道：「他內心深處蘊含著一幢房屋的幽暗、庇護和安詳，他自己則變成上方的天空、周圍的樹林。」

不僅是庇護他，雕塑家曾教導里爾克結構的意義，給予他打造詩歌的藍圖，像木匠在他周圍築起四道牆。「但是要製造，去製造就對了，」里爾克曾如此理解：「一旦做出某樣東西，便會有十樣、十二樣出現，六、七十條關於你的小紀錄，全都出自於此，出自那種衝動；於是你已贏得一席之地，可挺立於上。然後你就不會再失去自我。」

這是里爾克遵循許久的教義。當羅丹說「工作，不斷地工作」，里爾克以為這句話意指必須棄絕生活。詩人願意暫做此犧牲，當時他仍相信服從的回報將是精通詩藝。他孤立自己，把對人的愛轉移到物體上，表現得宛如活在水底下，一個不適合人類生存的環境。倘若有人敢在這「沒有空氣、沒有愛的空間」撫慰他，如同維絲陀芙試圖做的，他們的支持遲早會「在枯萎而可怕的狀態下」老死。那些年裡，里爾克拚命工作，把自己逼到瘋狂邊緣。然而，無論他如何努力，仍無法完全消滅內心想要生活的欲望。

最後相處的那段時間，羅丹有次對老友表示不解：「為什麼要離開這一切？」當時他們在默東的花園裡休憩，七十多歲的藝術家環顧四周的大理石和石膏人像，那是他生命中最親密的夥伴。那一刻他顯得如此滿足，他所擁有的美物全圍繞在身旁，屋裡有忠誠的伴侶波雷，記憶中有偉大的愛情。里爾克於是恍然大悟：羅丹從未像他那樣做過任何犧牲。羅丹不是藝術的殉道者。他是怎麼生活的？結果證明充滿樂趣，而且完全照他自己的意思。

羅丹不可能明白，自己十年前說出的話竟剝奪了詩人最神聖的人生體驗。當里爾克聽到「工作，不斷地工作」的指令，即切實奉行，放棄生活，以期盼未來的報償。當他看見羅丹自己並不遵從指令，遂感覺遭到背叛。但他錯在沒能理解：羅丹從來無法告訴里爾克該怎麼活。任何師父所能做的，頂多是鼓勵徒弟，希望他們從工作本身獲得滿足。里爾克開始明瞭，在藝術裡，從不曾有什麼在另一側等著：沒有神，沒有祕密被揭示，在大多數情況下也沒有報償。唯一存在的只有「做」這件事。

六月底的一個早晨，就在戰爭爆發前夕，里爾克寫了一首詩，講述他為創作付出的昂貴代價。他曾坐在空蕩蕩的旅館房間，凝視大教堂的尖塔和獸籠裡的獅子，睡在孤枕衾寒的床上。但在這名終身觀察者的軀體深處，一顆已被各種圖象「痛苦地活埋」而「仍有感覺的心」仍留下了痕跡。

如同他筆下的敘事者已達到客觀觀察的極限，里爾克也決定：「也許我現在會學著變得有人性一點。」他將此詩抄了一份寄給莎樂美，題為〈轉折〉（*Turning*），因為它代表著「若我要活下去，就必將面臨的」轉折。

> 眼睛的工作已完成，現在
> 去做心的工作吧……
>
> *Work of the eyes is done, now*
> *go and do heart-work...*

一九一四年六月二十八日，法蘭茲・斐迪南大公（Archduke Franz Ferdinand）遇刺身亡。兩週後，里爾克打包行李前往德國，以為只是趟尋常的旅行：先去哥廷根探訪莎樂美，再赴萊比錫找出版商，最後到慕尼黑跟璐得見面，再回頭與莎樂美會合。他預計不久就會回來，因而把所有財產都留在公寓，包括羅丹送的書桌、裱掛在牆上的家徽、父親的一張銀版照片。他站在首役路上等計程車時，房東太太開始啜泣。對於歐洲瀕臨崩解的現實渾然不覺的里爾克，不明白她為何如此難過。

他在七月中抵達德國。兩週後，奧地利對塞爾維亞宣戰。外交情勢動盪不安的消息遍傳歐陸，里爾克仍對這一切無動於衷。他認為俄國威脅動員只是裝腔作勢，故依原訂計畫前往慕尼黑會見莎樂美，表現得正如一位朋友當時所形容：「一遇到跟政治相關的事，他就變成了孩子。」但莎樂美不冒這個險，她可不想登上可能讓她滯留在另一個城市的火車。這是明智的判斷。里爾克再回巴黎已是六年後。

八月二日，里爾克無意間撤離巴黎的兩週後，士兵扣押了羅丹的座車，當時他正穿過城門要回默東的家。出入巴黎的交通已全部封鎖，七十三歲的藝術家必須偕石膏助手步行回郊區。幸好路上有農民可憐他們，讓他們搭他的馬車。

當晚羅丹回到家，發現員工皆已奉召入伍，連他那匹又老又瘸的馬咚咚（Rataplan）也被徵用。接著來了封電報，建議他在四十八小時內將作品搬進畢宏府邸的地窖。巴黎傳單滿天飛，通知民眾動員已經展開，但羅丹之前並未充分領會到衝突的規模。

次日，德國向俄、法宣戰。羅丹雇用了一組搬運工，包括他兒子奧古斯特，趕緊將雕塑貯放妥當，並盡可能運往英格蘭。月底，德軍兵臨城下，在巴黎到處散發小冊子，警告「投降是唯一的希望」。

九月一日，羅丹明白離鄉的時候到了。他和波雷在車站擠過大批進駐的軍隊，登上前往英格蘭的火車，讓奧古斯特留在默東。羅丹的一位親戚暫時接管藝術家的莊園，在馬恩河戰役（Battle of the Marne）期間將它改建成野戰醫院。一週後戰役結束，巴黎驚險地逃過被德軍占領的命運。

羅丹和波雷寄居友人茱蒂特．克拉黛在倫敦的家。羅丹於流亡英國的苦難中找到一絲慰藉：至少那年秋天，他能夠在國會大廈的花園目睹《加萊義民》揭幕。但策展人最後一刻決定，這座雕像乃為紀念加萊民眾的犧牲而塑，值此法國港鎮被德軍包圍之際，實不宜慶祝該紀念碑落成。

這決定雖令羅丹失望，卻遠不及他抵達倫敦數週後遭遇的重創。某天早晨，羅丹打開《每日郵報》（*Daily Mail*），看到一張貼滿全版的照片：被轟炸成碎礫的漢斯大教堂。

克拉黛說：「他臉色慘白，彷彿命在垂危，整整兩天因悲痛而蒼白喑啞，似乎自己也變成殘毀的大教堂裡的一尊雕像。」德軍深知漢斯大教堂是法國獨創性的民族象徵，接下來四年仍持續朝其殘骸發射砲彈。羅丹預言，未來「人們說到『漢斯的陷落』，意思就如同『君士坦丁堡的陷落』」。

也許是有生以來第一次，羅丹發現自己對政治充滿熱情。他寫信告訴曾住在畢宏府邸的反戰作家羅曼．羅蘭（Romain Rolland）：「這不僅是一場戰爭。這是天譴，是一場劃分了時代的人類浩劫。」他的愛國心日益堅定，在十一月捐贈了十八件雕塑給倫敦的維多利亞與亞伯特博物

一九一四年九月，遭轟炸的漢斯大教堂。

館（Victoria and Albert Museum），向共同對抗德國的英國弟兄致意。當他收到委託案，要以十二萬五千法郎的天價請他為德皇威廉二世（Kaiser Wilhelm II）雕塑胸像，羅丹拒絕了。他說：「我怎能為法國的敵人製作肖像？」

漢斯陷落後兩個月，羅丹受託為教宗塑胸像，偕波雷從倫敦搬到羅馬。本篤十五世（Benedict XV）答應為羅丹當十二次模特兒，但才做三回就放棄。他似乎不喜歡長時間擺姿勢，並告訴羅丹他太忙而無法繼續。當一名助理大膽拿教宗的照片來替代，羅丹氣得解開圍裙衝出房間。幫忙安排此次塑像的朋友在梵蒂岡階梯上遇見羅丹。雕塑家滿眶淚水，難過得必須靠朋友攙扶才能步下樓梯。

幾個月後，戰事從法國轉移至比利時，羅丹回到巴黎，繼續製作教宗的胸像。它維妙維肖地重現了本人的神貌，但羅丹感嘆，它本可在教宗的合作下成為一件「傑作」，如今卻絕無可能了。

戰爭最初數月，羅丹被迫離開巴黎，里爾克卻交上非比尋常的好運。九月出版商告知，有位即將上戰場的不具名捐獻者，將兩萬奧匈帝國克朗（kronen）贈與他和另一位詩人吉奧格・特拉克爾（Georg Trakl）。里爾克始終不知這位神祕恩人的姓名，但後來有人發現是維也納哲學家暨鋼鐵事業繼承人路德維希・維根斯坦（Ludwig Wittgenstein），他非常喜愛里爾克早期的抒情詩。

對詩人來說，此事「令人驚異的程度不下於獨角獸的存在」，由此開始了里爾克人生中難得的一段舒適時光。一九一五年夏，他交了一位女友：畫家露露・艾伯特—拉薩德（Loulou Albert-Lasard），而且拜出城度假的女贊助人所賜，免費住進慕尼黑的一棟河濱公寓。在她的客廳，里爾克日日凝視著一幅奇妙的畫，畫中有六名神情落寞的馬戲團表演者；那是畢卡索的《賣藝人家》（*Family of Saltimbanques*），後來也在里爾克的某一首《杜伊諾哀歌》裡登場。

然而到了十一月底，奧國開始在戰場節節失利。軍方提高服役年齡上限，里爾克突然便符合徵召資格，「被匆匆帶到天曉得什麼地方」。他依生日被通知去接受醫療委員會審查，官員宣布詩人可以服役，命令他在一月到山城圖爾瑙（Turnau）報到。

里爾克趕緊寫信給馮・圖恩暨塔克西公主，看她的影響力是否能拯救他脫離這場夢魘。她動用所有的人脈奔走關說，皆無功而返。政府堅持要里爾克入伍服後備役。他告訴公主：「我很害怕，非常害怕。」

年近四十的里爾克只得像小時候那樣扣上僵挺的軍領，向新兵訓練營報到。情況正如他記憶中一般慘痛：其他士兵依舊霸凌他，而且由於他在軍中用的是本名「荷內」，他們也嘲笑它聽起來娘娘腔。三週後，里爾克的「有力人士」終於安排他轉任維也納的文職。據說公主親自來軍營護送他離開。

里爾克的新工作在戰爭檔案局（War Archives），職務是撰寫簡短而歌功頌德的戰役紀錄。里爾克厭惡這種修改史實的作法，稱之為「粉飾英雄」（hero grooming）。儘管如此，他仍全力以赴，勤奮的程度只有寫詩時能比。有次當班，他因無法敘述得恰到好處而揉掉一張又一張紙。當他向長官解釋自己正陷入寫作瓶頸，上校拿給他一疊紙和一把尺，要他改成手工為每張紙打底線。

該部門的一位同僚回憶：「一連幾小時，他認真地劃著垂直和水平線。有些線與線之間只隔兩公厘，但他仍以完美的精準與真誠的謙卑工作著。」

就這樣五個月，奧地利讓它最偉大的當代詩人用尺在紙上劃線，直到一九一六年六月，軍方終於免除里爾克的職役。

教宗的胸像是羅丹最後的創作之一。秘書迪萊爾說他回到巴黎時「身心俱疲；戰爭嚇壞了他，喚起他的恐懼」。在世的最後兩年，他沒再雕塑什麼，大部分時間都與波雷待在默東，去畢

羅丹與波雷之墓。

宏府邸只為赴重要約會。

有些朋友敦促他趁為時未晚和她結婚。多年來她對他忠誠不渝，這麼做似乎才合乎公道。羅丹終於同意，並於一九一七年一月二十八日與相守超過半世紀的伴侶結婚。默東鎮長在附近一家彈藥廠的爆炸聲中主持儀式。他們的兒子、幾位摯友和員工也在場，注意到簡短的婚禮中羅丹始終面帶微笑，不時瞄向糕餅桌。波雷則板著臉，一如往常。

婚禮過後幾天，羅丹的新娘開始劇烈咳嗽。趁著沒含喉糖時，她對迪萊爾坦承：「我一點都不介意死去」，只是不想比羅丹早走，留他一人獨活。兩星期後的情人節，迪萊爾回到家，發現羅丹站在房中央，「像尊雕像般」盯著波雷。他老淚縱橫，輕聲說道：「只剩我孤單一人了。」波雷死於肺炎。迪萊爾為她換上一襲白色連衣裙，他們將她埋在默東花園裡的雙人墓穴，上方是《沉思者》雕像。

之後羅丹的健康迅速衰退。肺部感染使他無法離開默東，近乎孤獨地在那兒度過人生最後幾個月。他抱怨壞脾氣的護士把他像小孩一樣關在屋裡。只有過去幾位最癡心的情婦和一些貪婪如禿鷹的熟人來探望，希冀得到最後一張畫或照片。兒子回家待過一陣子，但在得知其指望的遺產將捐給國家後，就連他也離去了。從法律上看，奧古斯特只是波雷的兒子，若沒有遺囑指定，他便無權繼承羅丹的任何財產。

接連五天，羅丹躺在床上打哆嗦，照顧他的三名護士被他喚作「命運三女神」[28]。一九一七年十一月十八日，他的肺積滿了水，據說臨終時仍忿然為已故的英雄抱不平：「人們居然說畢維．德．夏畹不是優秀的藝術家！」

維絲陀芙比里爾克早得知羅丹的死訊。她將噩耗傳給他時，已再度定居沃普斯韋德，為自己和璐得打造最終的家。她跟里爾克說，巴黎「少了他將顯得多麼荒涼」。

里爾克正要給維絲陀芙寫張遲到的生日短箇，不料卻先接到她的來信。雖然他和羅丹猶未修補最近的分歧，這消息仍對詩人造成沉重打擊，壓過他當時生活裡的所有事務。他寫信給維絲陀芙：「同我一樣，妳將沉浸於回憶與悲傷，也必須經歷這無可彌補的失喪，連同巴黎及我們遺落在那裡的一切。」

從那天起，他便一直堅稱羅丹對他的影響超過其他任何人。里爾克以為，藝術家若不是在戰爭期間——它還要再延燒一年——過世，悼念他也許會比較容易。然而當慰問信開始湧入里爾克在慕尼黑的公寓，只是讓他加倍感受到生命近乎超現實地殘酷不仁。

某日，為了安慰詩人，凱斯勒伯爵告訴里爾克，他設法為自己服役參戰的經歷找到意義：看到周圍那麼多男人慷慨赴死，單是那數字便令他十分感動。

里爾克把頭埋入雙手。戰爭中的死亡毫無意義可言，他說。唯一有價值的犧牲，是以藝術之名所做的犧牲。他告訴凱斯勒：只有羅丹的青銅像、米開朗基羅的大理石像，或杜伊諾黑暗的大海，才值得為之奮戰。戰爭只是沒有志業、缺乏使命者的消遣。

凱斯勒在日記寫道，他這才明白里爾克一點也不了解人性。對這位完全活在精神領域的詩人來說，戰鬥想必太真實也太具體。他的結論是：阿波羅才是里爾克唯一的神祇。

沒什麼話語能安慰像里爾克這種從戰爭中倖存、受創而意志消沉的人。但作家雪維兒．畢奇認為，一九一九年羅丹博物館的開幕，為巴黎人帶來一線希望。其正式啟用因戰爭而延遲好幾年，但她寫道，如今士兵將「從對戰事的投入返回藝術永恆的美，而來自世界各國的許多朝聖者，將齊聚這座美之聖殿：羅丹博物館」。該館至今仍收藏著世界最豐富的羅丹作品，建築側面有一方牌匾寫著：「將這棟宅邸引介給奧古斯特．羅丹的萊納．瑪利亞．里爾克，曾於一九〇八至一九一一年居住於此。」

28 希臘羅馬神話中的三位命運女神，通常以冷酷無情的老婦形象出現，紡織人與神的命運絲線，紡線長度即代表壽命長短。

第十九章

自從戰爭爆發，里爾克便一直問自己：我屬於哪裡？戰爭初期，他在火車上聽到士兵的歌聲，會為祖國奧地利感到驕傲。但當他親眼目睹戰爭的耗損，愛國心便迅速衰退，漸漸開始贊同日益茁壯的反戰運動。

解除軍役後，他回到慕尼黑，感受不到自己對任何國家的效忠之心。他寫道：「我已虛度這麼多年光陰，至少是近乎徒然追逐，因此現在要硬下心腸，為保有內在自我的目標而活。」一九一八年奧匈帝國瓦解，只是更確認了他終生的無家可歸感。突然間，里爾克依法變成捷克斯拉夫公民，而他甚至不會說它的語言。

那時候的里爾克也覺得與母語沒什麼連繫。已精通法文的他，老是無法在德文裡找到適當的詞語表達。就拿「手掌」來說，法文有「paume」，義大利文有「palma」，德國人卻沒有字彙可描述手的內面。里爾克所能找到最接近的詞，字面意義是「手板」，而且會讓人聯想到乞丐請求施捨；里爾克認為這意象恰恰彰顯了德語的貧瘠。

在人生最後一段時期，里爾克定居瑞士的某法語區，並將名字由萊納改回荷內。當時在法語國家，反德情緒依然高漲，里爾克很快便開始以法文寫作，甚至發現自己用法語思考。以外文寫詩是項挑戰，但重新發現表達自己的方式，卻讓他覺得像個孩子，以新的眼睛體認世界。

自一九一九年起，里爾克就看透戰爭前夕在他內心蠢蠢欲動的情緒「轉折」。基本上他仍是孤獨的詩人，但已準備要從事長久以來一直不准自己做的「心的工作」。就這麼一次，他想給別人一點東西。

十多年前，里爾克在巴黎初識芭拉提妮．克洛索夫斯卡（Baladine Klossowska），這位黑髮波蘭畫家當時仍為人妻，夫婿是德國藝術史家艾里奇．克洛索夫斯基（Erich Klossowski）。他也曾為《藝術》（*Die Kunst*）叢書撰寫過一本——里爾克的羅丹專論即屬此系列。多年來，兩位作家不時相遇。里爾克遭羅丹開除後那年，他們也在巴黎見過，詩人還邀請這對夫婦到他的小公寓，聽他朗讀《時禱書》的詩。

戰後，身為德國公民的芭拉提妮．克洛索夫斯卡被迫離開巴黎。她定居日內瓦，並於一九一七年與丈夫離異。兩年後，里爾克到日內瓦舉行朗讀會，順道探望她，五天的拜訪延長成十五天，老友也迅速變成戀人。

不久後，他們每天給對方寫三次信，到了一九二一年夏，兩人開始翻修一個共同的家：坐落在隆河（Rhône）谷地的峭壁頂端，名為「穆佐」（Muzot）的十三世紀古堡。它是座堅固的石砌方塊——彷彿原本的城堡崩塌，只剩下防禦的塔樓。紫灰色的外牆和角塔讓人想起塞尚的山，而其石牆碎裂、缺水沒電的簡陋內部會令羅丹十分滿意。

克洛索夫斯卡的兩個兒子都是藝術新秀，里爾克宛如慈父，對他們保護有加。較年長的皮耶（Pierre）擅長寫作，小巴爾塔薩（Balthasar）才十一歲，已是才華洋溢的藝術家。當身材高瘦、調皮搗蛋的巴爾塔薩被拒絕進入學校的高級班，里爾克向校長抗議，說錯不在男孩的成績，而在「校方的極端迂腐」。

不知何時，一隻流浪的安哥拉貓走進屋裡，加入這個家庭。牠被取名為「米簇」（Mitsou），成為巴爾塔薩最親近的同伴。有天牠又跑掉，男孩畫了一系列四十張的粗筆墨水畫，描繪他們共同的回憶：他倆睡在一起，吃在一起，還共度耶誕；最後一張是巴爾塔薩抹去淚水的自畫像。

這些圖畫的稚拙技巧和脆弱感令里爾克動容。事實上，他覺得它們太棒了，因此為之安排出書。書題是《米簇》，巴爾塔薩聽從里爾克建議，簽上自己的小名「巴爾蒂斯」（Balthus）。後來他成為當代藝術界極具爭議性的著名畫家，在漫長的創作生涯中始終使用這個別名。

里爾克為該書作序，文中思索貓難以捉摸的天性，也是他首度以法文發表作品。序文以問句開場：「有人了解貓嗎？」不像狗對人類堅定不移的崇拜，令人感到既美好又悲慘，「貓就只是貓。牠們的世界完完全全、徹頭徹尾是貓的世界。你以為牠們在看我們？」才不呢，他說；即使牠們的視線落在我們身上，牠們也已經忘記我們存在。

里爾克、芭拉提妮與少年巴爾蒂斯。

此書問世後，卡夫卡的第一個出版商庫特・沃爾夫（Kurt Wolff）偶然看見，稱那些畫「令人驚愕，甚至驚嚇」。後印象派畫家皮耶・波納爾（Pierre Bonnard）寫信給里爾克「夫人」，對《米簇》「讚譽有加」。難怪巴爾蒂斯成名後仍不斷稱揚里爾克，說他「是個很好的人——富有魅力。他的頭很好看，配上超大的藍眼睛；聲音有種夢幻感，非常迷人」。

詩人一向平等對待男孩，曾就某系列的圖畫對這十二歲的少年說：「它們的發想令人著迷，其技巧證明你的內在視野豐富；那構圖總是讓你優秀的選擇愈加出色。」若有機會看到兩人比肩並立，他想像兩個藝術家將分享「一種志同道合的喜悅」。

《米簇》出版後，里爾克關在穆佐古堡度過漫漫寒冬，然後在一九二二年二月一舉寫出《致奧菲斯的十四行詩》（*Sonnets to Orpheus*）全部五十五首作品。此書靈感得自他女兒的朋友薇拉・克諾普（Wera Knoop）之死，這位少女舞者因白血病摧殘身體而轉攻音樂。如同《杜伊諾哀歌》，里爾克說《致奧菲斯的十四行詩》幾乎是在無意識中寫成。評論者後來將《致奧菲斯的十四行詩》比作十字路口，引領里爾克走向最成熟的詩作階段。但對他來說，它們只是《杜伊諾哀歌》的精神漫溢，因為這一年，他也在最後一場「心靈風暴」中完成了這部作品。

同年春，他女兒璐得嫁給年輕律師卡爾・熙柏（Carl Sieber）。里爾克沒參加婚禮，也從未見過女婿。在這前後他曾告訴巴爾蒂斯：「我極渴望什麼也不做，若你想像有個邪惡的巫師把我變成烏龜，那就相當接近現實了：面對任何挑戰，我都罩著一副強固的冷漠外殼。」

克洛索夫斯卡也發覺他愈來愈不在她生活中。他們在一起五年，但他堅持經常遠行或獨處。他的缺席令她非常難過。有次他又要離家，她說：「但我們是凡人啊，荷內。」最後，她發現自己無法靠繪畫維生——里爾克顯然未伸出援手，遂帶著兒子到柏林投奔姊妹。接下來兩年，他們有時住德國，有時在瑞士，克洛索夫斯卡經常向里爾克報告巴爾蒂斯的進展。「他開始有自己的群眾了，」她寫道：「荷內，他會成為一個偉大的畫家，你等著看……」

里爾克與克洛索夫斯卡的感情最終也走上他與其他女性的結局：他還是選擇孤獨而捨棄親密。儘管如此，他仍熱心栽培她的兒子。皮耶·克洛索夫斯基滿十八歲時，里爾克幫他找了一份工作，在巴黎擔任紀德的秘書，協助他撰寫小說《偽幣製造者》（*The Counterfeiters*）。里爾克不斷詢問好友這男孩需要多少錢、該研讀什麼，以及該立志從事何種工作。皮耶最後寫出頗具影響力的尼采和薩德侯爵（Marquis de Sade）論著，翻譯卡夫卡，並成為獨具一格的畫家。

大約同時，里爾克建議十六歲的巴爾蒂斯也去巴黎。像里爾克一樣，少年畫家終將放棄學業，以城市為師。拜《米簇》之賜，他很早就備受賞識。里爾克給了他一本沃林格的木板畫史，送他去巴黎，同樣請託紀德照顧。

一九二五年一月，里爾克把一首新寫成的詩獻給巴爾蒂斯。這首題為〈納西瑟斯〉（*Narcissus*）的詩將十六歲少年的極端自戀重新想像成藝術覺醒的條件。那年秋天，巴爾蒂斯鎮日待在羅浮宮，臨摹普桑（Nicolas Poussin）的《艾可與納西瑟斯》（*Echo and Narcissus*），並將獻詞「給荷內」畫在一顆石頭的表面上。

巴爾蒂斯的整個藝術生涯中，作品始終展現著早年與里爾克共同生活的主題。眾所皆知他酷愛畫貓，以及像貓一般慵懶躺臥的女孩，專注的程度近乎執迷。其傳記作者尼古拉斯·福克斯·韋伯（Nicholas Fox Weber）寫道，年輕的巴爾蒂斯漸漸認同貓的心靈，無論在生活或自畫像中，都散發「同樣傲慢的自信和難以親近的神情」。有時他會在作品簽上「H. M. 貓之王」（H. M. The King of Cats）。

另一個常見於巴爾蒂斯作品的主題是窗——通常有女人從窗戶墜落或憑窗凝望。在家裡，巴爾蒂斯的母親時常待在窗邊，等候里爾克歸來。她用花欄裝飾窗台，以迎接他返抵家門，也讓自己坐在那兒有東西可看。有時他離開許久，她看著花苞綻放、枯萎，等不到他回來就凋謝了。在克洛索夫斯卡眼中，里爾克的來去就跟貓一樣飄忽難測。

交往初期，他們去過一個瑞士小鎮，從此里爾克便為窗著迷。他覺得那些小農舍的窗戶看起來都像畫框，框起裡面正在進行的生活。他說有天要寫一本關於窗戶的書，雖然從未做到，但確實寫了一組詩：〈窗〉（*Windows*），由克洛索夫斯卡繪插圖。詩裡的窗變成許多事物：它們是眼睛、視野的邊界、期望的度量。窗是一種邀請，引誘你接近，但也誘使你墜落；它們可能是恐怖的開端。某首詩的開頭寫著：「那天她懷著窗的情緒，活著似乎就只是凝視。」（She was in a window mood that day, to live seemed no more than to stare）里爾克過世一年後，克洛索夫斯卡將它們刊印成一本小書：《窗》（*Windows*）。

窗也傳達了「世界內部空間」（*Weltinnenraum*; worldinnerspace）一詞的本質。里爾克發明此字，以描述一種空間，在那裡，內部與外部的界線崩坍成一平面。他說在此界域中，自我就像一隻鳥兒，無聲地飛翔在天空與靈魂之間。在題為〈世界內部空間〉的詩裡，里爾克承認此概念既矛盾又真實：「……噢，想要生長，／我向外望，而樹木在我裡面生長」（…O, wanting to grow, / I look out, and the tree grows *in* me）。世界內部空間令里爾克返回三十年前始於慕尼黑的哲學教育。也許他的美學教授西奧多・李普斯在試圖解釋觀舞的感受時——他覺得舞者的動作似乎同時發生在舞台與他自己的肌肉中——會認為里爾克這個想法十分貼切。

這個「介於其間」的領域，是唯一被里爾克理解為家的地方；在此空間，一切事物終得安頓。對他來說，房屋是容器，他則是溜出窗戶的空氣，夜裡跑掉的貓。他是幽靈，也是虛構的神話——最初是死去姊姊的幽靈，最後則成為他自己之死的作者，為自己的死亡創造最終的完美隱喻。

一九二六年十月某日，里爾克在花園採花、打算做成花束，被玫瑰刺傷手指。傷口一天天惡化，敗血性感染蔓延到手臂，然後是另一條手臂，直至侵犯全身。他的皮膚冒出黑色的膿血皰，口腔到食道一路潰瘍，使他焦渴如焚。到了十二月，他知道自己大限將至。

一九二三年，里爾克在瑞士穆佐古堡。

在生命的最後一天，里爾克要求醫師握住他的手，不時緊握一下。如果他醒著，就會回握；若他沒有反應，醫師便應讓他在床上坐直，以使他回到「意識的前線」。里爾克並不畏懼病痛，那是他從年輕便已熟悉的處境，他也不怕死。

死亡只不過是生命的布局；從有意識的存在，轉化成純粹的物質，至少它提供了確證，證明此人曾是真實的——對詩人來說，這並不總是自明的事實。在里爾克看來，死亡是一「物」，跟其他任何事物一樣要接受檢視。一九〇六年，里爾克於父親死後不久寫出〈詩人之死〉（*The Death of the Poet*），詩中形容死者的面容：「溫柔而坦白，無所抗拒，／猶如一枚在空氣中腐爛的果肉。」（tender and open, has no more resistance, / than a fruit's flesh spoiling in the air）而今他將見證的是自己的死亡。

里爾克曾目睹羅丹對死亡的恐懼，如何使他在生命的盡頭變得卑瑣渺小，因此他現在相信，面對自己的疾病所帶來的屈辱，唯一的方式就是去擁抱它。在床邊的筆記本裡，里爾克把它當成幽靈召喚，在最後一首詩的開頭寫道：「來吧，你這最終之事，為我所承認……」他在那一頁最後特別提醒自己，一定要區分死亡之最終「捨離」與童年的種種病苦：「莫將那些早年的奇蹟混入此中。」

直到臨終，里爾克都拒絕服用止痛劑。他拒絕人們在那裡集體死去的醫院；拒絕陪伴，連妻女也不許。他拒絕知道疾病的名稱。他已決定死因是毒玫瑰——而他的死亡將屬於自己。當它於一九二六年十二月二十九日來臨，亦即他五十一歲生日後三星期，他雙目圓睜地迎接它。

里爾克的墓碑上刻著他最後的話：「玫瑰，噢，純粹的矛盾，於眾多眼瞼下欲為無人之眠。」（Rose, O pure contradiction, desire to be no one's sleep beneath so many lids）來春大地解凍，玫瑰甦醒，不畏壓在土壤上的墓石。它們圍著碑石叢生，幼嫩的花瓣環繞沉睡而一無所知的花心輕啟，如嘴唇與眼瞼，靜待收受。

簡短的天主教儀式於里爾克死後的星期日舉行。小提琴師和管風琴師在教堂裡演奏巴哈，孩童聚集在戶外一尺深的雪地，繞著敞開的墓穴圍成一圈。在場有里爾克的長期編輯安東．基彭貝格（Anton Kippenberg），還有詩人的幾位瑞士贊助者。有些人說巴爾蒂斯也專程趕來，之後仍留在山中哭泣數日。

二十年後，巴爾蒂斯年近四十，將里爾克死前幾年陸續寫給他的信付梓出版。書信集題為《給年輕畫家的信》（*Letters to a Young Painter*）。第一封是寫給十二歲的巴爾蒂斯，複述羅丹告訴過里爾克、關於他讀《效法基督》（*The Imitation of Christ*）的事：那是一本十五世紀的靈修指南，教人過充實的靈性生活。羅丹說他每次讀到「上帝」一詞，就在腦中以「雕塑」取代，效果極佳：某些章節的標題變成「我們必須謙卑而真誠地行走在雕塑前」、「輕鄙世俗而服侍雕塑是何等喜樂」。

里爾克要巴爾蒂斯對《米簇》如法炮製：男孩每次看見里爾克的名字，皆應以自己的名字取代替換。里爾克告訴巴爾蒂斯，「你在這作品中擔負的盡是辛勞與憂傷」，他自己的任務則「次要而充滿愉悅」。巴爾蒂斯已憑此書證明了自己，如今正朝著卓然成家前進。看見是邁向感受的第一步。

誌謝

感謝麥特·韋蘭（Matt Weiland）煞費苦心、但始終意興昂揚地編輯我再三修改的文稿。也感謝諾頓出版社的雷米·考利（Remy Cawley）總是耐心回答我的問題，以及經紀人賴瑞·魏斯曼（Larry Weissman）自始便不斷予我鼓勵。

對於允許我翻攝書中圖片的所有人士與機構，在此深表感激。萊納·瑪利亞·里爾克的後人，尤其是貝蒂娜·熙柏—里爾克（Bettina Sieber-Rilke）授予我閱覽其檔案的權利，使本書內容豐富許多。

任何人在今日撰寫里爾克和羅丹，都將仰賴勞夫·弗里德曼（Ralph Freedman）、史蒂芬·米契爾（Stephen Mitchell）、愛德華·斯諾（Edward Snow）、斐德列·V·格倫菲德（Frederic V. Grunfeld）和露思·巴特勒（Ruth Butler）等學者、譯者與傳記家的成就。我特別受到傑夫·代爾（Geoff Dyer）、威廉·蓋斯（William Gass）和路易士·海德（Lewis Hyde）的著作啟發，他們都提出見解精闢的論文，成為研究里爾克和羅丹的重要文獻。

整個寫作過程中，我得到許多朋友支持：惠特尼·亞歷山大（Whitney Alexander）、史黛芬妮·貝利（Stephanie Bailey）、夏洛特·貝奇（Charlotte Becket）、羅倫·貝佛（Lauren Belfer）、班·戴維斯（Ben Davis）、娜妲莉·法藍克（Natalie Frank）、安德魯·戈茨坦（Andrew

Goldstein）、萊恩・麥可帕蘭（Ryan McPartland）、艾美・米克森（Emmy Mikelson）和凱瑟琳・穆希勒（Kathryn Musilek）。我要特別感謝萊納・加納爾（Rainer Ganahl）詳實的翻譯與詮釋。最後，謝謝我的母親、繼父、兄弟泰勒（Tyler）和祖父母——尤其是奧佳奶奶（Babička Olga）——這麼多年來對我的關懷與信心。

圖片來源

19 Adoc-photos / Art Resource, NY

24 Swiss National Library / NL, Swiss Literary Archives / SLA, Bern

33 Photo by Jules Bonnet, Lucerne

48 © Philadephia Museum of Art, Bequest of Jules E. Masthaum, F1929-7-128

61 Edward Steichen, from Camera Work #34/35, 1911

67 Paula Becker and Clara Westhoff in Becker's studio, c. 1899, Photo: unknow. Paula-Modersohn-Becker-Stiftung, Bremen

70 Photoprint by William H. Rau

80 Photo: unknow. Frau im Schatten (kulturstiftung.de)

83 Clara and Ruth. Fondation Rilke.

89 Rilke shortly before he met Rodin. Photo: unknow.

91 Iris & B. Gerald Cantor Center for Visual Arts at Standford University; Gift of Albert E. Elsen

145 *Rodin, Rose et Rilke dans le jardin de Meudon, en compagnie dedeux chiens*; Ph.16497 by Albert Harlingue, Epreuve gélatinoargentique,12.8x17.9 cm, Musée Rodin, Paris

159 Arnold Genthe Collection, Library of Congress

163 © Ministère de la culture - Médiathèque du Patrimoine / [Henri Manuel] / dist. RMN

171 Paula Modersohn-Becker, Portrait of Rainer Maria Rilke, May / June 1906 Private collection; Photo: Paula-Modersohn-Beker-Stiftung, Bremen

189 Bibliothèque nationale de France, département Estampes et photographie

263 Bibliothèque nationale de France, département Estampes et photographie

270 Collier's New Photographic History of the World's War (1919)

273 Bibliothèque nationale de France, département Estampes et photographie

278 Prussian Heritage Image Archive

282 Schweizerisches Rilke-Archiv

279 「但我們是凡人啊」：Quoted in Donald A. Prater, *A Ringing Glass: The Life of Rainer Maria Rilke*. Oxford, UK: Clarendon Press, 1986, 320.

279 「他開始有自己的群眾了，」……「荷內，他會成為一個偉大的畫家」：Nicholas Fox Weber, *Balthus: A Biography*. New York: Knopf, 1999, 102.

281 「同樣傲慢的自信」：Nicholas Fox Weber, *Balthus: A Biography*. New York: Knopf, 1999, 51.

281 「**H. M.** 貓之王」：Sabine Rewald, *Balthus*. New York: Metropolitan Museum of Art, 1984,62.

281 「那天她懷著窗的情緒，活著似乎就只是凝視」：Rainer Maria Rilke, *The Roses and the Windows*. Translated by A. Poulin, Jr. Minneapolis: Graywolf Press, 1979, 95.

281 「……噢，想要生長」：Quoted in Ritchie Robertson, "From Naturalism to National Socialism." In *The Cambridge History of German Literature*. Edited by Helen Watanabe-O'Kelly. Cambridge: Cambridge University Press, 1997, 351.

282 「意識的前線」：J. F. Hendry, *The Sacred Threshold: A Life of Rainer Maria Rilke*. Manchester, UK: Carcanet New Press, 1983, 149.

283 「溫柔而坦白」：William H. Gass, *Reading Rilke: Reflections on the Problems of Translation*. New York: Knopf, 1999, 187.

283 「來吧，你這最終之事」……「莫將那些早年的奇蹟混入」：Rainer Maria Rilke, *Uncollected Poems*. Translated by Edward Snow. New York: Farrar, Straus and Giroux, 1996, 251.

284 「你在這作品中擔負的」：Rainer Maria Rilke, Balthus, *Rilke-Balthus: Lettres à un Jeune Peintre Suivi de Mitsou Quarante Images par Balthus*. Paris: Somogy Èditions d'Art, 1998, 27. [From the French: *Votre part à cette oeuvre était toute travail et douleur; la mienne sera mince et elle ne sera que plaisir.*]

Center of Visual Arts at Stanford University. Oxford: Oxford University Press, 2003, 490.

271 「令人驚異的程度」：Nora Wydenbruck, *Rilke, Man and Poet: A Biographical Study*. Westport, CT: Greenwood Press: 1950, 269.

271 「被匆匆帶到」：RAS, 273.

271 「我很害怕，非常害怕」：Quoted in LP, 406.

272 「粉飾英雄」：LP, 407.

272 「一連幾小時，他認真地劃著」：Nora Wydenbruck, *Rilke, Man and Poet: A Biographical Study*. Westport, CT: Greenwood Press: 1950, 278.

272 「身心俱疲；戰爭嚇壞了他」：LYR, 145.

273 「我一點都不介意死去」：LYR, 188.

273 「像尊雕像般」……「只剩我孤單一人了」：LYR, 192.

274 「命運三女神」：LYR, 216.

274 「人們居然說畢維」：Judith Cladel, *Rodin*. Translated by James Whitall. New York: Harcourt, Brace and Co., 1937, 328.

274 「少了他將顯得多麼荒涼」：LP, 416.

274 「同我一樣，妳將沉浸於回憶與悲傷」：To Clara Westhoff, November 19, 1917.

275 「從對戰事的投入返回藝術永恆的美」：Sylvia Beach, "A Musee Rodin in Paris." *The International Studio*, volume 62, 1917, xlii–xliv.

第十九章

276 「我已虛度這麼多年光陰」：To Helene von Nostitz, January 27, 1914.

276 「手板」：Patricia Pollock Brodsky, *Rainer Maria Rilke*. Boston: Twayne, 1988, 35.

278 「校方的極端迂腐」：Nicholas Fox Weber, *Balthus: A Biography*. New York: Knopf, 1999, 41.

278 「有人了解貓嗎？」……「貓就只是貓」：Balthus, *Mitsou: Quarante Images*. Preface by Rainer Maria Rilke. Translated by Richard Miller. New York: Metropolitan Museum of Art, 1984, 9.

279 「令人驚愕，甚至驚嚇」：Sabine Rewald, *Balthus*. New York: Metropolitan Museum of Art, 1984, 13.

279 「夫人」……「讚譽有加」：Nicholas Fox Weber, *Balthus: A Biography*. New York: Knopf, 1999, 19.

279 「是個很好的人——」……「一種志同道合的喜悅」：Nicholas Fox Weber, *Balthus: A Biography*. New York: Knopf, 1999, 42.

279 「心靈風暴」：Quoted in Donald A. Prater, A Ringing Glass: The Life of Rainer Maria Rilke. Oxford, UK: Clarendon Press, 1986, 347.

280 「我極渴望什麼也不做」：Rainer Maria Rilke, *Briefe, 1914 bis 1926*. Insel-Verlag, 1950, 509. [From the French: "*J'ai grande envie de ne rien affirmer. Si vous vous imaginiez qu'un mauvais sorcier m'a changé en tortue, vous seriez tout prés de la réalité: je porte une forte et solide carapace d'une indifference à toute épreuve . . .*"]

New York: Basic Books, 1964, 184.

261 「我從不敢冀望」： LP, 364.

261 「暫時不想聽到」：*The Letters of Rainer Maria Rilke and Princess Marie Von Thurn und Taxis*. New York: New Directions, 1958, 95

261 「他再也不值得信賴了」：LP, 364.

261 「一樣莫名其妙」……「大概已成」：LP, 365.

第十八章

263 「既驚怖又迷醉」……「亞述人的性格」：CF, 184.

263 「巨大陰影」：CF, 186.

263 「誰敢誇言」：CF, 161.

263 「建造這座大教堂的藝術家」：CF, 160.

263 「一個生病的法國」：CF, 118.

264 「帶領子民至應許之地的先知」：FG, 619.

264 「誰能相信進步呢」：CF, 245.

264 「想盡辦法找我麻煩」：FG, 620.

264 「生動的札記」：FG, 621.

265 「如此絕望」……「真希望我們沒去」：Magda von Hattingberg, *Rilke and Benvenuta*. Translated by Cyrus Brooks. New York: W. W. Norton, 1949, 66.

265 「他內心深處」：To Lou Andreas-Salomé, August 8, 1903.

266 「一旦做出某樣東西」：To Clara Westhoff, September 5, 1902.

266 「沒有空氣、沒有愛的空間」……「在枯萎」：LP, 378.

266 「為什麼要離開這一切？」：FG, 596.

267 「痛苦地活埋」而「仍有感覺的心」：RAS, 244.

267 「也許我現在會」：To Princess Marie von Thurn und Taxis, August 30, 1910

267 「若我要活下去，就必將面臨的」：RAS, 242.

267 「眼睛的工作已完成」：Rainer Maria Rilke, *The Selected Poetry of Rainer Maria Rilke*. Translated by Stephen Mitchell. New York: Vintage, 1989, 313.

268 「一遇到跟政治相關的事」：Nora Wydenbruck, *Rilke, Man and Poet: A Biographical Study*. Westport, CT: Greenwood: 1950, 264.

269 「他臉色慘白」：RSG, 496.

269 「人們說到」：RSG, 496.

269 「這不僅是一場戰爭」：Ruth Butler, *Hidden in the Shadow of the Master*. New Haven, CT: Yale University Press, 2008, 300.

270 「我怎能」：FG, 613.

270 「傑作」：Albert E. Elsen, *Rodin's Art: The Rodin Collection of Iris and B. Gerald Cantor*

Paris of Picasso, Stravinsky, Proust. Lanham: Rowman & Littlefield, 2014, 231.

251 「淫潤的紅唇」和「平靜的」:Denys Sutton, *Triumphant Satyr*. The World of Auguste Rodin. New York: Hawthorn, 1966, 80.

第三部・第十七章

254 「一位年輕但」……「沉默寡言」：Sigmund Freud, "On Transience." In *Writings on Art and Literature*. Redwood City, CA: Stanford University Press, 1997, 176.

255 「另一個人非凡而罕見」：Julia Vickers, *Lou von Salomé: A Biography of the Woman Who Inspired Freud, Nietzsche and Rilke*. Jefferson, NC: McFarland, 2008, 159.

255 「因為我唯一做的」：LB, 104.

255 「我最想坐的位子」：Lou Andreas-Salomé, *The Freud Journal*. New York: Basic Books, 1964, 169.

255 「因為與他曾深愛的『兒子』榮格決裂」：Lou Andreas-Salomé, *The Erotic*. New Brunswick and London: Transaction, 2012, 24.

256 「你真的在慕尼黑見到詩人」：Anna Freud, *Gedichte, Prosa,* Übersetzungen. Wien, Köln, Weimar: Böhlau Verlag, 2014, 48. [From the German: "*Hast Du in München wirklich den Dichter Rilke kennengelernt? Wieso? Und wie ist er?* "]

256 「本來會鍾愛」：Sigmund Freud, "On Transience." *Writings on Art and Literature*. Redwood City, CA: Stanford University Press, 1997, 176.

256 「奪去世界的各種美」……「在更穩固的基石上」：Sigmund Freud, "On Transience." *Writings on Art and Literature*. Redwood City, CA: Stanford University Press, 1997, 178–179.

257 「...... 因為美無非是」：Rainer Maria Rilke, *The Poetry of Rilke*. Translated by Edward Snow. New York: Macmillan, 2009, 283.

257 「面目模糊、無盡延伸的虛空」：*The Letters of Rainer Maria Rilke and Princess Marie Von Thurn und Taxis*. New York: New Directions, 1958, 21.

258 「與羅丹相處的經驗」：To Princess Marie von Thurn und Taxis, July 12, 1912.

258 「讀起來不舒服」……「有些地方令人毛骨悚然」：To Lou Andreas-Salomé, January 20, 1912

258 「終於見到」……「我們無法說服」：Sigmund Freud and Lou Andreas-Salomé, *Letters*. Edited by Ernst Pfeiffer. Translated by William and Elaine Robson-Scott. New York: Harcourt Brace Jovanovich, 1966, 39.

258 「親愛的露」：To Lou Andreas-Salomé, December 28, 1911.

259 「誰，若我呼喊」：Rainer Maria Rilke, *Duino Elegies and Sonnets to Orpheus*. Translated by Stephen Mitchell. New York: Random House, 2009, 3.

259 「那個使用我的聲音」：*The Letters of Rainer Maria Rilke and Princess Marie Von Thurn und Taxis*. New York: New Directions, 1958, 30.

259 「只是一種自我治療」：To Viktor Emil von Gebsattel, January 14, 1912.

259 「非創造性」：To Viktor Emil von Gebsattel, January 24, 1912.

260 「被記得」……「擺出來跟動物一起展示」：Lou Andreas-Salomé, *The Freud Journal*.

Translated by R. F. C. Hull. London: Macmillan, 1946, 184–185.

242 「先知臨近如昨日」：To Clara Westhoff, December 21, 1910.

242 「偉哉阿拉」：To Clara Westhoff, November 26, 1910.

242 「只不過是以他自己的方式表示」：Quoted in Lisa Gates, "Rilke and Orientalism: Another Kind of Zoo Story." *New German Critique*, No. 68, Spring-Summer 1996, 61.

242 「簡單寫幾句就好」：To Clara Westhoff, November 3, 1909.

242 「沒跟我在一起」……「（顯然我終究是傷殘她本性的害蟲）」：RAS, 190.

第十六章

244 「巴黎本身是一件作品」……「目前為止我最好的」：Rainer Maria Rilke, *Selected Letters of Rainer Maria Rilke*. Translated by R. F. C. Hull, London: Macmillan, 1946, 125.

245 「瓦雷納路上令人難忘」：To Viktor Emil von Gebsattel, January 14, 1912.

245 「沒有人比他更具資格」：FG, 605.

246 「獸慾橫流的猥褻動作」：RSG, 471.

246 「糾纏著我」：*The Letters of Rainer Maria Rilke and Princess Marie Von Thurn und Taxis*. New York: New Directions, 1958, 18.

246 「帷幕升起」：Sjeng Scheijen, *Diaghilev: A Life*. Oxford: Oxford University Press, 2010, 248–249.

246 「昏了頭的仰慕者」：Quoted in Derek Parker, *Nijinsky: God of the Dance*. Wellingborough: Equation, 1988, 125.

246 「匪夷所思的是」：FG, 606.

246 「隔壁的禮拜堂」：RSG, 472.

247 「戰鬥委員會」……「深受打擊」：JA, 601.

247 「有人蓄意摧毀」：Sjeng Scheijen, *Diaghilev: A Life*. Oxford: Oxford University Press, 2010, 249.

248 「但幸好我在！」……「而且我還有手槍」：FG, 600.

249 「你容忍著我無法再忍受的狀況」：RSG, 458.

249 我的貓兒：LYR, 56.

250 「沒有其他話題」……「對大師施展」："Rodin and Duchess Quarrel," *New York Times*. September 16, 1912.

250 「送走了地獄守門犬」：RSG, 474.

250 「可怕的」：To Princess Marie von Thurn und Taxis, March 21, 1913.

250 「怪誕而荒謬」：To Lou Andreas-Salomé, December 28, 1911.

250 「我再也活不下去」：RSG, 474.

250 「要是你看得到她就好了」：RSG, 474.

251 「送夫人出去！」：FG, 608.

251 「我就像走在黑暗籠罩的樹林中」：Mary McAuliffe, *Twilight of the Belle Epoque: The*

230 「空曠丘陵」……「藝術也只是一種生活方式」：LYP, 76–78.

第十五章

234 「想像年邁的大師接到通知」：Sylvia Beach, “A Musée Rodin in Paris.” *The International Studio*, volume 62, 1917, xlii–xliv.

234 「魔法窩」：RSG, 461.

234 「石膏、大理石」：RSG, 462.

235 「各種理論的結果」： Quoted in Henri Matisse, *Matisse on Art*. Edited by Jack Flam. Berkeley and Los Angeles: University of California Press, 1995, 261.

235 「德・麥克斯就像海洋」：Francis Steegmuller, *Cocteau: A Biography*. New York: Little, Brown, 1970, 21.

235 「童話王國」：Jean Cocteau, *Paris Album: 1900–1914*. London: W. H. Allen, 1956, 133.

236 「所以，這就是人們為謀生而來的地方；」：Rainer Maria Rilke, *The Notebooks of Malte Laurids Brigge*. Translation by Stephen Mitchell. New York: Vintage, paperback, 1985, 3.

236 「我在學著看」……「我不知為何如此」：Rainer Maria Rilke, *The Notebooks of Malte Laurids Brigge*. Translation by Stephen Mitchell. New York: Vintage, paperback, 1985, 6.

237 「他們哪能了解他」：Rainer Maria Rilke, *The Notebooks of Malte Laurids Brigge*. Translation by Stephen Mitchell. New York: Vintage, paperback, 1985, 260.

237 「一個不想被愛的男人的傳說」：BT, 51.

237 「終究說來」：Rainer Maria Rilke, *The Notebooks of Malte Laurids Brigge*. Translation by Stephen Mitchell. New York: Vintage, paperback, 1985, 189.

237 「如今，愛他已成為極難之事」：Rainer Maria Rilke, *The Notebooks of Malte Laurids Brigge*. Translation by Stephen Mitchell. New York: Vintage, paperback, 1985, 260.

237 「這個考驗」：To Clara Westhoff, October 19, 1907.

237 「死去，是為了」：Rainer Maria Rilke, *Selected Letters of Rainer Maria Rilke*. Translated by R. F. C. Hull, London: Macmillan, 1946, 184.

237 「馬爾泰並非一幅畫像」：Quoted in George C. Schoolfield, “Malte Laurids Brigge.” In *A Companion to the Works of Rainer Maria Rilke*. Edited by Erika A. Metzger and Michael M. Metzger. Rochester, NY: Camden House, 2001, 185.

238 「馬爾泰・勞利茲的書桌」：LP, 300.

238 「它完成了，脫離了我」：LP, 301.

239 「〔我〕伸展我的輪廓」：To Clara Westhoff, July 6, 1906.

240 「《馬爾泰手記》非為大眾而寫」：Henry F. Fullenwider, *Rilke and His Reviewers: An Annotated Bibliography*. Lawrence: University of Kansas Publications, 1978, 2–3.

240 「難以理解的散文」：LP, 314.

240 「有個屬於自己的死亡」……「你的身體裡含著」：Rainer Maria Rilke, *The Notebooks of Malte Laurids Brigge*. Translation by Stephen Mitchell. New York: Vintage, paperback, 1985, 9–10.

241 「如倖存者般陷入困境」：Rainer Maria Rilke, *Selected Letters of Rainer Maria Rilke*.

218 「可憐的馬爾泰」：To Anton Kippenberg, Good Friday 1910.

219 「宗教是非藝術者的藝術」：Quoted in Rainer Maria Rilke, *The Book of Hours: Prayers to a Lowly God*. Translated by Annemarie S. Kidder. Evanston: Northwestern University Press, 2001, x.

219 「愛的偉大任務」：To Georg Brandes, November 28, 1909.

219 「我尋求的不是快樂」：Alan Sheridan, *André Gide: A Life in the Present*. Cambridge, MA: Harvard University Press, 2000, 221.

220 「迫切地」：*The Letters of Rainer Maria Rilke and Princess Marie Von Thurn und Taxis*. New York: New Directions, 1958, 1.

220 「里爾克先生」：Quoted in Rainer Maria Rilke, *Sonnets to Orpheus*. Translation and introduction by Willis Barnstone. Boston and London: Shambhala, 2013.

220 「精緻的王公氣派」：Angela Livingstone, *Salomé, Her Life and Work*. East Sussex, UK: M. Bell, 1984, 101.

221 「那些纏著里爾克的痴女」：Quoted in Ulrich Baer, *The Rilke Alphabet*. New York: Fordham University Press, 2014, 53.

221 「我相信他立刻便察覺」：Nora Wydenbruck, *Rilke, Man and Poet: A Biographical Study*. Westport, CT: Greenwood Press: 1950, 181.

221 「海濱城堡」：*The Letters of Rainer Maria Rilke and Princess Marie Von Thurn und Taxis*. New York: New Directions, 1958, 3.

第十四章

222 「他想出讓這些房間」……「有天他來工作室找我，跟我說」：JA, 495.

224 「你在做什麼」：LYR, 32.

224 「據我所聞，其他人」……「我很高興」：*The Letters of Rainer Maria Rilke and Princess Marie Von Thurn und Taxis*. New York: New Directions, 1958, 23.

224 「至尊的東方神」……「它是世界的中心」：To Clara Westhoff, September 15, 1905.

224 「它在空間孑然獨立」：Lou Andreas-Salomé, *You Alone Are Real to Me: Remembering Rainer Maria Rilke*. Rochester: BOA Editions, 2003, 51.

224 「古代之神」：To Clara Westhoff, September 3, 1908.

224 「太過偉大、出類拔萃」：Rainer Maria Rilke, *Selected Letters of Rainer Maria Rilke*. Translated by R. F. C. Hull. London: Macmillan, 1946, 359.

225 「帶到上帝面前」：To Clara Rilke, September 4, 1908.

225 「一個人若始終保持只是個弟子」：Friedrich Wilhelm Nietzsche, *Thus Spake Zarathustra: A Book for All and None*. Translated by Thomas Wayne. New York: Algora, 2003, 59.

226 「肯定仍是虛假的」……「花朵、動物和風景」：To Clara Westhoff, June 24, 1907.

226 「羅丹所有的斷臂雕像都傳達著完整性」：Rainer Maria Rilke, *Auguste Rodin*. Translated by Jessie Lemont and Hans Trausil. New York: Sunwise Turn, 1919, 39.

230 「我很歡喜」……「粗暴的現實」：LYP, 77–78.

230 「生活把我趕入的」：LYP, 13.

Merve, 1987, 61. [From the German: "*die große fruchtbare Ebene.*"]

207 「這就是羅丹」：BT, 195.

207 「老舊的村屋」：JA, 554.

207 「你該來看看」：FG, 551.

208 「我沒有朋友」……「需要我們」：To Clara Westhoff, September 3, 1908.

210 「沒人找得到他」：To Clara Westhoff, September 3, 1908.

210 「沉默之池」：RSG, 459.

210 「我等待了多久」：FG, 554.

210 「沒人要的」：To Clara Westhoff, November 3, 1909.

210 「調控靜默」：Quoted in Malcolm MacDonald, *The Symphonies of Havergal Brian*. London: Kahn & Averill, 1983, 249.

211 「宛如大風暴來襲前」……「他常撐在頂端」：To Clara Westhoff, November 3, 1909.

211 「那就搬過來住啊」……「沒錯，但禮拜堂還空著」：Frederick Brown, *An Impersonation of Angels: A Biography of Jean Cocteau*. New York: Viking, 1968, 30–31.

213 「我自以為知道許多」……「成功使我走上錯誤的軌道」：Jean Cocteau, *Paris Album: 1900–1914*. London: W. H. Allen, 1956, 135.

213 「只有一個願望」：William H. Gass, Reading Rilke: Reflections on the Problems of Translation. New York: Knopf, 1999, 132. [1.5 lines.]

213 「我有我的逝者」：Rainer Maria Rilke, *Selected Poems/Ausgewahlte Gedichte: A Dual-Language Book*. Edited and translated by Stanley Appelbaum. New York: Dover, 2011, 141.

214 「我控訴所有的男人」：Rainer Maria Rilke, *Selected Poems: With Parallel German Text*. Translated by Susan Ranson and Marielle Sutherland. Oxford: Oxford University Press, 2011, 53.

214 「別回來」：Rainer Maria Rilke, *Requiem and Other Poems*. Translated by J. B. Leishman. London: Hogarth, 1949, 136.

214 「裡面的男人敲敲打打」……「告訴我們哪裡疼痛」：Rainer Maria Rilke, *Requiem: And Other Poems*. Translated by J. B. Leishman. London: Hogarth, 1949, 139–140.

215 「放下一切」：Rainer Maria Rilke, *The Selected Poetry of Rainer Maria Rilke*. Translated by Stephen Mitchell. New York: Vintage, 1989, 29.

216 「為文須如建大教堂」：To Auguste Rodin, December 29, 1908.

216 「像囚犯透過小窗」：To Anton Kippenberg, January 2, 1909.

217 「沒有完成童年」……「我對她的愛」：RAS, 164.

217 「就連現在」：To Jakob Baron Uexküll, August 19, 1909.

217 「氣浴」：To Lou Andreas-Salomé, October 23, 1909.

218 「彷彿被蛛網覆蓋」：JA, 495.

218 「我以達成使命直截了當、清楚篤定地回應」：F. W. van Heerikhuizen, *Rainer Maria Rilke: His Life and Work*. London: Routledge and Kegan Paul, 1951, 241.

218 「強大無限倍」：LP, 299.

198 「慧眼」：LC, 39.

198 「你可以想像」……「我現在更了解他了」：To Clara Westhoff, October 19, 1907.

199 「他的任務就是去看」……「你是否能」：Rainer Maria Rilke, *The Notebooks of Malte Laurids Brigge*. Translation by Stephen Mitchell. New York: Vintage, paperback, 1985, 72.

199 「詩句宛若浮雕可觸摸」：AR, 29.

199 「透過他自己對於物體的體驗」：LC, 305.

200 「這天使的形象來自柬埔寨」：Hans Belting, *The Invisible Masterpiece*. Translated by Helen Atkins. Chicago: University of Chicago Press, 2001, 247.

200 「處於一種幸福的驚異狀態」……「在我看來」：FG, 520.

201 「恐怖的老太太」：RL, 232.

201 「尋歡作樂的可憐蟲」：To Valery David-Rhonfeld, December 4, 1894.

201 「像是宿疾復發」：LB, 83.

201 「純粹就事論事」：To Clara Westhoff, November 4, 1907.

202 「非常美」：BT, 193.

202 「我們需要真理」……「好多好多事」：To Clara Westhoff, November 11, 1907. [Translated from French in a note.]

202 「我難以置信」……「這個親愛的」：To Clara Westhoff, November 11, 1907

202 「對於你和你的友誼」……「我很自豪」：BT, 193.

203 「嗓音飽滿渾厚」：Quoted in RL, 234.

203 「依我看」：PMB, 424.

203 「五十六幅」……「若不是我」：PMB, 425.

204 「好可惜」：DF, 222.

204 「寶拉也不在了」：DF, 223.

第十三章

205 「簡直沒三步寬、三步長」：To Clara Westhoff, June 14, 1906.

205 「謠言」……「暫時性的」：To Alfred Schaer, February 26, 1924.

206 「如果可以，明天下午來默東」：*Correspondance de Rodin, III*. Editions du Musée Rodin, 1987, 39. [From the French: *venez vous demain dans l'après midi à Meudon, si vous le pouvez*]

206 「關在屋裡」：*Correspondance de Rodin, III*, Editions du Musée Rodin, 1987, 44. [From the French: *je suis enfermé chez moi comme le noyau l'est dans son fruit.*]

206 「如果能見到你，跟你談話」：*Correspondance de Rodin, III*. Editions du Musée Rodin, 1987, 44. [From the French: *j'aurai du plaisir à vous voir, à causer, à vous montrer des antiques.*]

206 「非常害怕」：FG, 297.

207 「最肥沃的平原」：Quoted in Christian Borngräber, *Berliner Design-Handbuch*. Berlin:

189 「一大群喧鬧的人湧入」：Quoted in Francis Steegmuller, *Cocteau: A Biography*. New York: Little, Brown, 1970, 38.

190 「標誌著尋寶的終點」：Jean Cocteau, *Paris Album: 1900–1914*. London: W. H. Allen, 1956, 134.

第十二章

192 「夜間咖啡館」……「極具震撼力」：To Clara Westhoff, June 7, 1907.

192 「我根本沒辦法走開」：To Clara Westhoff, June 13, 1907.

193 「充滿幻想」……「那種可以獨立生活的女人」：PMB, 413.

193 「我這可憐的小東西」：PMB, 409.

193 「但願我們都能到天堂就好了」：PMB, 418.

193 「不體貼」：Quoted in Kaja Silverman, *Flesh of My Flesh*. Redwood City, CA: Stanford University Press, 2009, 72.

193 「乍見之下奇怪又嚇人」：To Clara Westhoff, August 30, 1907.

194 「讓我非去不可的原因」……「在現實情況下」：To Clara Westhoff, June 26, 1907.

194 「我立刻便掌握到」：To Clara Westhoff, June 19, 1907.

194 「雙腿緊緊縮起」：To Clara Westhoff, June 21, 1907.

194 「焦油、松脂」……「對著塵霧吶喊」：To Clara Westhoff, September 13, 1907.

195 「布格羅沙龍」：Alex Danchev, *Cézanne: A Life*. New York: Pantheon, 2012, 3.

195 「色醉」：Jacqueline Munck, "Vollard and the Fauves: Derain and Vlaminck." *Cézanne to Picasso*. New York: Metropolitan Museum of Art, 2006, 127.

196 「笑得歇斯底里」：Quoted in Hilary Spurling, *The Unknown Matisse: A Life of Henri Matisse: The Early Years, 1869–1908*. Oakland: University of California Press, 2001, 371.

196 「好似趕一隻喪家犬」：LC, 31.

196 「就像一隻狗在鏡裡看到自己，懷著不加質疑」：LC, 74–75.

196 「所有現實都站在他那邊」：LC, 27.

196 「那是畫史上首見、也是終極的紅色扶手椅」……「圖畫的內部」：LC, 71.

197 「繪畫乃由色彩構成」：LC, 28.

197 「灰色」……「我應該說」：LC, 76.

197 「自摩西之後」：Quoted in LC, x.

197 「雷雨藍」……「溼漉漉的深藍」：LC, xix–xx.

197 「地位可比荷馬的前輩」：Anna A. Tavis, "Rilke and Tolstoy: The Predicament of Influence." *The German Quarterly*, 65.2, Spring 1992, 192–200.

198 「完全沉迷於塞尚」：JA, 539.

198 「要用一顆蘋果震撼巴黎」：Paul Cézanne, *Conversations with Cézanne*. Edited by P. Michael Doran. Oakland: University of California Press, 2001, 6.

198 「我認出的是這些畫裡的轉捩點」：LC, 57.

79.

181 「武器」……「《亞維農的少女》」：André Malraux, *Picasso's Mask*. Boston: Da Capo, 1995, 11.

182 「源自西班牙」：Quoted in Mary Ann Caws, *Pablo Picasso*. Clerkenwell: Reaktion, 2005, 32.

182 「年輕人太急著」……「追求創意」：Herman Bernstein, *With Master Minds: Interviews*. New York: Universal Series, 1913, 126.

182 「對大多數」：*Quoted in Leaving Rodin behind? Sculpture in Paris, 1905–1914*. Edited by Catherine Chevillot. Paris: Musee d'Orsay, 2009.

182 「我開始從事雕塑時」：FG, 578.

183 「大樹下長不出東西」：Quoted in David W. Galenson, *Old Masters and Young Geniuses: The Two Life Cycles of Artistic Creativity*. Princeton, NJ: Princeton University Press, 2011, 115.

183 「任何人都不可能」：Pam Meecham and Julie Sheldon, *Modern Art: A Critical Introduction*. London and New York: Routledge, 2000, 88.

183 「他說我的手很靈巧」：Dorothy M. Kosinski, Jay McKean Fisher, and Steven A. Nash, *Matisse: Painter as Sculptor*. New Haven, CT: Yale University Press, 2007, 106.

183 「仔細琢磨」：André Gide, *Journals: 1889–1913*. Translated by Justin O'Brien. Urbana and Chicago: University of Illinois Press, 2000, 174.

183 「僅展現他器量褊狹的一面」……「他也只能這樣」：Henri Matisse, Jack D. Flam, *Matisse on Art*. Berkeley: University of California Press, 1995, 126.

184 「逆轉」……「以生動而具暗示」：Jean Leymarie, *Henri Matisse*, Issue 2. Berkeley: University of California Press, 1966, 20.

184 「一個中世紀人物」：Catherine Lampert, *Rodin*. London: Royal Academy of Arts, 2006, 15.

184 「在家裡，我有各種」……「比活生生的東西」：Jennifer Gough-Cooper, *Apropos Rodin*. London: Thames & Hudson, 2006, 56.

185 「剝去所有」：RSG, 407.

186 「美妙的宮殿」……「我和女兒受寵若驚」：Mary French, *Memories of a Sculptor's Wife*. Boston and New York: Houghton Mifflin, 1928, 203.

186 「一個年輕的美國人」：FG, 530.

186 「這老人竟有耐力跟這一堆美國人周旋」：JA, 495.

186 「並非他最佳之作」：FG, 570.

187 「如今全世界看到的」：Helen Zimmern, "Auguste Rodin Loquitur." *The Critic*, volume 41, 1902, 518.

187 「馬諦斯的畫裡沒有一條垂直線」：Quoted in Jerry Saltz, *Seeing Out Loud: The Village Voice Art Columns*. Great Barrington, MA: The Figures, 2003, 38.

187 「教授」：Quoted in Hilary Spurling, *The Unknown Matisse: A Life of Henri Matisse: The Early Years, 1869–1908*. Oakland: University of California Press, 2001,378.

187 「我只是想」：Henri Matisse, Jack D. Flam, *Matisse on Art*. Berkeley and Los Angeles: University of California Press, 1995, 81.

169 「我深受傷害」：To Auguste Rodin, May 12, 1906.

169 「私人秘書的身分」……「實則為」：LB, 78.

169 「倘若是祕書」……「我了解」：To Auguste Rodin, May 12, 1906.

169 「本應是嘴巴的地方變成了傷口」：To Clara Westhoff, June 14, 1906.

170 「是莫德索恩」：Quoted in Diane Radycki, *Paula Modersohn-Becker: The First Modern Woman Artist*. New Haven, CT: Yale University Press, 2013, 136.

171 「求求你讓我們倆」：PMB, 408.

172 「每天獨自在房裡跪下」：To Clara Westhoff, June 29, 1906.

172 「石質的存在啊，對於我們的生命，你知道多少？」：Rainer Maria Rilke, "L'Ange du Méridien." *New Poems*. Translated by Edward Snow. New York: Macmillan, 2001, 5.

172 「這絕不是一個跪在父親面前的兒子」：Rainer Maria Rilke, *Rodin and Other Prose Pieces*. Translated by G. Craig Houston. London: Quartet Books, 1986, 39.

174 「最近這段日子」：To Karl von der Heydt, July 31, 1906.

175 「內在婚姻」：LP, 175.

175 「直到那最後的」：To Clara Westhoff, December 17, 1906.

175 「被愛是化為灰燼」：Rainer Maria Rilke, *The Notebooks of Malte Laurids Brigge*. Translation by Stephen Mitchell. New York: Vintage, paperback, 1985, 250

176 「自從第一次接觸羅丹後」：Rainer Maria Rilke, *Selected Letters of Rainer Maria Rilke*. Translated by R. F. C. Hull. London: Macmillan, 1946, 115.

176 「我再度積貯」：To Elisabeth von der Heydt, February 10, 1907.

176 「我的天」：RAS, 192.

177 「你周圍的空間」：Rainer Maria Rilke, *Letters to a Young Poet*. Translated by Stephen Mitchell. New York: Random House, 1984, 40.

第十一章

179 「置身於某種聯繫」……「在某種突然的」：Wilhelm Worringer, *Abstraction* and *Empathy: A Contribution to the Psychology of Style*. Chicago: Ivan R. Dee, 1997, xvi–xvii

180 「其發行版本之多」：Ursula Helg, " 'Thus we forever see the ages as they appear mirrored in our spirits': Wilhelm Worringer's Abstraction and Empathy as :longseller, or the birth of artistic modernism from the spirit of the imagined other." *Journal of Art Historiography*, number 12, June 2015, 3.

180 「的效果有如搭建」：Wilhelm Worringer, Abstraction and Empathy: A Contribution to the Psychology of Style. Chicago: Ivan R. Dee, 1997, xxx.

180 「深表贊同」：Quoted in Neil H. Donahue, Invisible Cathedrals: The Expressionist Art History of Wilhelm Worringer. University Park, PA: Penn State Press, 1995, 1.

180 「終於，就這麼一次」：Quoted in Neil H. Donahue, *Invisible Cathedrals: The Expressionist Art History of Wilhelm Worringer*. University Park, PA: Penn State Press, 1995, 70.

181 「小方塊」：Quoted in Alex Danchev, *Georges Braque: A Life*. New York: Arcade, 2005,

157 「默東蘇丹」：Alexander Sturgis, *Rebels and Martyrs: The Image of the Artist in the Nineteenth Century*. New Haven, CT: Yale University Press, 2006, 166.

158 「最好笑的是」：LYR, 75–76.

158 「總會有某個紅唇女孩」：Alma Mahler, *Gustav Mahler: Memories and Letters*. Translated by Basil Creighton. New York: Viking, 1946, 136

159 「細節對她根本不重要，」……「她想要活得淋漓盡致」： Jean Cocteau, *Paris Album: 1900–1914*. London: W. H. Allen, 1956, 108–109.

160 「他的手拂過它們」……「多麼遺憾！我經常後悔」：Isadora Duncan, *My Life*. New York: W. W. Norton, revised and updated, 2013, 74–75.

161 「小妻子」：RSG, 457.

162 「衣著邋遢」：FG, 487.

162 「是的，我以身兼二者為豪」：RSG, 415.

162 「既然我在這裡，就不用打擾他」：Bernard Harper Friedman, *Gertrude Vanderbilt Whitney: A Biography*. New York: Doubleday, 1978, 288.

163 「流行性感冒」：James Wyman Barrett, *Joseph Pulitzer and his World*. New York: Vanguard, 1941, 288.

164 「驚人的力度」:Rainer Maria Rilke, *Selected Letters of Rainer Maria Rilke*. Translated by R. F. C. Hull. London: Macmillan, 1946, 86.

164 「羅丹的性情開始轉變」……「殘忍且不公平」：Judith Cladel, *Rodin*. Translated by James Whitall. New York: Harcourt, Brace, 1937, 203.

164 「像個偷竊的僕人」 **"like a thieving"**：To Auguste Rodin, May 12, 1906.

165 「可憐的里爾克」……「難纏之人」：William Rothenstein, *Since Fifty*. Volume 3. London: Faber & Faber, 1939, 314–315.

165 「等他砍完」：Lou Tellegen, *Women Have Been Kind: The Memoirs of Lou Tellegen*. New York: Vanguard, 1931, 80.

165 「總是實話實說」：Quoted in FG, 564.

166 「沒受過教育」：Anthony Ludovici, online excerpt from *Confessions of an Anti-Feminist: The Autobiography of Anthony M. Ludovici*. Edited by John V. Day. Counter-Currents.

166 「毫無保留的同情」：PR, vii.

166 「陶鍋遇到鐵鍋」的俗諺：Anthony M. Ludovici, "Rilke's Rodin." *London Forum*, 1.1, 1946, 41–50.

166 「羅丹先生」：RSG, 480.

167 「為了微不足道的誤會爆發激烈爭吵」：Anthony Ludovici, online excerpt from *Confessions of an Anti-Feminist: The Autobiography of Anthony M. Ludovici*. Edited by John V. Day. Counter-Currents.

167 「羅丹教我們提出的要求」……「說出對羅丹的新看法」：To Clara Westhoff, June 28, 1907.

168 「里爾克秉性寬厚」：Anthony M. Ludovici, "Rilke's Rodin." *London Forum*, 1.1, 1946, 41–50.

168 「我不是莫德索恩」：PMB, 384.

169 「快樂的」：To Clara Westhoff, May 12, 1906

148 「解放」：FG, 421.

148 「那團未經轉化的材料」：Rainer Maria Rilke, *Selected Letters of Rainer Maria Rilke*. Translated by R. F. C. Hull. London: Macmillan, 1946, 84.

148 「抒情詩所能企及的最崇高主題」：Ralph Freedman, "Das Stunden-Buch and Das Buch der Bilder: Harbingers of Rilke's Maturity." In *A Companion to the Works of Rainer Maria Rilke,* Edited by Erika A. Metzger and Michael M. Metzger. Rochester, NY: Camden House, 2001, 90.

148 「但我需要的『只是時間」：Rainer Maria Rilke, *Selected Letters of Rainer Maria Rilke*. Translated by R. F. C. Hull. London: Macmillan, 1946, 83.

149 「缺少愛的能力」：BT, 131.

149 「帶有下流的意味」……「面容凶殘如野獸」：FG, 504.

150 「我替自己報仇」：RSG, 427.

150 「比任何時候都需要我的支持」：To Karl von der Heydt, Wednesday after Easter 1906.

150 「離開盛年太遠」……「開頭十五分鐘」：George Bernard Shaw, "G.B.S. On Rodin." *The Nation*. London, December 1912.

152 「難以言喻地有趣」：RSG, 391.

152 「蕭先生法文不流利」：RSG, 390.

152 「薛伯乃」：FG, 511.

153 「很少有肖像」：RSG, 390.

153 「這位真正有創造力的藝術家」：RP, 120.

154 「至今尚未有照片觸及他的真髓」……「主角的整套服裝」：Alvin Langdon Coburn *Alvin Langdon Coburn, Photographer*. Edited by Helmut and Alison Gernsheim. New York: Dover, 1978, 40.

154 「熠熠生輝的」：FG, 570.

154 「他看見我」：George Bernard Shaw, "G.B.S. On Rodin." *The Nation*, London, December 1912.

155 「蕭伯納」：Quoted in Sally Peters, *Bernard Shaw: The Ascent of the Superman.* New Haven, CT: Yale University Press. 1996, 235.

第十章

156 「絞肉」……「為了拿出一小截腸子，他們剖開了」：LYR, 75–76.

156 「一盎司肥油」：FG, 522.

157 「他瘋了，殘忍又肉慾地瘋了」：FG, 517.

157 「我當然是個喜愛官能」……「性愛的官能享受」：FG, 514.

157 「比男人更了解我」：Frederick Lawton, *The Life and Work of Auguste Rodin*. New York: C. Scribner's, 1907, 276.

157 「色情狂」……「整個巴黎」：Quoted in Auguste Rodin, Dominique Viéville, *Rodin: The Figures of Eros : Drawings and Watercolours, 1890–1917*. Paris: Musée Rodin, 2006, 64.

Warner. London: A&C Black, 2004. Originally published in 1936. 18.

139 「他周圍的世界愈來愈豐富了」：To Clara Westhoff, September 15, 1905.

139 「羅丹過生活的方式真是精采」：Rainer Maria Rilke, *Selected Letters of Rainer Maria Rilke*. Translated by R. F. C. Hull. London: Macmillan, 1946, 78.

140 「像條大狗般地」……「以熱切探索的雙眼認出了我」：To Clara Westhoff, September 15, 1905.

140 「彌補……我所受到的冤屈」：FG, 502–503.

140 「我的學生認為必須超越我」：FG, 495.

141 「頭暈目眩」：FG, 493.

141 「實現了他最深摯的願望」：LB, 78.

141 「我將親炙這位偉人」：To Countess Luise Schwerin, September 10, 1905.

141 「若蒙您屈尊對我說話」：FG, 493.

142 「已變成一節詩」：To Arthur Holitscher, December 13, 1905.

142 「生命的喜悅」：FG, 492.

第九章

143 「里爾克立刻投入工作」：Victor Frisch and Joseph T. Shipley, *Auguste Rodin*. Frederick A. Stokes, 1939, 272.

143 「無話不談」：FG, 492.

143 「當人年輕時」：To Arthur Holitscher, December 13, 1905.

144 「他樣樣都指給你看」：Rainer Maria Rilke, *Selected Letters of Rainer Maria Rilke*. Translated by R. F. C. Hull. London: Macmillan, 1946, 77.

144 「最細微的東西也會來到他面前」：To Arthur Holitscher, December 13, 1905.

144 「在冷冽的空氣中綻放」：Rainer Maria Rilke, *Selected Letters of Rainer Maria Rilke*. Translated by R. F. C. Hull. London: Macmillan, 1946, 82.

144 「猛力朝牆撞去」……「難以形容的醜惡」：Rainer Maria Rilke, *Selected Letters of Rainer Maria Rilke*. Translated by R. F. C. Hull. London: Macmillan, 1946, 81.

145 「心地善良而忠誠的人」：Rainer Maria Rilke, *Selected Letters of Rainer Maria Rilke*. Translated by R. F. C. Hull. London: Macmillan, 1946, 77.

145 「白鳥」：Clara Westhoff, December 2, 1905.

146 「法國的衛城」：CF, 203.

146 「主要是讓自己謙卑」：Auguste Rodin, “The Gothic in France.” *The North American Review*, volume 207, 1918, 116.

146 「柔軟度」：CF, 206.

147 「暴風雨要來了」……「但你不明白」：Rainer Maria Rilke, *Selected Letters of Rainer Maria Rilke*. Translated by R. F. C. Hull. London: Macmillan, 1946, 81. [Rodin’s quote translated from the original French].

148 「長久以來令其飽受凌辱」：FG, 503.

132 「莫名的恐懼」：To Ellen Key, April 3, 1903.

132 「講解文字的文字」：To Lou Andreas-Salomé, May 13, 1904.

133 「堅實而結構緊密的散文」：To Lou Andreas-Salomé, May 12, 1904.

133 「天上繁星閃爍」：RAS, 117.

133 「使我更有信心地戮力工作」：RAS, 119.

133 「愛也很好」……「十分艱難」：LYP, 53.

133 「愛的要義並不是同化」……「是承擔重負」： LYP, 54–58.

134 「學養深厚的老師」……「問題和願望」：Rainer Maria Rilke and Lou Andreas-Salomé, *The Correspondence*. Translated by Edward Snow and Michael Winkler. New York and London: W. W. Norton, 2006, 137.

134 「保護性」……「情緒生活之愈趨濃烈」：Quoted in Scott Appelrouth and Laura Desfor Edles, *Classical and Contemporary Sociological Theory: Text and Readings*. Thousand Oaks, CA: Pine Forge Press, 2008, 262–273.

134 「每一次的濃烈化都是有益的」：Rainer Maria Rilke, *Letters to a Young Poet*. Translated by Stephen Mitchell. New York: Random House, 2004, 101.

135 「羅丹為關節發明了新的靈活度」：Quoted in Debora L. Silverman, *Art Nouveau in Fin-de-siècle France*. Berkeley and Los Angeles: University of California Press, 1992, 313.

135 「我們不該把不必要的關懷和責任帶進自己的生命」：Rainer Maria Rilke, *Selected Letters of Rainer Maria Rilke*. Translated by R. F. C. Hull. London: Macmillan, 1946, 76.

136 「內在歷史」……「不可或缺的核心支柱」：To Clara Westhoff, June 16, 1905.

136 「人見人愛的胖娃兒」……「開始會見歐洲的知識分子」：PMB, 375.

136 「淚珠一顆接一顆滾下臉頰」：Quoted in Diane Radycki, *Paula Modersohn-Becker: The First Modern Woman Artist*. New Haven, CT: Yale University Press, 2013, 130.

136 「寶拉的創作」……「深受〔羅丹的〕性格」：PMB, 377–378.

137 「我最親愛的朋友」：LP, 228.

137 「令我興奮的是這樣的需求」：Auguste Rodin, *Correspondance de Rodin, II*, Editions du Musée Rodin, 1987, 167. [From the French: *C'est le besoin de vous revoir, mon Maître, et de vivre un moment la vie ardente de vos belles choses, qui m'agitent.*]

137 「這樣你們才能盡興暢談」：To Clara Westhoff, September 7, 1905, in French.

137 「它的花園望向遼闊的景致」：To Clara Westhoff, September 7, 1905.

137 「學學我的榜樣」：DF, 178.

138 「毫無疑問地」：DYP, 166.

138 「音塊」：Quoted in Malcolm MacDonald, *Varèse: Astronomer in Sound*. London: Kahn & Averill, 2003, 15.

138 「令人作嘔的屠殺」……「不懂得怎麼畫畫」：FG, 497.

139 「用各種蠢話說教」：Louise Varèse, *Varèse: A Looking-Glass Diary*. New York: W. W. Norton, 1972, 34.

139 「對音樂一無所知」：FG, 493.

139 「在音樂中，我們其實有三個維度」……「聲音的投射」：Edgard Varèse, "The Liberation of Sound." *Audio Culture: Readings in Modern Music*. Edited by Christoph Cox and Daniel

125 「接獲里爾克夫人帶來的書」：RSG, 375.

125 「焦躁與暴戾」:Rainer Maria Rilke, Selected Letters of Rainer Maria Rilke. Translated by R. F. C. Hull. London: Macmillan, 1946, 21.

125 「但若是你」：LB, 79.

126 「幾星期來」：Rainer Maria Rilke and Lou Andreas-Salomé, The Correspondence. Translated by Edward Snow and Michael Winkler. New York and London: W. W. Norton, 2006, 44.

126 「一名農婦」：Rainer Maria Rilke and Lou Andreas-Salomé, *The Correspondence*. Translated by Edward Snow and Michael Winkler. New York and London: W. W. Norton, 2006, 90.

126 「心靈轉向」：RAS, 67.

126 「你將自己獻給」……「無疑」：Rainer Maria Rilke and Lou Andreas-Salomé, *The Correspondence*. Translated by Edward Snow and Michael Winkler. New York and London: W. W. Norton, 2006, 65.

127 「從現在起」：RAS, 67.

127 「我不會抱怨」：Rainer Maria Rilke and Lou Andreas-Salomé, *The Correspondence*. Translated by Edward Snow and Michael Winkler. New York and London: W. W. Norton, 2006, 45.

127 「除了你」……「兩個喜歡塗寫的老朋友」：LP, 184.

127 「關於我的一切都不是真實的」：To Lou Andreas-Salomé, August 8 1903.

128 「被他的恐懼吸引向前」：To Lou Andreas-Salomé, July 18, 1903.

128 「我好像被耗盡」：RAS, 56.

129 「你已成為一小塊土地」：RAS, 59.

130 「人微志小，只關注瑣碎之事」：DF, 133.

130 「在養成過程」：DF, 130.

130 「這本書有許多」：PMB, 305.

130 「男士」……「好男士」：Rainer Maria Rilke and Lou Andreas-Salomé, *The Correspondence*. Translated by Edward Snow and Michael Winkler. New York and London: W. W. Norton, 2006, 62.

130 「羅馬之冬」：Rainer Maria Rilke and Lou Andreas-Salomé, *The Correspondence*. Translated by Edward Snow and Michael Winkler. New York and London: W. W. Norton, 2006, 88.

131 「雅各布森的城市」：RL, 194.

131 「很難聯繫里爾克」……「他沒有房子」：Stefan Zweig, *The World of Yesterday: An Autobiography*. Lincoln: University of Nebraska Press, 1964, 141.

131 「很不好過」：To Clara Westhoff, July 27, 1904.

131 「對於生活的憂慮如此優美動人」……「在他們面前保持鎮定自若」：LYP, 33–39.

132 「不要寫情詩」：LYP, 19.

132 「幾乎沒人注意到的事物」：LYP, 34.

132 「心理性反胃」：RAS, 261.

116 「我們等著看她」：DF, 149.

117 「一位非常傑出的畫家之妻」：E. M. Butler, *Rainer Maria Rilke*. Cambridge: Cambridge University Press, 2013, 107.

117 「他並不在乎」……「對自然的崇拜」：PMB, 303.

117 「工作，那就是我的愉悅」：DF, 151, in French.

118 「是的，不管是什麼」：PMB, 303.

118 「我再也受不了」：PMB, 308.

118 「我根本無法強迫自己寫作」：Quoted in Hugo Caudwell, *The Creative Impulse in Writing and Painting*. New York: Macmillan, 1951, 16.

118 「我必須在沉寂中等待」：Robin Skelton, *The Poet's Calling*. London: Heinemann, 1975, 5.

119 「親愛的先生」：LYP, 17.

119 「字體美麗」……「握在手中沉甸甸的」：LYP, 12.

119 「尋索那叫你寫作的理由」……「說穿了都只是」：LYP, 17–19.

120 「今日與他日許多成長及轉變中的心靈」：LYP, 13.

120 「漫長而恐怖的詛咒」：Quoted in Michael Jackson, *The Other Shore: Essays on Writers and Writing*. Berkeley and Los Angeles: University of California Press, 2013, 95.

121 「我寫了」：To Ellen Key, April 3, 1903.

第八章

122 「我極力凸顯自己的靜默」：**Rainer** Maria Rilke, Selected Letters of Rainer Maria Rilke. Translated by R. F. C. Hull. London: Macmillan, 1946, 19.

123 「這裡不可能計算時間」：LYP, 30.

123 「沉入自己」……「為其心靈挖好深穴」：To Lou Andreas-Salomé, August 8 1903.

123 「關於創造力的深奧」：LYP, 25–26

123 「我真切地體驗到」：Lou **Andreas**-Salomé, You Alone are Real to Me: Remembering Rainer Maria Rilke. Rochester, NY: BOA Editions, 2003, 54.

124 「他創造出許多彼此交接、扭纏成團的軀體」：AR, 48.

124 「他的其他任何著作都不像這本」：Rainer Maria Rilke, Poems of Rainer Maria Rilke. Introduction by H. T. Tobias A. Wright. New York: Tobias A. Wright, 1918, xxxiv-xxxv.

124 「熱情洋溢」……「這是以散文寫成的詩」：Henry F. Fullenwider, "Rilke and His Reviewers: An Annotated Bibliography." Lawrence: University of Kansas Publications, 1978, 6–8.

124 「由於這本小書的關係」：Rainer Maria Rilke, Briefe an Auguste Rodin. Leipzig: Insel-Verlag, 1928, 67. [Translated from the German: "Denn mit diesem kleinen Buch hat Ihr Werk nicht aufgehört, mich zu beschäftigen . . . und von diesem Moment an wird es da sein in jeder Arbeit, in jedem Buch, das zu vollenden mir noch erlaubt sein wird."]

124 「為了聽到您的聲音」：Rainer Maria Rilke, Briefe an Auguste Rodin. Leipzig: Insel-Verlag, 1928, 68. [Translated from the German: "um Ihre Stimme zusammen mit denen des Meeres und des Windes zu hören."]

105 「終於！」：Charles Baudelaire, Paris Spleen. Translated by Louise Varèse. New York: New Directions, 1869, 1970, 15.

105 「你的生活如何？」……「我就跟其他所有人一樣啊」：AR, 145.

106 「對我影響深遠」：RAS, 116.

107 「贈克拉拉。鍾愛的母親」：LP, 176.

107 「接近羅丹並不會令她迷惑」……「被釋放」：DF, 140–141.

107 「如今，花朵常對我展現無限豐富的內涵」：To Lou Andreas-Salomé, August 8, 1903.

108 「我的創作工具」：To Lou Andreas-Salomé, August 10, 1903.

108 「就是他的非洲和亞洲」：Quoted in Lisa Gates, "Rilke and Orientalism: Another Kind of Zoo Story." New German Critique. No. 68, Spring – Summer. Durham, NC: Duke University Press, 1996, 69.

109 「如果我告訴你」：To Magda von Hattingberg, February 17, 1914.

109 「快活的黃色」：Jon E. Roeckelein, *Dictionary of Theories, Laws, and Concepts in Psychology. Santa Barbara, CA: Greenwood Publishing, 1998, 308.*

110 「觀看者的參與」：Alois Riegl, *The Group Portraiture of Holland. Los Angeles: Getty, 2000, 11.*

110 「他說『它就是很美』」……「我從這座小石膏像」： To Clara Westhoff, September 27, 1902.

111 「情緒圖像」：Quoted in Donald A. Prater, *A Ringing Glass: The Life of Rainer Maria Rilke*. Oxford, UK: Clarendon Press, 1986, 92.

112 「詩並不如一般人所以為的」：Rainer Maria Rilke, *The Notebooks of Malte Laurids Brigge*. Translation by Stephen Mitchell. New York: Vintage, paperback, 1985, 19.

112 「即物詩」：Rainer Maria Rilke, *New Poems (1907)*. Translation and introduction by Edward Snow. San Francisco: North Point Press, 1984, x.

112 「其革命性」：John Banville, "Study the Panther!" *The New York Review of Books*. January 10, 2013.

112 「我依舊一事無成」……「迅速地流過一道河床」：RAS, 72–73

113 「更顯見」……「那是我強烈渴望的」： RAS, 92.

113 「陳腔濫調」：Stefan Zweig, *The World of Yesterday: An Autobiography*. Lincoln: University of Nebraska Press, 1964, 39.

114 「萊納．瑪利亞．里爾克的詩」……「希望能向這位詩人」：LYP, 11–12.

114 「我自己沒辦法買」：LYP, 32.

115 「這裡的美麗事物」……「他完全無視於時間流逝」：To Otto Modersohn, December 31, 1902.

115 「那個可怕的狂野城市」：PMB, 226.

115 「彷彿被綁在犁上」：DYP, 150.

116 「大肆吹噓其陰鬱」：PMB, 293.

116 「自從羅丹對他們說」：DF, 149.

116 「里爾克正逐漸」：PMB, 305.

93 「給人一種感覺」：RSG, 363.

94 「青春都奉獻給工作」：Quoted in Donald A. Prater, *A Ringing Glass: The Life of Rainer Maria Rilke*. Oxford, UK: Clarendon Press, 1986, 90.

95 「一世紀的作品」……「水族館居民」：To Clara Westhoff, September 2, 1902.

96 「砸碎」：Anita Leslie, *Rodin: Immortal Peasant*. New York: Prentice-Hall, 1937, 219.

96 「不比我的小指頭大」：To Clara Westhoff, September 2, 1902.

96 「我在你的話語中讀出它」： With permission. Rainer Maria Rilke, *Poems from the Book of Hours*. Translated by Babette Deutsch. New York: New Directions, 1941, 17.

97 「我很高興這裡富藏著卓越」……「我的眼睛好痛」：To Clara Westhoff, September 2, 1902.

98 「越過那隻羞怯的小手」：To Clara Westhoff, September 5, 1902.

98 「嫁接在心坎上的」：Auguste Rodin and Paul Gsell, *Art: Conversations with Paul Gsell*. Oakland: University of California Press, 1984, 34.

98 「你瞧」：To Clara Westhoff, September 5, 1902.

99 「不可左顧右盼」……「我們必須在快樂與藝術之間擇一」：To Clara Westhoff, September 5, 1902.

99 「睡一晚就足以消除疲勞了」：LP, 174.

99 「我提到你」： To Clara Westhoff, September 5, 1902. [Rilke's original letter quoted Rodin in French: "*Oui, il faut travailler, rien que travailler. Et il faut avoir patience.*"]

100 「甚至化解了貧窮的種種憂慮」……「我為何寫下這些詩句」： To Auguste Rodin, September 11, 1902.

100 「變成我人生和創作的模範」……「我來找你，不只是為了寫一篇專題研究」：RSG, 375.

101 「看，只要一個晚上」……「這可是好功夫」：FG, 500.

101 「不像一幢從頭到底建構穩固的房屋」……「而只像樓梯」：Jean Cocteau, *Cocteau's World: An Anthology of Writings*. Edited by Margaret Crosland. New York: Dodd, Mead, 1972, 357.

101 「太偉大」……「世間的天使」：Quoted in Sue Roe, *Gwen John: A Life*. London: Chatto & Windus, 2001, 101.

101 「並不知道它究竟會變成什麼」：Rainer Maria Rilke, *Rodin and Other Prose Pieces*. Translated by G. Craig Houston. London: Quartet Books, 1986, 52.

101 「創作藝術家沒有挑選的權利」：Rainer Maria Rilke, *Auguste Rodin*. New York: Parkstone Press International, 2011, 131.

102 「奇蹟」……「如果這些大教堂」：To Clara Westhoff, September 26, 1902.

103 「工作就是永不止息地活著」：To Auguste Rodin, September 22, 1902.

第七章

104 「平常而感人的」：Rainer Maria Rilke, Auguste Rodin. New York: Parkstone Press International, 2011, 6.

104 「名聲無非是」：AR, 7.

80 「我結婚的意義就在」：To Julie Weinmann, June 25, 1902.

81 「美麗的聖經名字」：DF, 113.

81 「有了她，生活變得豐富許多」：To Julie Weinmann, June 25, 1902.

81 「小生物」：To Countess Franziska von Reventlow, April 11, 1902.

81 「很習慣足不出戶」……「我曾經四處尋覓的一切」：PMB, 267.

81 「我不清楚你們兩個是怎麼回事」……「拜託，千萬拜託」：PMB, 268–269. (Note: Becker's misspelling of Rilke's name as "Reiner" may have been an intentional double entendre, alluding to his pretension: "Reiner" is the German word for "pure.")

82 「欣然」……「我認為」：PMB, 270.

82 「高高在上的妻子」……「沒人想過她也是個重要的人」：PMB, 273.

83 「一場不留活口的寒霜」……「如同死亡」：To Gustav Pauli, January 8, 1902.

84 「置身於真實的事物當中」：J. F. Hendry, The Sacred Threshold: A Life of Rainer Maria Rilke. Manchester, UK: Carcanet New Press, 1983, 43.

84 「在圖書館裡工作」：To Julie Weinmann, June 25, 1902.

84 「多麼令人震驚」：DF, 139.

84 「多麼了不起的藝術家」：FG, 440.

84 「隻字片語」：H. F. Peters, "Rilke In His Letters to Rodin." *Modern Language Quarterly*, volume 4, University of Washington, 1943, 3.

85 「完全沉浸」……「我對他的作品見聞愈多」：To Arthur Holitscher, July 31, 1902.

85 「整片天空不過是一塊石頭」：Rainer Maria Rilke, *Stories of God*. Translated by M. D. Herter Norton. W. W. Norton, 1992, 77.

85 「年輕人最悲慘的命運」：To Auguste Rodin, August 1, 1902.

第二部 • 第六章

88 「宛如水坑般逐漸乾涸」……「打我面前」：To Lou Andreas-Salomé, July 18, 1903.

90 「像眼睛般地」： J. F. Hendry, *The Sacred Threshold: A Life of Rainer Maria Rilke*. Manchester, UK: Carcanet New Press, 1983, 45.

90 「雕刻師在大教堂裡」：Robert Descharnes and Jean-François Chabrun, *Auguste Rodin*. Translation from Edita Lausanne. Secaucus, NJ: Chartwell Books, 1967, 118.

90 「瀰漫著稀薄的灰色和粉塵」：AR, 115.

90 「出港的船」……「像個剛收到可愛禮物的孩子」：To Clara Westhoff, September 2, 1902.

92 「將小時壓縮成分鐘」：To Clara Westhoff, April 19, 1906.

92 「我非常敬愛他，可說一見如故」：To Clara Westhoff, September 2, 1902.

92 「無憂無慮」：Anita Leslie, *Rodin: Immortal Peasant*. New York: Prentice-Hall, 1937, 167.

93 「我不贊成在白天任何時刻歇憩」：RSG, 366.

69 「康莊大道」：Sigmund Freud, *The Interpretation of Dreams*. Translated by James Strachey. New York: Basic Books, 2010, 604.

69 「一場人們為了被逗樂而進入的魔影幻境」：Walter Benjamin, "Paris, Capital of the Nineteenth Century." In *Walter Benjamin and the Demands of History*, Michael P. Steinberg. Ithaca, NY: Cornell University Press, 1996, 139.

71 「蒙田大道上連隻貓兒都沒有」：FG, 411.

71 「他的頭在哪裡？」……「難道你不曉得」：Isadora Duncan, *My Life*. New York: W. W. Norton, revised and updated edition, 2013, 55.

71 「當今在世的藝術家中」：RP, 104.

72 「我昨天在那裡」……「以巨大的力量體現了」： PMB, 185, 192.

第五章

74 「眼睛在這裡變得多麼大」：DYP, 163.

74 「我全心信賴這片景色」：DYP, 175.

75 「做作、抽象」……「充滿斧鑿痕跡」：DYP, 143.

75 「一篇艱難而嚴峻的文字」……「現實主義與理想主義的鬥爭」：PMB, 198.

76 「美麗的黝黑臉龐」：DYP, 155–156.

76 「我跟某些人握手」： DYP, 146.

76 「令人作嘔」：DYP, 155–156.

76 「扭曲變形」：DYP, 157.

76 「猶半受控制」：Daniel Joseph Polikoff, *In the Image of Orpheus*. Wilmette, IL: Chiron Publications, 2011, 202

76 「日日承受挫敗失落的俄羅斯之旅」：DYP, 195.

77 「透過交談與沉默親近彼此」：DYP, 168.

77 「金髮畫家」：DYP, 151.

77 「欺妄」：AR, 18.

78 「以我的言辭裝載妳的內涵」：To Clara Westhoff, November 18, 1900.

78 「我想當富有的那個」……「最無足輕重的乞丐」： BT, 117.

78 「少女」： Common reference throughout DYP.

78 「克拉拉 · **W**」：PMB, 496.

78 「時時以他的福祉為念」……「被自私的想法引導」：PMB, 242.

79 「做菜，做菜，做菜」……「你知道」：PMB, 255.

79 「我似乎已經不在她的生活裡了」……「我得先習慣這點」：PMB, 265.

79 「最後通牒」……「最慘的時刻」：RAS, 41–42.

79 「像夕陽沉入金色的黃昏」：To Clara Westhoff, October 23, 1900.

55 「雕刻界的左拉」……「為情色的瘋狂所觸動」：Frederick Lawton, *The Life and Work of Auguste Rodin*. New York: C. Scribner's, 1907, 247.

56 「像一記重拳擊中了我。它讓她成為我的對手」：FG, 233.

56 「這赤裸的少女」：Quoted in Angelo Caranfa, *Camille Claudel: A Sculpture of Interior Solitude*. Plainsboro, NJ: Associated University Presses, 1999, 103.

57 「她的靈魂、天才」：Quoted in John R. Porter, "The Age of Maturity or Fate." *Claudel and Rodin: Fateful Encounter*. Paris: Musée Rodin, 2005, 193.

57 「讓我心碎的是」……「百萬富翁」： Angelo Caranfa, *Camille Claudel: A Sculpture of Interior Solitude*. Plainsboro, NJ: Associated University Presses, 1999, 28.

第四章

58 「那些圍牆後面……這裡是展示極致痛楚的凡爾賽宮」：Janine Burke, *The Sphinx on the Table: Sigmund Freud's Art Collection and the Development*. New York: Bloomsbury, 2009, 74.

58 「神經病界的拿破崙」……「癱瘓、抽搐和痙攣的荒野」：Quoted in Asti Hustvedt, *Medical Muses: Hysteria in Nineteenth-Century Paris*. London: A&C Black, 2012, 12–15.

59 「沙可非常迷人」：Ernest Jones, *Sigmund Freud: Life and Work: The young Freud, 1856–1900*. London: Hogarth Press, 1953, 228.

59 「一個能看見的男人」： Quoted in Peter Gay, *Freud: A Life for Our Time*. New York: W. W. Norton, 2006, 51.

59 「塗得一片白茫茫」……「尖叫的」：Max Simon Nordau, *Degeneration*. New York: D. Appleton, 1895, 28.

60 「靈感突至的作家」...... 「我必須」：Albert E. Elsen, *In Rodin's Studio.*New York: Phaidon, 1980, 183.

61 「請幫助我」……「我已虔誠頂禮」：RP, 94.

61 「極其華美而宏偉的雕像」：Quoted in Sylvie Patin, *Monet: The Ultimate Impressionist*. New York: Harry N. Abrams, 1993, 142.

62 「帥透了」：Quoted in RSG, 317.

62 「希望在法國這樣高尚而優雅的國家」：Quoted in "Rodin and Monet," Musée Rodin Educational Files.

63 「我已下定決心」：FG, 384.

63 「財務災難」：RP, 94.

63 「汽車與犬馬」……「當羅丹的手藝開始遲鈍」：RSG, 384.

64 「就像林布蘭一樣」：William G. Fitzgerald, "A Personal Study of Rodin." In *The World's Work: A History of Our Time*, volume 11. New York: Doubleday, Page, 1905, 6818–6834.

64 「一旦你見過他」：FG, 406.

67 「不幸的是」……「然後我就會找個時間」：DF, 53.

67 「氣度狹小的人」：FG, 406.

68 「如果巴黎」：William G. Fitzgerald, "A Personal Study of Rodin." In *The World's Work: A History of Our Time*, volume 11. New York: Doubleday, Page, 1905, 6818–6834.

New York: Phaidon, 1980, 157.

43 「她沒有城市婦女的優雅」：RSG, 48.

43 「簡直像炮彈一樣強悍」：FG, 618

43 「我把自己內在的一切」……「她就像動物似地黏上我」：RSG, 48–49.

44 「總是得有個女人」：To Clara Westhoff, September 5, 1902. [Rilke's letter quoted Rodin in French, *parce qu'il faut avoir une femme*.]

44 「不詳」：RSG, 49.

45 「迪南風景如畫」：FG, 93.

45 「『且慢！』我對自己說」：FG, 95.

45 「不是直接摹寫他的作品」：FG, 95.

45 「偉大的魔法師」：Catherine Lampert, *Rodin: Sculpture & Drawings*. New Haven, CT: Yale University Press, 1986, 13.

46 「與其說是雕像，不如說它是習作」：Quoted in T. H. Bartlett, "Auguste Rodin," *Ameican Architect and Architecture*, volume 25. March 2, 1889, 99.

46 「在嚴格意義上」：RP, 3.

46 「我是名符其實地身心俱創」：RSG,110.

47 「一種非常罕見的模塑力量」：Jacques De Caso and Patricia B. Sanders, *Rodin's Sculpture*. San Francisco: Fine Arts Museum of San Francisco, 1977, 44.

48 「狂熱地」：Quoted in Albert E. Elsen, *Rodin's Art: The Rodin Collection of Iris and B. Gerald Cantor Center of Visual Arts at Stanford University.* Oxford: Oxford University Press, 2003, 21.

48 「像即將孵化的卵」：Quoted in Marie-Pierre Delclaux, Rodin: A Brilliant Life. Paris: Musée Rodin, 2003, 114.

49 「雙腿弓起」……「豐饒的思緒」： Albert E. Elsen, Rodin's Art: The Rodin Collection of Iris and B. Gerald Cantor Center of Visual Arts at Stanford University. Oxford: Oxford University Press, 2003, 175.

50 「整個軀體變成了頭」：AR, 49.

50 「那是我的門」：Albert E. Elsen, *The Gates of Hell by Auguste Rodin*. Redwood City, CA: Stanford University Press, 1985, 60.

51 「但丁、米開朗基羅、雨果和德拉克羅瓦的大雜燴」……「活在計畫和草圖裡的人」：Edmond De Goncourt and Jules de Goncourt, *Paris and the Arts, 1851–1896: From the Goncourt Journal*. Ithaca, NY: Cornell University Press, 1971, 234.

52 「最欣賞的男人特性」：Odile Ayral-Clause, *Camille Claudel: A Life*. New York: Harry N. Abrams, 2002, 67.

53 「可憐可憐我吧」：RSG, 184.

53 「敏銳而明快的建議」：Odile Ayral-Clause, *Camille Claudel: A Life*. New York: Harry N. Abrams, 2002, 50.

54 「他一點也不驕傲」：Quoted in Alex Danchev, *Cézanne: A Life*. New York: Pantheon Books, 2012, 281.

54 「我只是滿懷感激地抓住他的手」：Stefan Zweig, *The World of Yesterday: An Autobiography*. Lincoln: University of Nebraska Press, 1964, 149.

33 「你要去找女人？可別忘了帶鞭子！」：Friedrich Wilhelm Nietzsche, *Thus Spake Zarathustra, a Book for All and None*. London: T. Fisher Unwin, 1908, 87.

34 「溫柔夢幻恍惚的微笑」：LP, 68.

34 「沒後腦杓」：LP, 60.

34 「名作家」：RR, 23.

34 「昨日並不是」……「我想不出」：RAS, 3-4.

35 「當初一定」……「男子漢的優雅」：LB, 68-69.

35 「溫和卻不可侵犯的掌控與主導作風」：Julia Vickers, *Lou von Salomé: A Biography of the Woman Who Inspired Freud, Nietzsche and Rilke*. Jefferson, NC: McFarland, 2008, 111.

35 「為愛著魔時」：LYP, 55.

35 「我仍十分柔軟」：BT, 88.

36 「小聽差」：Quoted in Angela Livingstone, *Salomé: Her Life and Work*. East Sussex, UK: M. Bell Limited, 1984, 109.

36 「你的名字就是」：Quoted in Simon Karlinsky, *Marina Tsvetaeva: The Woman, Her World, and Her Poetry*. Cambridge: Cambridge University Press Archive, 1985, 163.

36 「他的母親或姊姊」：LP, 113.

37 「什麼！」：RR, 96.

37 「把生命變成一條惡龍」：J. F. Hendry, *The Sacred Threshold: A Life of Rainer Maria Rilke*. Manchester, UK: Carcanet New Press, 1983, 32.

37 「謹置於露之手」：Rainer Maria Rilke and Lou Andreas-Salomé, *The Correspondence*. Translated by Edward Snow and Michael Winkler. New York and London: W. W. Norton, 2006, 157.

38 「你將我的靈魂擁入懷中」：BT, 91.

38 「熄滅我的眼睛」：With permission—Rainer Maria Rilke, *Poems from The Book of Hours*. Translated by Babette Deutsch. New York: New Directions, 1975, 37.

39 「更多時間獨處」：Julia Vickers, Lou von Salomé: A Biography of the Woman Who Inspired Freud, Nietzsche and Rilke. Jefferson, NC: McFarland, 2008, 142.

39 「離開」……「我可以很殘忍」：Quoted in Daniel Bullen, The Love Lives of the Artists: Five Stories of Creative Intimacy. Berkeley, CA: Counterpoint, 2013, 33.

第三章

40 「無比醜陋」……「看起來好恐怖」：Quoted in Robert K. Wittman and John Shiffman, *Priceless*. New York: Broadway Books, 2011, 37.

41 「這張臉上有千種磨難的呼聲」：Quoted in Victor Frisch and Joseph T. Shipley, *Auguste Rodin*. Frederick A. Stokes, 1939, 410.

42 「藝術中，除了缺乏個性的東西，沒有什麼是醜陋的……」：Auguste Rodin, Paul Gsell, *Art: Conversations with Paul Gsell*. Oakland: University of California Press, 1984, 19.

42 「這個面具決定了」……「它是我捏塑的第一件佳作」：Albert E. Elsen, *In Rodin's Studio*.

25 「有一次，當我被揍得鼻青臉腫」：RL, 27.

26 「三十年戰爭史」：BT, 141.

26 「童年的苦牢」：Arnold Bauer, *Rainer Maria Rilke*. New York: Ungar, 1972, 10.

26 「鄙夷而不安地」：To Ludwig Ganghofer, April 16, 1897.

26 「夢想中的孩子」：LP, 55.

26 「根本不算藝術家」To Ludwig Ganghofer, April 16, 1897.

27 「閃亮的流星」：J. F. Hendry, *The Sacred Threshold: A Life of Rainer Maria Rilke*. Manchester, UK: Carcanet New Press, 1983, 20.

27 「只有當其棺木腐爛成碎片」：Friedrich Nietzsche first described this in *The Gay Science,* published in 1882, then again in *Thus Spoke Zarathustra*, 1884.

27 「瀰漫著陳舊的夏日和過不去的童年味道」：RL, 56.

28 「思想量表」：*Wilhelm Wundt in History: The Making of a ScientificPsychology*. Edited by R.W. Rieber. New York and London: Plenum Press, 1980, 36.

29 「觀看者的參與」：Alois Riegl, *The Group Portraiture of Holland*. Los Angeles: Getty, 2000, 11.

30 「情感移入」：Nancy Eisenberg, *Empathy and Its Development*. Cambridge: Cambridge University Press Archive, 1990, 18.

30 「移入形式，並隨之移動」：James Henderson, *Reconceptualizing Curriculum Development*. London: Routledge, 2014, 115.

30 「手舞足蹈地表演」：Theodor Lipps, “Empathy, Inner Imitation, and Sense-Feelings.” Translated by Max Schertel and Melvin Rader. In *A Modern Book of Esthetics: An Anthology*. Edited by Melvin Rader. California: Holt, Rinehart, and Winston, 1935, 379.

31 說他「沉浸」在李普斯的教導中： *The Complete Letters of Sigmund Freud to Wilhelm Fliess*. August 26, 1898. Translated by Jeffrey Moussaieff Masson, Belknap Press of Harvard University Press, 1985, 324.

31 「勇氣和才能」：Sigmund Freud, Wit and Its Relation to the Unconscious. New York: Moffat, Yard, 1917, note on 4.

31 「設身處地」：Fritz Wittels, Freud and His Time: The Influence of the Master Psychologist on the Emotional Problems in Our Lives. New York: Liveright, 1931, 71.

32 「站在我們這個時代的渴望的核心」：To Frieda von Billow, August 13, 1897.4 Quoted in Jens Peter Jacobsen, *Niels Lyhne*. Introduction and translation by Hanna Astrup Larsen. New York: American-Scandinavian Foundation, 1919, vi.

32 「目前為止我所知道最聰明的人」：RL, 73.

33 「三位一體」：Carol Diethe, *Nietzsche's Sister and the Will to Power*. Champaign: University of Illinois Press, 2003, 45.

33 「畢達哥拉斯式友誼」：Biddy Martin, *Woman and Modernity: The (life)styles of Lou Andreas-Salomé*. Ithaca: Cornell University Press, 1991, 64.

33 「我其實應該思考」：Walter A. Kaufmann, *Nietzsche: Philosopher, Psychologist, Antichrist*. Princeton University Press, 2013, 61.

33 「大量」：Weaver Santaniello, *Nietzsche, God, and the Jews*. Albany: State University of New York Press, 2012, 32.

序

8　「也許我們生命裡所有的惡龍」：Rainer Maria Rilke, *Letters to a Young Poet*. Translated by Stephen Mitchell. New York: Random House, 1984, 92.

第一部・第一章

11　「仰首瞻望」: CF, 252.

15　「藝術在本質上是個人的」：Quoted in Horace Lecoq de Boisbaudran, *The Training of the Memory in Art: And the Education of the Artist*. London: Macmillan, 1914, xxvi.

17　「你是為藝術而生」：RSG, 17.

17　「行走的神廟」：Albert E. Elsen, *Rodin's Art: The Rodin Collection of Iris and B. Gerald Cantor Center of Visual Arts at Stanford University.* Oxford: Oxford University Press, 2003, 186.

18　「未來將有一天」：RSG, 15.

18　「想想這些字眼」：RSG, 13.

18　「手握藝術天堂的鑰匙」：PR, 51.

19　「生為乞丐的人」：RSG, 18.

19　「你的處理方式不正確」……「我立刻就懂了」：Judith Cladel, Rodin: The Man and His Art, with Leaves from His Notebook. New York: Century, 1917,113.

20　「我多想和這些石雕師傅們同桌而坐啊！」：Ronald R. Bernier, Monument, Moment, and Memory: Monet's Cathedral in Fin de Siècle France. Lewisburg: Bucknell University Press, 2007, 69.

20　「短暫無常的迷醉」：Frederick Lawton, *The Life and Work of Auguste Rodin*. New York: C. Scribner's, 1907, 16.

20　「我從哪裡學會了解雕塑」：Jennifer Gough-Cooper, *Apropos Rodin*. London: Thames & Hudson, 2006, 20.

20　羅莎・波納：Frederick Lawton, *The Life and Work of Auguste Rodin*. New York: C. Scribner's, 1907, 19.

21　「可以，那樣很好」：PR, 2.

21　「獅子死了」：Quoted in Glenn F. Benge, *Antoine-Louis Barye: Sculptor of Romantic Realism*. University Park: Pennsylvania State University Press, 1984, 37.

22　「牠們奔跑著」：FG, 29.

22　「接續了巴里未完成的雕刻藝術」：Quoted in FG, 270.

第二章

23　「太大」：Kaja Silverman, *Flesh of My Flesh*. Redwood City: Stanford University Press, 2009, 68.

25　「在生命中追求某種無限的東西」：To Ellen Key, April 3 1903, p. 98.

作者註

經常引用文獻代碼

Rainer Maria Rilke, *Letters of Rainer Maria Rilke, 1910–1926*. Translated by Jane Bannard Greene and M. D. Herter Norton. New York: W. W. Norton, 1969. All of Rilke's letters are from this book unless otherwise noted.

AR— Rainer Maria Rilke, *Auguste Rodin*. Translated by Jessie Lemont and Hans Trausil. New York: Sunwise Turn, 1919, 39.

BT— David Kleinbard, *The Beginning of Terror: A Psychological Study of Rainer Maria Rilke's Life and Work*. New York: NYU Press, 1995.

CF— Auguste *Rodin*, *Cathedrals of France*. Translated by Elisabeth Chase Geissbuhler. Boston: Beacon Press, 1965.

DF— Eric *Torgersen, Dear Friend: Rainer Maria Rilke and Paula Modersohn-Becker*. Evanston, IL: Northwestern University Press, 2000.

DYP— Rainer *Maria* Rilke, Diaries of a Young Poet. Translated by Edward Snow and Michael Winkler. New York: W. W. Norton, 1997.

FG— Frederic V. Grunfeld, *Rodin: A Biography*. Boston: Da Capo Press, 1998.

LB— Lou Andreas-Salomé, *Looking Back: Memoirs*. Edited by Ernst Pfeiffer. Translated by Breon Mitchell. New York: Paragon House, 1991.

LC— Rainer Maria Rilke, *Letters on Cézanne*. Translated by Joel Agee. New York: Macmillan, 2002.

LP— Ralph Freedman, *Life of a Poet: Rainer Maria Rilke*. Evanston, IL: Northwestern University Press, 1998.

LYP— Rainer Maria Rilke, *Letters to a Young Poet*. Translated by M. D. Herter Norton, New York: W. W. Norton, 1934; revised edition, 1954.

LYR— M*arcelle Tirel, The Last Years of Rodin. Translated by R. Francis. New York: Robert M. McBride, 1925.*

JA— *Harry Graf Kessler, Journey to the Abyss: The Diaries of Count Harry Kessler, 1880–1918. Translated by Laird Easton. New York: Vintage, 2011.*

PMB— *Paula* Modersohn Becker, *Paula Modersohn Becker: The Letters and Journals*. Edited by Günter Busch and Liselotte von Reinken. Translated by Arthur S. Wensinger and Carole Clew Hoey. Evanston, IL: Northwestern University Press, 1998.

PR— Anthony Mario Ludovici, *Personal Reminiscences of Auguste Rodin*. Philadelphia: J. B. Lippincott, 1926.

RA— Albert E. Elsen, Rodin's Art: The Rodin Collection of Iris and B. Gerald Cantor Center of Visual Arts at Stanford University. Oxford: Oxford University Press, 2003.

RAS— Rainer Maria Rilke and Lou Andreas-Salomé, Rilke and Andreas-Sal*omé: A Love Story in Letters*. Translated by Edward Snow and Michael Winkler. New York: W. W. Norton, 2008.

RL— Wolfgang Leppmann, *Rilke: A Life*. Cambridge, UK: Lutterworth Press, 1984.

RP— Ruth Butler, *Rodin in Perspective*. Upper Saddle River, NJ: Prentice-Hall, 1980.

RR— Anna A. Tavis, *Rilke's Russia: A Cultural Encounter*. Evanston, IL: Northwestern University Press, 1997.

RSG—Ruth Butler, *Rodin: The Shape of Genius*. New Haven, CT: Yale University Press, 1996.

你必須改變你的生命：羅丹與里爾克的友情與生命藝術

You Must Change Your Life: the Story of Rainer Maria Rilke and Auguste Rodin

選書策劃　吳乃德
作者　瑞秋．科貝特（Rachel Corbett）
譯者　楊雅婷
編輯統籌　初安民
責任編輯　陳郁雯　崔宏立
美術編輯　陳淑美
校對　陳郁雯　崔宏立

發行人　張書銘
合作出版　INK 印刻文學生活雜誌出版股份有限公司
新北市中和區建一路249號8樓
電話：02-22281626
傳真：02-22281598
e-mail:ink.book@msa.hinet.net
網址　舒讀網 http://www.inksudu.com.tw

發行人　吳怡慈
合作出版　人文社群出版有限公司
地址　116台北市內湖區堤頂大道二段285號10樓
電話　02-2931-8171
網址　http://hpress.tw
Email　editor@hpress.tw

總代理　成陽出版股份有限公司
電話　03-3589000（代表號）
傳真　03-3556521
印刷　海王印刷事業股份有限公司

港澳總經銷　泛華發行代理有限公司
地址　香港新界將軍澳工業邨駿昌街7號2樓
電話　852-2798-2220
傳真　852-2796-5471
網址　www.gccd.com.hk

初版　2022年5月
定價　450 元

國家圖書館出版品預行編目(CIP)資料

你必須改變你的生命：羅丹與里爾克友情與生命藝術／
瑞秋.科貝特（Rachel Corbett）著. 楊雅婷 譯
--初版. --新北市：印刻文學出版、人文社群出版，2022. 05
面；　公分. --（INK 人文社群；02）
譯自：You Must Change Your Life：the Story of
Rainer Maria Rilke and Auguste Rodin.
ISBN 978-986-387-400-3（平裝）

1.世界傳記

781　110004327

舒讀網

社人
群文

INK